如果巴菲特在中国，
他会青睐什么样的优秀明星企业？
如何选出巴菲特喜欢的中国优秀明星企业？

价值投资
赢家之道

王建军　高俊明　著

北京时代华文书局

图书在版编目(CIP)数据

价值投资 赢家之道 / 王建军,高俊明著. —— 北京:北京
时代华文书局,2020.6

ISBN 978-7-5699-3688-9

Ⅰ.①价… Ⅱ.①王… ②高… Ⅲ.①股票投资—基本
知识—中国 Ⅳ.①F832.51

中国版本图书馆 CIP 数据核字(2020)第 069167 号

价值投资　赢家之道

JIAZHI TOUZI　　YINGJIA ZHIDAO

出 版 人　陈　涛

作　　者　王建军　　高俊明

责任编辑　徐敏峰　黄　琴

装帧设计　魏大庆

责任印制　刘　银

出版发行　北京时代华文书局 http://www.bjsdsj.com.cn

　　　　　北京市东城区安定门外大街 138 号皇城国际大厦 A 座 8 楼

　　　　　邮编:100011 电话:010—64267120 64267397

印　　刷　临沂同方印刷有限公司　　电　话:0539—8173001

　　　　　(如发现印装质量问题,请与印刷厂联系调换)

开　　本　710mm×1000mm　1/16

印　　张　19.75

字　　数　320 千字

版　　次　2020 年 11 月第 1 版　　印　次　2020 年 11 月第 1 次印刷

书　　号　ISBN 978-7-5699-3688-9

定　　价　68.00 元

价值投资　投资规则

先看市盈率　一票定乾坤

再看市净率　资产辨分明

资产收益率　持续很重要

无债一身轻　盈利是王道

长寿皆国宝　消费与垄断

看看能力圈　综合来评估

人弃时我取　人取时我予

价值投资六大警示

商誉如同镜中花

无形资产水中月

应收货款有猫腻

固定资产难变现

库存骤增须警惕

外债高筑易窒息

序

我在财达证券工作 20 年了,初识建军兄,是 2012 年我调岗到石家庄工农路营业部工作,早听说工农路营业部营销队伍壮大,没有想到有几十个人,当时营业部 80% 的客户资产是他们营销来的,看着墙上公示的几十张营销精英照片,我想,公司在 2003 年实行全员营销制度走在了行业前列,早在那时就有做经纪人营销经理这种前瞻意识的来自全省各地的投资者都不是一般人啊! 后听闻邯郸曲周的王建军就是做得最好的其中之一,让我想想都佩服羡慕啊!

我到营业部后组织第一次营销经理讨论大会上,建军兄又给我留下了深刻的印象,言谈举止得当,让人舒服,争论问题时发言有理有据且顾及所有人的感受。他是这个团队的核心人物,看来只有优秀的人才能做出优秀的业绩呀! 还有一件深刻印象的事是,2013 年秋建军兄邀请我们去他曲周县城的家里参加他儿子的结婚典礼,我被那流水席乡俗震撼了。整整一天,客人一波一波来,一波波吃,一波波儿提着礼物走,从早到晚八九点不断。他说得办三天,接待上千人。看着他喜气洋洋地迎来送往,我问建军兄,你怎么有这么多亲戚朋友? 为什么还都提了礼物走? 他说:"哈哈,拿礼的大部分都是咱们的客户,人家来参加我儿子婚礼是给我面子,我当然要在细节上服务好客户,让客户觉得有面子。有舍才有得,把婚宴办得如此隆重是为了让更多的人知道财达证券。"听了他的话,我深深感到他的真诚是服务客户的根本,指导客户做投资是一方面,人格魅力吸引更重要,怪不得他不仅从来没有流失客户,而且总有新增客户。2015 年股灾后有一两年建军兄突然低调了,和我联系也少了,2017 年的一天他又来营业部和我深聊,我才知道 2015 年他为了挣快钱,与一个海归合伙做期货,让海归给赔了很多,且这个不负责的海归合伙人又莫名其妙地失踪了,使他增加了上百万的债务。为了不失去诚信,于是他决定卖房还借款,他说无论如何信誉不能丢,不能伤害了所有信任自己的朋友和亲人。经过几年的努力,他终于挺过那个最困难的时期,从生死线上回到了正常的生活状态。钱没了,但斗志仍存。说这番话时,他很平静,依然是坚定的眼神,但是我能体会他这两年经历磨难的感受。建军兄从26岁离家到山西太原经商,再到后来在证券市场中沉浮,近30年一路走来,是一个经历了大风大浪的有思想有独特见解阅历颇丰的智者。早在2004年建军兄就出版了《股票投资感悟实战保护》一书,他说在投资思维不成熟时,股票投资必须注意保护自己,把亏损控制在合理的范围内,总结出"蛛丝缠头跌不尽,彩虹铺路涨无边"的实战感悟,在投资者心中留下了深刻的印象。

在与海归合伙人做期货失败后,建军不气馁、不沉沦,且能幡然醒悟,并悟出"财不入急门",只有坚持价值投资才是投资正道,才是走向财富自由的赢家之道,并写出了《价值投资 赢家之道》这本关于价值投资理论的书。这本书中,建军以独特的视角,全面系统地论证了中国同样适合价值投资,中国不但有价值投资的环境,而且有适合长期持有持续盈利的伟大的企业与优质的企业,并且有成功的价值投资者坚持价值投资,获得了企业估值增长与盈利增长而带来丰厚盈利。这本书站在巨人巴菲特的视角,分析论述中国的优质企业,这在中国是不多见的。此书总结出的价值投资七条规则,抓关键抓重点,既定量又定性,全面系统,简单易懂,非常适合中国的价值投资者,对想进行价值投资又不知道如何选择价值投资标的企业的投资者,无疑是"雪中送炭"。此书着重论述了中国的几个伟大的企业和优秀的企业。在投资实践中,建军知行合一,并践行持有。几年来,他指导的客户一直稳定盈利。他认为做股票必须从长期价值投资的视角来考虑,买伟大的公司和优秀的公司,这和巴菲特理论是一致的。有人说在中国没有价值投资,但是建军兄却坚定认为价值投资是放之四海皆准的真理,是真正的省心、稳定、赢利的投资。他在几千只股票中选出了几个公司,如果巴菲特在中国与他的选择也许会不谋而合。此书中,建军用真情的言语娓娓道来,我坚信他的价值投资论述是正确的。

做事先看人,我们是合作者,更是多年的朋友,正直坚韧、待人真诚友善是建军兄的性格特点。投资习性也反映人性。我在证券公司,服务客户20多年,有的客户急于求成,做股票也是屡屡追涨杀跌,最后落得两手空空被市场淘汰。这从反面告诉我们,无论做什么,稳定而坚毅,百折不挠的人最后都会成功。建军兄能够毫无芥蒂、毫无保留地把这些体会分享给大家,也是他心胸博大的表现。"老骥伏枥,志在千里。"我相信建军兄最终是人生的赢家!按他的理念去做,生活最终是美好的,让我们用时间来证明吧!

财达证券股份有限公司石家庄工农路营业部经理 　翟炳诗

自　序

中国适合不适合价值投资,这个问题已经被争论了很久。大多数人认为我国是一个新兴的市场,不适合价值投资,我国没有价值投资的土壤,我国不具备价值投资环境,没有能够持续盈利适合价值投资的优质企业,没有可以验证的价值投资成功的盈利模式。本书想用实例与自己的亲身经历来证明,中国不但有适合价值投资的土壤环境,有适合长期价值投资的企业,更有许多成功的价值投资者。根据格雷厄姆与巴菲特的价值投资理论,我国的价值投资部落们可以像美国的巴菲特部落一样能够做得更好,同样具有适合长期价值投资的优秀明星企业,稀缺的国宝级企业。据最新统计数据,中国国内生产总值(GDP)已经居世界第二位,成为世界第二大经济体。

基于图表的技术分析与基于企业基本面分析的价值投资,两大投资流派,究竟谁能成为永远的赢家?结合我国的具体实际与本人20多年的投资经历,先谈谈我的价值投资进化过程。1995年春天,我(本著中凡是提及的"我"均指王建军)走进股市,刚开始时与普通股民一样,每天看电视听股评,买入的股票大多数是价格低的股票,时有亏损时有赢利,由于缺少必要的股票投资知识,挣钱迷茫亏钱也迷茫。这使我认识到,股市是没有硝烟的战场,一个什么都不懂的股民小散根本不能在股市中获得财富。于是我开始参加各种股票投资培训讲座,并买进大量的技术分析类书籍,进行研究分析。当时我根本不知道什么是价值投资也没有人讲价值投资,参加的培训讲座大多是基于图表分析的K线、均线、成交量、波浪理论、趋势理论、形态理论、江恩理论、道氏理论等。

技术分析的理论基础是建立在图表形态基础上的三个市场假设:市场图表行为涵盖一切信息、价格沿趋势运动、历史会不断重演。实战中根据建立在图表基础上的技术分析三个假设发现,市场对信息的反应有时过度,有时误判,市场不是完全有效的。同样的价格趋势形态,有的股票走出了一波波澜壮阔的上涨行情,有的股票不涨反跌,且在没有趋势的持久调整中常常是亏钱的。我在操作实践中发现根据技术分析在趋势明朗时虽能获得利润,但永远不敢重仓,心总是随着技术图形跑,每天的精神都在高度紧张中度过。历史会重演,但不是简单的重演,会在什么时间什么股票上重演需不断地去猜测。为了在技术分析的同时控制风险,保护自己,我看了近百本技术分析的书籍,还手工绘制了上证指数自成立以来的日 k 线图,现在已经长达 30 米左右,在研究分析无数个技术图表形态后,根据多年的实战经验,总结出“蛛丝缠头跌不尽,彩虹铺路涨无边”的实战技巧,写出股票投资感悟《实战保护》一书,2003 年由中国科技出版社出版发行。图书出版后受到了读者的好评,根据实战保护理论操作虽控制住了风险不会大亏,但心里还是不踏实,毕竟我国股市调整时间长,牛市上涨的时间短,调整势中总是时有盈利时有亏损,心情也随着盈亏的变化时好时坏。就像梁雁翎在歌曲《像雾像雨又像风》中演唱的“我对你的心你永远不明了,我给你的爱却总是在煎熬,寂寞夜里我无助地寻找,想找一个不变的依靠……你对我像雾像雨又像风,来来去去只留下一场空,你对我像雾像雨又像风,任凭我的心跟着你翻动……”如何在股市中长久生存并获稳定的收益,做到“轻松炒股,快乐挣钱”成为我新的向往和目标。

格雷厄姆与巴菲特价值投资理论的书籍,我是在 2005 开始阅读的。我在看过《证券分析》《聪明的投资者》《沃伦·巴菲特之路》后感悟不透,对价值投资是不是适合中国资本市场产生怀疑。中央电视台对林园作了报道,介绍他通过价值投资,从 1989 年的 8000 元起步,到 2007 年的 20 个亿,18 年创造了一个财富神话。记得林园的一句话,他选的企业都是“赚钱的机器”。我在看了央视对林园的报道后才相信中国同样可以价值投资。2008 年的股市从 6124.04 点暴跌到 1664.93 点,跌幅达 72.81%,无论是价值股、成长股还是垃圾股全部破位下跌,股民亏得很惨,这使我对价值投资再度产生怀疑。

为了更深刻地理解价值投资理论,2011 年冬天,我参加了董宝珍组织的每月一次聚会的巴菲特价值投资沙龙。董宝珍还邀请到林园到价值投资沙龙做了价值投资的精彩演讲。这期间,董宝珍持有贵州茅台,在国家反腐倡廉的大背景下,贵州茅台股价从 200 多元跌到 118 元,当时我能感受到董宝珍精神上与心灵上承受的压力。他坚持价值投资,他愿赌服输,宁愿为赌输而裸奔,也不承认茅台因为反腐败会失去未来,事实证明董宝珍是正确的。2014 年 1 月,茅台触底后反弹回升,走出了一浪高过一浪的波浪式上涨行情,到 2017 年 10 月底,股价最高突破 650 元。

亲历董宝珍持有茅台,在下跌严重亏损时的精神上承受的压力与经过坚持价值投资持有茅台到现在的喜悦,使我深深感受到,只有坚持价值投资,与优质的企业共成长,树立买股票就是买企业的投资观,长期坚持价值投资,才能在股市中长期生存并获得企业成长带来的利润。

纵观 20 多年来我国证券市场,价值投资者部落中成功的价值投资者《时间的玫瑰》的作者但斌,"挣钱机器"林园,输掉赌约"裸奔"的董宝珍,"私募基金之父"赵丹阳、刘明达,《巴菲特投资策略》的作者刘建位、钟兆明,《让时间为你创造财富》的作者梁军儒,《淡定才能富足》的作者黄凡、马喆,《手把手教你读财报》的作者唐朝,"闲来一坐 S 话投资"张居营,《读懂银行股》的作者那一水鱼,《穿过迷雾》的作者任俊杰,"二十年前我养股,二十年后股养我"的养股乐趣,《投资哲学保守主义的智慧之灯》的作者刘军宁、段永平、陈继豪,《投资中最简单的事》的作者邱国鹭,《一个投资家的二十年》的作者杨天南、股海观潮起等坚持价值投资与优秀的明星企业共成长,都成为证券市场的熠熠生辉的恒星。

中国证券市场尽管还不算完善,不算成熟,但近 30 年的事实证明,它从来不会亏待任何一家真正优秀的企业。尽管短期会有波动,但长期看中国证券市场没有让一个投资优秀企业的投资者失望。

乳业龙头伊利股份(600887)1996 年 3 月 12 日上市,当日开盘价 9.00 元,收盘价 8.39 元买入持有到现在获利 340 倍。高端白酒龙头贵州茅台(600519)2001 年 8 月 27 日上市,当日开盘价 34.51 元,收盘价 35.55 元买入持有到现在获利 100 余倍。白色家电空调龙头格力电器(000651),1996 年 11 月 18 日上市,开盘价 17.50 元,收盘价 50.00 元买入持有到现在获利 120 余倍。中药龙头云南白药(000538)1993 年 12 月 15 日上市,首日收盘价买入持有到现在在可获利 200 倍左右。房地产上市公司龙头万科 A(000002),首日收盘价买入持有到现在在可获利近 300 倍。

优秀的明星企业五粮液、山西汾酒、泸州老窖、海天味业、恒瑞医药、片仔癀、东阿阿胶、同仁堂、福耀玻璃、美的集团、招商银行、兴业银行、工商银行、中国平安、万华化学、海康威视等同样给价值投资者带来了满意的盈利回报。

2017 年 6 月 21 日,MSCI 明晟指数正式纳入中国 A 股,标志着中国证券市场已与世界接轨。据央行发布的数据显示,截至 2017 年 9 月末,境外机构和个人持有的人民币股票资产达 1.021 万亿,首次突破万亿大关。

随着证监会提出对优质企业价值投资的政策引导,对虚假报表恶意炒作的监管更加严厉。以茅台、五粮液、中国平安、招商银行为代表的优质企业显示了较好的行情。随着外资的持续进入,外资对 A 股市场的影响力越来越大,低估值的绩优蓝筹白马股不断被增持,价值投资越来越引起更多投资者的关注,逐渐成为市场的主流。价值投资理念逐渐被更多的国内投资者认同,我国的资本市场将会"长风破浪会有时,直挂云帆济沧海",从而结束熊长牛短的走势。

只有投资者充分理解格雷厄姆、费雪、巴菲特、查理·芒格的价值投资理念,学习我国成功的价值投资者,结合我国实际,与优质的明星企业共成长,树立投资股票就是投资企业一部分的正确思想,不急功近利,投资优质的垄断型的明星企业,耐心等待企业成长带来红利,终会感悟到价值投资乃赢家之道,也终将找到属于自己的赢家之道。

21 世纪是中国的世纪,21 世纪必将属于中国,中国的资本市场必然会成为最大的资本市场之一,优秀的明星企业更加壮大,也必将成为价值投资者的首选,数风流企业,还在中华! 中国在崛起!

目　录

第一章

中国在崛起

栽下梧桐树，引得凤凰来。

中国在崛起

我出生在农村,父母都是农民。记得小时候家里很穷,我们用的火柴叫"洋火",做衣服用的布料叫"洋布",治小孩肚子里蛔虫的药叫"洋糖",自行车叫"洋车子",称呼外国人叫"洋人",从什么都带"洋"字上可以看出那时我们的国家真的很穷。

小时候家里的生活根本无法保证,我记得母亲在自己家中靠每周给供销社织一匹粗布来勉强维持生活,即使这种织布的活儿也时有时无,真的是上午吃饭后就不知道晚上有没有饭吃,上顿不接下顿。第一次听说"面包"二字,是在一部苏联电影上的一句话,"面包会有的,一切都会有的",小时候根本没有见过面包,更不要说吃面包了,物资非常匮乏,水果更是稀罕之物,做饭烧的是庄稼秆,穿的衣服是哥哥剩下的,破了再补,补丁摞补丁。

上学时听说买布要用"布票",买馍馍要用"粮票",买食用油要用"油票",买烟要用"烟票",买自行车用"自行车票",更不要说当时稀缺的煤油、汽油、柴油、钢铁、煤炭了。"楼上楼下,电灯电话""点灯不用油,犁地不用牛,磨面不用推"等脍炙人口的顺口溜,成了人们心中的梦想与希望。

上高中时,由于我国当时的农业、工业、国防、科学技术等都还很落后,远远比不上西方国家,中央提出要实现农业现代化、工业现代化、国防现代化、科学技术现代化,也就是常说的实现四个现代化。当时我觉得那是一种奢望,但心中很高兴,有了盼头,觉得自己高中毕业后能为实现四个现代化做出贡献。

改革开放后,我们的日子逐渐好起来,基本生活有了保障。经过几十年的努力,生活发生了天翻地覆的变化,现在我住进了楼房,上网玩起了电脑,开上了汽车,还走出国门去旅游。

经过改革开放40多年的和平发展,我国经济实力不断增强,工业农业基本实现现代化,科学技术突飞猛进,"慧眼"卫星遨游太空,北斗导航卫星准确定位,C919大型客机飞上蓝天,量子计算机研制成功,海水稻测产,首艘国产航母下水，"海翼"号深海滑翔机完成深海观测，首次海域可燃冰试采成功，洋山四期自动化码头正式开港，港珠澳大桥主体工程全线贯通，移动支付已经走在了世界的前列，复兴号高速列车奔驰在祖国广袤的大地上……这些标志着我国已经进入科技强国时代。解放军战机"出击"由近海防御转为远海长训，标志着我国国防实力的进一步提高。我国已经不再是受人摆布的"东亚病夫"，"一穷二白"已经成为过去，沉睡百年的东方巨龙已经醒来，我为中国人民迸发出来的创造伟力喝彩！

2015年8月，我到欧洲七个国家旅游，看到他们的旅游纪念品大多是中国生产的，他们的天并不比中国蓝，月并不比中国圆，路并不比中国宽，机场并不比中国大，楼并不比中国多。我反而觉得中国的高铁超越了他们，我们的高铁在引领世界，微信支付超越了他们，互联网的使用方便程度超越他们，wifi信号覆盖范围超越他们，我们的城市建设比他们漂亮比他们时尚。超过我们是他们的福利待遇，但我想福利太好并不完全是好事，高福利容易使人懒惰不思进取。也许我看到的是片面的、不完整的，仅仅是一个缩影，但回国后我自信地告诉朋友"中国在崛起"，我们的国家正在自信地崛起，作为投资者，我们没有理由不搭乘这趟顺风车。

现在国产名牌电视TCL、海尔、长虹、康佳、创维，已经取代进口的三洋、索尼、松下、飞利浦。格力、美的空调成为世界空调两巨头。以华为、VIVO、OP-PO、小米为代表的国产手机正在逐渐赶超苹果、三星。伊利乳业、海天调味，已取代洋品牌走进寻常百姓家。贵州茅台酒已可与拉菲等国外洋酒媲美，成为最具盛名的白酒高端品牌之一。

我们投资应该具有前瞻性，应该具有大格局，具有大局观。

据最新数据显示，中国已经成为世界第二大经济体。预测2025年中国的GDP将超越美国，成为世界最大的经济体，到2035年会成为中等强国，到新中国成立一百周年时，中国的经济规模会是美国的两倍，成为发达国家。巴菲特曾说"胎盘红利"，尽管我们不认为股市投资是赌博，但在国家前途、民族未来这一层面上，我们承认是在赌国运，投资必须要有好的环境，相信国运，相信中国经济长期向好，就应该相信中国具有伟大的企业。与伟大的企业共成长，中国人同样享有"胎盘红利"。

　　中国的投资者都非常幸运，因为中华民族是爱学习的民族，是勤劳的民族，具有创新精神。在伯克希尔股东大会上，巴菲特说，中国的果实挂得更低。巴菲特的黄金搭档查理·芒格说："让我感到乐观的是中国醒目的表现，没有哪个国家像中国这样，在经济上发展这么快，在世界的历史上这样的事从来没过。中国取得的这一成就不是从富裕国家借钱，而是因为低收入的人把大部分的收入都存了起来，即使在他们很穷的时候，他们进行精明的投资，努力工作，一步步从技能提升到经济跃升。这是严于律己，这是智慧，这是慷慨，如果你现在是中国人，生活多美好呀！""我喜欢中国人的竞争力，行之有效，要不然你们怎么让一群贫困的人口脱贫，没有勤劳和自我奉献，没有强大的竞争力，中国就不会繁荣。中国人非常有才华，勤劳努力，积极进取，这是骨子里的文化，就像下围棋一样。"是的，中国人勤劳而富有智慧，对财富充满渴望，这是中国崛起的原因。但是前进的道路上会遇到这样那样的问题，我国的高端科技、芯片技术、高端制造还落后于欧美、日韩等国家和地区，我们在崛起的同时，不能骄傲和自大。潜心学习，奋发进取，超越创新，勇于攀登的优良传统更应深植于心。

　　2018年美国总统特朗普单方面发起贸易战后，我常常这样告诉身边的朋友，1989年欧美等制裁中国，当时的我国经济体量外汇储备及其综合国力，远远不如现在强大，经过几十年的发展，中国成为世界第二经济强国。现在中美贸易战，对我国经济会形成短期的负面影响，长期来看，我们仍将屹立在世界的东方，勤劳智慧的中国人民不会垮下。尽管我们还有许多不足，却不影响我们所处的这个时代的伟大，贸易战更使我们发现自己的短板与不足。中国具有几千年的文明，中国改革开放40多年的经济奇迹已经用事实证明中国在崛起。

　　随着沪港通、深港通的开通，中国加入MCI指数与富时指数海外资金不断流入。海外资金将大量买入中国更多核心资产，大国品牌高端制造，国宝级明星企业将不断崛起，就像查理·芒格说的那样，"中国最好企业的估值低于美国最好的企业，'聪明人'找到四五家中国企业进行投资并不难"。证券《红周刊》2018年5月6日在奥马哈采访芒格先生时，芒格先生说："对于投资者来说，拥有更多的价值就是你买入中国最好的公司，或者买入美国最好的公司。比较中美两个证券市场,我认为中国最好的公司当前的价格要比美国最好的公司价格便宜。所以,中国人不必去国外寻找好的投资,在自己的国家里就有很多机会。在中国有一些非常优秀的公司,目前价格非常合理。"随着 2018 年 6 月 1 日"入摩",中国的优质蓝筹股将变得弥足珍贵,一票难求。

新时代,新征程。中国的社会政治、经济、文化将发生更大的进步,中国资本市场的发展会寄托在伟大的优质企业身上,中国将步入优质蓝筹股时代,步入价值投资时代。

股票是什么

股票是什么？股票是股份有限公司在筹集资本时，向公司出资人发行的股份凭证。股票是股东所持股份证书的简称，是股份有限公司为筹集资金，发行给股东作为持股凭证，并且借以取得公司股息和红利的一种有价证券。每股股票都代表股东对公司拥有一个基本单位的股份所有权。股票是股份有限公司资本的构成部分，可以作价抵押、转让、买卖，是资本市场上的一种重要长期信用工具。

也许参与股票买卖的投资者都知道这么简单的概念，在这里想特别提醒的是"每股股票都代表股东对公司或者企业拥有的一个基本单位的所有权"，每一股股票都代表着股东在企业中拥有的一种权利，代表着真实拥有的企业一部分资产，是一种经营管理与所有权分开的资产，是一种可以像银行存款、国债、房子、车子一样实实在在的资产。可是我们股民不拿股票当资产，而当作扑克牌、麻将来耍，当作手中的筹码来玩。他们每天听消息看股评随意买进卖出、追涨杀跌、频繁交易，想着每天都挣点小钱就跑。可你想过没有，挣钱有那样容易吗？能如此简单吗？如果每个人都能在股票上用频繁交易获利挣钱，那恐怕做实体企业的人谁都不干企业，不开公司了。所以说，挣钱没那么容易，天上真的不会掉馅饼。

股神巴菲特1998年在一次演讲中说："人们买股票，根据第二天早上股票价格的涨跌，决定他们的投资是否正确，这简直就是扯淡。"正如价值投资之父格雷厄姆所说："你要买的是企业的一部分生意。"这是格雷厄姆教给我的最基本的最核心的价值投资策略，你买的是一部分公司或企业生意。公司或企业好，你的投资才会好，只要你的买入价格不是贵得特别离谱，只要你站在自己是企业股东的角度考虑问题，一切都豁然开朗。

我常常与身边做股票的朋友讲股票投资的盈利途径，一种是靠股价波动获取价差的盈利，但股价的波动是不确定的，盈利是低概率的，目前为止世界上没有一个人靠市场短期波动能永久获利的,靠市场波动获取差价盈利的人总是在忙忙碌碌地给政府打工,国家获得印花税,自己赔掉本金,对于股价短期的波动可以用这样一句歌词来形容,"像雾像雨又像风,来来去去一场空"。另一种就是根据企业基本面进行分析,买入低估优质的企业长期持有,与企业共成长,获取企业股息红利及其因净资产的增长而带来的股价复利收入。这样的盈利途径是高概率的、确定性的,按此方法参与股票投资的价值投资者都成了市场的恒星,如养股、但斌、林园、董宝珍、马喆、陈继豪等。

如果你还不理解股票是什么,你可以设想与几个朋友共同出资建一个工厂。这样你与每个朋友都成了工厂的股东,因为生产的产品将来前景广阔,供不应求,盈利空间很大。可是刚买了地,盖了围墙建了一个车间,没多久就听说,某地有了竞争对手。生产的产品销售前景没有以前那样火爆了,盈利空间也在减少,难道你听到这一消息后马上要把车间和场地卖掉吗?再说卖车间和场地有那样容易吗?股票投资也要站在做实体经济角度上去考虑,把每股股票真正当作企业的一部分,买入前考虑这个企业所属行业未来前景、现在的价格,如果自己要把全部企业买下这个价格值不值,不要总想着今天买进明天卖出,频繁交易。今天听到好消息就建工厂,明天听到坏消息就拆工厂。想想这样的举措可行吗?

查理·芒格在2018年5月接受证券市场《红周刊》采访时说:"中国市场将产生许多成功的投资者,香港的例子可以很好地证明中国将来的情况。在证券市场真正赚大钱的都是那些发现了长期投资目标能够持续持有的人,而不是那些短期交易、赌博的人。"

股票是一种真实的资产,是实实在在存在的。优质企业的股票就是一种特殊的有息股票债券,只有把股票当资产,以买入资产的谨慎态度买入和持有股票,时刻牢记买入股票就是买入企业的一部分,就是企业股东,不把股票当作扑克牌和麻将的筹码,才能真正理解股票是什么。

为什么要买股票

一个普通的投资者进入股票市场,买进股票,是他因为不满足于将现金存入银行的利息,不满足于用现金买国债利息,不满足于用现金买信托 7％ 的利息,不满足于每个月的固定工资收益,想多赚一点,早一点实现财富自由。他们到处打听消息、卖信息、看图表、问机构、找主力,预测股票价格,猜测哪个股票好、哪个板块股票好,哪个行业股票好,哪个跌入地狱的股票要反弹,所有这些行为最终目的,就是为了提高投资回报率,获得更高的股票投资收益。

菲利普·A.费雪在他的《怎样选择成长股》一书中说:"假如你在银行里存了一笔钱,你决定买一些普通股。你之所以做出这一决定,可能是因为和以其他方式使用这些钱相比,你渴望得到更多的收入,也有可能是因为你想和美国一起发展和成长,然而,你的行为背后有一个基本的动机,无论有什么理由,使用什么投资方法,你购买的股票是为了赚钱。"

美国沃顿商学院教授、《股市长线投资法宝》一书作者——杰里米·J.西格尔,统计分析美国自 1802 年开始,过去 200 年的统计数据得到的结论是:股票显然是那些追求长期收益的投资者的最佳选择。他在书中写道:"在过去两个世纪里发生了巨大变化,然而股票收益在长期内却是相当稳定的,这令人很吃惊。美国由一个农业经济国转变成一个工业经济国,并且现在正在转变成为一个后工业经济国和科技导向的经济国,世界也从金本位转变成纸币本位。过去需要花费几个星期才能传播到整个国家的信息,现在可以在瞬间转发并同时传遍整个世界。但是,尽管为股东积累财富的基本因素发生了巨大的改变,股权收益还是表现出惊人的持续性。"

杰里米·J.西格尔在他的《投资者的未来》一书中写道:"1802 年投资者的股票是 1 美元,到 2003 年末已经具备 597845 元的购买力了,这远远超过了债券的 1072 元和票据的 301 元,很多投资者喜欢投资的金块在经过两个世纪后,除去通货膨胀因素之后,仅仅值 1.39 美元。通货膨胀的累积效应是巨大的,我们现在持有的 1 美元在两个世纪之前仅仅能购买价值 7 美分的物品。"他在书中写道:"尽管我们经历了衰退、战争、金融危机,在 2001 年和 2002 年我们又遭受了恐怖主义的袭击和诽谤,但是,股票的收益率的弹性是无可争议的。""在整个 200 年里,债券的年平均实际收益率是 3.5%,这仅仅是股票收益率的一半。票据和其他短期货币市场资产的年实际平均率为 2.9%,而在除去通货膨胀之后,黄金仅仅有 0.1% 的收益率。"

巴菲特在 2018 年伯克希尔·哈撒韦股东大会上说:"如果回到 1942 年 3 月的那个时候,情况很糟,欧洲的情况也非常糟,太平洋战争也一团糟,但美国人都知道,都坚信最后美国会赢得战争。

"我们也知道那个时候美国的资本主义系统从 1776 年建国开始就运转良好,在那个时候你如果投资了 1 万美金,把这个钱投资在股市上,比如说你买了标普 500 指数,你的这 1 万美金现在会值多少钱?

"你当时只要有这样一个前提想法:我不管什么就买标普基金。比如你买一个农场,你当然去看这个农场,产出决定你的收益应该是多少,是不是做了一个非常聪明的投资,或者是买一个小公寓看产出。你当时如果把这 1 万美金投入股市,把他投到美国企业的一小部分当中,然后坚持一段时间,不要听别人的建议,你试想一下,现在应该有多少钱? 先认真地去想一下这个问题。

"你想到这个数字应该是多少呢? 是 5100 万美金! 你什么都不需要做,你就静静地等着那 1 万美金转换成 5100 万,不需要每天看这只股票的涨跌情况,去分析怎么样,只需要把钱投到里面等到现在,就是这样。你唯一需要做的就是对美国有信心就行了,美国会逆转当时那个困境。如果美国国家好的话,它的企业、商业也会很好。你不需要挑选哪个股票会跑赢,哪个企业会赢,你只需要做一个这样的投资决定,那不是美国历史上唯一的一个特殊时期,你可以选任何一个历史上这样的困境时期,甚至可以收益更多。"

巴菲特说:"今天当你听我们的回答的时候,一定要记得这一点,以上是一个很大的问题,就是美国的企业在未来会怎样,你的人生即会怎么样。"

巴菲特说:"我想做的另一则评论,因为这会很有意思。假设你听了很多小道消息,你不断聆听这些消息,把这 1 万美金拿来买黄金,当时你可能能买 300 盎司黄金,而其他的企业可能进行更多产业投资,而你每年不间断投资黄金,一直有 300 盎司黄金,慢慢还是那个样子,你可以把它做珠宝、镶钻石,你可以做,但它没有任何的产出,它不是一个投资,永远不会产出任何实物。那你今天会有什么呢?你持有到今天仍然还只是有重量 300 盎司黄金,跟 1942 年时一模一样,不增也不会减。而现在重量 300 盎司的黄金大概要 4 万美金左右。"

巴菲特说:"我希望资产是能够有产出的,能够不断地进行再投资,不断地让我进行更多投资。这样去做的话,你现在的净值会是这些非产出性资本的一万倍以上,只要你相信美国的市场。"

投资就是投资国运,如果你投资战乱的伊拉克、利比亚、叙利亚、阿富汗,你根本就无法获得收益。

党的十一届三中全会以来,经过 40 年的改革开放,我国的政治地位不断提高,经济实力不断强大,证券市场从无到有,不断发展完善。自 1990 年 12 月 29 日上海证券交易所和 1991 年 7 月 3 日深圳证券交易所开业以来,上证指数由 100 点上升到 2018 年 7 月 27 日的 2873.59 点,上涨 28.74 倍,年均涨幅 12.74%;深成指由 1000 点上升到 2018 年 7 月 27 日的 9295.93 点,上涨 9.3 倍,年均涨幅达 8.29%。

随着货币的超发,尤其是 2008 年金融危机,推出了 4 万亿后,中低收入阶层的财富因金融深化程度加速而被稀释。现金贬值速度加快,大家认为最安全的现金(银行储蓄),反而是最不安全的资产,每年要被通货膨胀吃掉许多。利率收益赶不上通货膨胀物价的涨幅。这个世界是不确定的,但确定的是现金一定不断贬值。怎么办呢?我的应对如下:找到自己认为确定性最高的投资标的,牢牢抓住,同时对这个不确定的世界不理不睬。

国债近 20 年年均投资收益在 4%～6%,同样不如上证指数和深成指的年均涨幅。

黄金近 20 年年均投资收益在 4.7%,同样低于上证指数和深成指的年均涨幅。

北上广深的房产上涨幅度虽与上证指数和深证指数涨幅相差无几,但北上广深的房价动辄每平方米数万元,已经成为海市蜃楼、空中楼阁,北上广深房地产收益率会下来,几乎成为定局。

巴菲特说:"为什么股票的表现会超过债券呢?一个主要原因就在于公司

的留存利润,而留存的利润将产生更多的利润和股息。

"如果投资者不去做投资,而让钱放在口袋里,钱会因为长期的货币贬值不断地缩水。在市场出现恐慌的时候,配置一些优质的公司,成为让钱保值的一个最好的方式。"

以上数据统计分析与无数的事实证明,如果一个国家的经济持续发展,股票作为长期权益类产品,长期来看,跑赢通货膨胀绝对没问题,股票盈利甚至可以跑赢其他绝大多数资产,就算对于过去房地产黄金 20 年,投资北上广深的房产年化回报率与投资上证指数年化回报率相当的房产投资来说,股市投资从来也不逊色。这是因为股票市是国民经济的晴雨表,长期投资股票市场会让你享受到一个国家经济持续发展所带来的股权红利收益,只要你相信我们的国家会更加强大和繁荣,你就投资优质企业的股票吧!

什么是价值投资

价值投资就是用合理或者低估的价格买入优秀上市公司股票,并且长期持有,追求上市公司的经营业绩增长,以分享上市公司的经营利润为投资目标,而不是通过短期炒作来获得投机价差利润。通俗地讲,就是用5角的硬币买入内在价值是1元的股票。

价值投资理论源于本杰明·格雷厄姆与戴维·多德合著的《证券分析》,在1929年美国股市大崩盘后的1934年第一次出版,书中第一次提出"通过对所能获得的事实的认真分析而确定那些当前价格低于真实价值的股票和债券",明确提出了如何分析事实和寻找价值被低估的证券,价值投资的定义是:买入低于内在价值股票持有,然后等待价值回归。

1949年本杰明·格雷厄姆著的《聪明的投资者》,第一次明确提出了"投资"与"投机"的区别,指出聪明的投资者应该如何通过股票投资确定预期收益。本杰明·格雷厄姆作为价值投资理论的开山鼻祖,被誉为"现代证券分析之父""华尔街教父"。他首次提出价值投资理论,他的价值投资理论以及对投资安全性的分析策略,影响着几代华尔街基金经理人。

"股神"沃伦·巴菲特的投资理念在他的老师本杰明·格雷厄姆、费雪与他的黄金搭档查理·芒格的影响下,经过不断的学习,价值投资理论进一步完善,经过几十年的价值投资实践,查理·芒格与沃伦·巴菲特通过价值投资共同缔造了享誉世界的伯克希尔·哈撒韦。

价值投资之父本杰明·格雷厄姆所著的《聪明的投资者》中,最具生命力的论述是"市场先生"。一般情况下,市场先生会是一个脾气温和、头脑清醒又具有理智的家伙,但有时候市场先生也会受到非理性的恐惧干扰或贪婪的驱使。本杰明·格雷厄姆提醒理性的投资者对于股票的投资价值,要独立思考,要亲自去做出客观的判断,不要总是依赖金融市场常见的不理性的躁狂抑郁行为而做出错误选择。

查理·芒格认为,在股票市场,即使那些最有能力、最有干劲的投资人,他们的决定也并不完全总是基于理性做出的。而我认为"市场先生"像婴儿的脸,一会喜笑颜开,一会又哭哭啼啼;"市场先生"如同六月的天,一会阳光明媚,一会就乌云密布、电闪雷鸣、暴风骤雨。"市场先生"的脾气是很难预测的,既然市场先生脾气反复无常,投资中我们不如像闲大先生提出的那样,"与其预测风雨,不如打造方舟;与其预测牛熊,不如选择优质的企业见便宜就买,长期持有"。

查理·芒格在 2018 年伯克希尔股东大会后接受证券市场《红周刊》记者采访时说:"中国证券市场将产生许多成功的投资者。香港的例子可以很好地证明中国将来的情况,在证券市场真正赚大钱的都是那些发现长期投资目标能够持续持有的人,而不是那些短期交易赌博的人。那些仅关注价格波动,而耗费自己时间去投资的行为是很愚蠢的。"

巴菲特说:"股票本质上就是公司的一部分所有权,股票的价格是由公司的价值所决定的。而公司的价值又是由公司的盈利情况所决定的。虽然股票价格上上下下的波动在短期内很难预测,但长期而言一定是由公司的价值决定的,而聪明的投资者只要在股票的价格远低于公司实际价值的时候买进,又在价格接近和高于价值的时候卖出,就能够在风险很小的情况下赚很多的钱。"

查理·芒格价值投资理论,通俗地讲,就是选择好行业,买入好公司,要用好价格。价值投资策略是最为简单实用的投资策略,无论在美国还是在中国,价值投资的本质没有区别,价值投资永远不会过时。巴菲特买入中石油与比亚迪均获得成功的案例告诉我们,中国同样适合价值投资,因为经济规律都是适用的,价值投资的背后的底层逻辑是公司创造价值,价格迟早会围绕公司或企业价值波动,股票的价值最终决定股票的价格,市场短期是投票机,长期是称重器。

以公司或企业价值作为测量价格合理与否的尺度,持有经得起考验的公司就能为投资者带来好的收益,英美 200 多年的股票历史证明靠投机挣钱是小概率的事,靠价值投资赚钱是大概率的事情,这是通过价值投资大师们经过长期实践证明了的确定的事实,已经不需要我们再去用自己的血汗钱加以证明了,投资就是要做高概率的事,但是这么简单的道理我们大多数投资者不明白也更不相信。即使经历 2008 年的世界经济危机,长期坚持价值投资的投资者仍然收获颇丰。

　　格雷厄姆说："就股市短期投资而言,市场是投票机;就长期投资而言,它是一台称重机器。"恐惧与贪婪在投票时起重要作用,但在称重时毫无作用。让我们从天天盯着股票价格的涨跌,过渡到关注企业投资的内在价值,关注业绩的变化,勤于思考,以培养从容淡定的投资心态。就像《熊市是价值投资的春天》作者董宝珍所说,"价值投资就是提前发现别人未发现的真相"。价值投资不能一蹴而就,也不会立竿见影,价值投资同样会遭受冰霜雨雪、暴风骤雨,投资的过程犹如西天取经,同样会经历九九八十一难,价值投资只会迟到,不会不到。价值投资如同龟兔赛跑中的乌龟,最后终能赢得胜利,成为投资中的赢家。

　　"牢骚太盛防断肠,风物长宜放眼量。"我所认识的投资人,每天在股市、汇市、期货、现货市场摸爬滚打,追涨杀跌,天天盯盘,打听内幕消息的投资人没有一个因此而致富,他们总是怨天尤人,抱怨政策不好、环境不好等,不从源头寻找自己的原因。而那些用合理价格买入优秀上市公司并长期持有的投资者,心态都很淡定,从不怨天尤人,最终都成了投资的赢家。

　　遵循价值投资理论进行投资,不但可以使我们夜夜安枕、从容淡定,还可以使我们健康长寿。价值投资之父本杰明·格雷厄姆活到 82 岁,费雪活到 97 岁,施洛斯活到 95 岁。股神巴菲特 88 岁和查理·芒格 94 岁了,都还健在。每一个遵循价值投资的人,都是酷爱读书、心态平和、长期持续盈利长寿的人。而美国投机大师利佛摩尔 63 岁开枪自杀,我国的期货投机高手刘强 30 多岁跳楼自杀。所以我们要摒弃投机思维,进行价值投资。

　　现实生活中价值投资无处不在;

　　在美食店买入色香味俱佳的美食,好吃不贵,经济实惠。

　　在商场超市买入物美价廉、物有所值打折的优质名牌商品。

　　在环境优雅、空气清新的近郊,买入低于或接近建筑成本的房产。

　　在学校,就是选择从小学到高中常常考高分的优等生。

　　在证券投资中,价值投资就是孙子兵法的"胜兵先胜而后求战",选择具有持续盈利能力、行业前景广阔、市场占有率高、产品具有垄断地位、有自主定价权、不可复制、护城河宽、竞争能力强、经得起考验的优质企业,就是先站在了必胜的有利位置。价值投资关注的是企业内在价值与股价的错配,发现大众没有发现的具有投资价值的真相,股票价格低于内在价值具有安全边际时买入并长期持有。价值投资是物有所值,提高盈利的确定性,获取企业股息红利和净资产增长带来的股价上涨而产生的双重收益,也就是巴菲特常说的"好行业、好公司、好价格"。具有长期投资价值的好公司很稀缺,能够识别好公司并能坚持长期持有的投资人更稀缺。

价值投资说到底就是买入企业的一部分股权,这些股权在未来能够带来足够的现金流,带来的现金流越多,安全边际就越高。我们买入贵州茅台就是个开酒厂卖酒的,买入中国平安就是个开保险公司卖保险的,买入银行就是个开银行的,买入格力电器就是个制造空调卖空调的,买入的企业经营与盈利情况将与我们紧紧相连。我们在一级市场很难做到的,在二级市场投资很轻松地就变成了酒厂股东、保险公司股东、银行股东、空调厂股东,加入了这些盈利能力强、分红优厚、前途广阔的优秀企业。能在二级市场上投资这些企业,我们何乐而不为呢?若与那些把股市投资视为赌场的投资行为相比,两者权衡之下,我们有什么理由不进行价值投资呢?

沪港通和深港通告诉我们的

2014年11月17日沪港通的开通,意味着沪港股市市场交易设立了互联互通机制,两地证券投资者委托上海证券交易所、深圳证券交易所会员或者香港联交所参与者,通过上海证券交易所、深圳证券交易所或者香港联交所的所在地设立的证券股票交易服务公司,买卖交易所规定范围内的对方交易所上市公司的股票。

中国证券市场经过近30年的发展,虽然初具规模,但整体上仍然低于很多发达国家甚至发展中国家的证券市场估值水平,尤其是上海市场。沪港通的开通,给香港投资者和国际投资者打通了新的投资通道,让他们看到中国内地广阔的市场空间,并为我国内地证券市场发展带来足够的资金,给香港证券市场带来新的资金来源,给境内外投资者提供了便利的机会,促进了内地证券市场与香港证券市场的融合与发展。这也标志着中国证券市场将逐步与国际证券市场接轨,中国内地证券市场同样是国际证券市场重要的不可缺少的组成部分。沪港通、深港通的开通,进一步增强了我国内地证券市场和香港证券市场的活力,增强了我国证券市场在国际证券市场的竞争力。

2016年11月21日深港通的开通,更有利于内地市场与H股市场的连接,拓宽了两地市场的投资范围,从流动性及估值体系上促进了内地证券市场和国际证券市场的深度融合与繁荣,有利于两地证券市场的长期健康发展。

沪港通与深港通开通后,内地A股市场的蓝筹股绩优投资价值更加显现,港资和国际资本连续买入以贵州茅台、五粮液、伊利股份、格力电器、美的集团、中国平安、招商银行、工商银行、建设银行、万科A、保利地产、恒瑞医药等为代表的绩优大盘蓝筹股都有不菲的涨幅,沪深300指数走出了健康的价值牛,而创业板指数由于估值偏高,阴跌不断,多数个股拦腰斩断,直到目前也没有止跌回升的迹象。

这表明,我国的证券市场估值体系正在与国际证券市场接轨,表明我国的绩优蓝筹股与国际证券市场比是低估的,价值投资与绩优企业共成长将成为主流的投资盈利模式。这也同样表明我国创业板指数中的大多数股票是严重高估的,靠题材、编故事、内幕消息、财务造假,欺骗中小投资者的追涨杀跌的盈利模式未来将不再存在。

沪港通与深港通告诉我们,内地证券市场通过香港证券市场的联通,表明中国已经打开了与国际资本市场连接的大门,已经与国际资本市场形成了有效的互联互通机制,内地市场估值体系将依托成熟的国外市场估值体系进一步完善,以企业估值分析为基础的价值投资理念正在得到内地证券市场的共识,中国内地国宝型的优质企业将迎来价值投资的春天,价值投资将成为证券投资的赢家之道。

A 股纳入 MSCI(明晟指数)带来的

MSCI 即摩根士丹利资本国际公司,MSCI 指数由摩根士丹利国际资本公司编制,在中国,这个指数也被称为明晟指数。

2017 年 6 月 21 日,MSCI 宣布,自 2018 年 6 月起,将中国内地 A 股纳入 MSCI 新兴市场指数和全球基准指数,初始 A 股将纳入 222 只大盘股,基于 5% 的纳入因子,这些加入的 A 股将约占 MSCI 新兴市场指数 0.73% 的权重。

2017 年 8 月 MSCI 指数调整完成后,潜在 A 股纳入标的从 222 只扩大至 236 只。

2017 年 11 月 14 日 MSCI(美国明晟公司)宣布,将 8 只 A 股股票添加进入 MSCI 中国指数,剔除 5 家;同时 MSCI 中国 A 股指数将新增 25 家,剔除 96 家。上述变动自 11 月 30 日收市后生效。

2018 年 6 月 1 日,按照 2.5% 的纳入比例,将 A 股正式纳入 MSCI 新兴市场指数中,并在 9 月 3 日将 A 股的纳入比例提高到 5%。这将加速 A 股国际化进程,也将对市场投资者结构、交易风格产生深远的影响。

证监会发言人张晓军表示,A 股成功纳入 MSCI 指数是一个标志性事件,是中国资本市场进一步融入国际市场的一个重要里程碑。A 股首次纳入 MSCI 标的股只有 222 只,但会对我国证券市场产生示范效应。随着我国证券市场与国际市场的进一步接轨和融合,我国证券市场将更多地站在国际资本市场的高度上进一步完善与优化,促进价值发现,提高我国优质资产在全球范围内的价值提升,价值投资的理念也将成为我国证券市场投资的主流。

由于 MSCI(美国明晟公司)指数编制公司按照科学、严谨、中立等准则编制,MSCI 指数具有客观、公正、实用等几大优点,MSCI 指数成为众多国际机构投资者的重要投资标的,其客户涵盖了全球 90% 以上的基金管理公司,追踪 MSCI 指数的资产规模达到 10 万亿美元以上。纵观周边股市,中国台湾和韩国证券市场启动纳入 MSCI 之前,都有境内外资金提前布局进入证券市场。

　　而对于纳入 MSCI 中国 A 股指数的相关个股,随着 MSCI 指数基金的增持,国内外众多模仿 MSCI 指数基金的机构会根据权重大小被动增持纳入的标的个股,进入标的个股 A 股的资金将有数万亿,优质的权重股将更加稀缺、弥足珍贵。

　　我们统计了 2017 年除 ST 和次新股之外涨幅靠前的 70 只股票,70% 左右是 MSCI 概念标的个股,优质个股如水井坊、五粮液、山西汾酒、中兴通讯、贵州茅台、中国平安、美的集团、青岛海尔、泸州老窖、沱牌舍得、海天味业、伊利股份、格力电器、安琪酵母、华域汽车、上海机场、长江电力、招商银行、三安光电、海康威视等,涨幅都在 60% 以上。2018 年以来以工商银行、招商银行为代表的优质金融资产不断通过沪港通和深港通大量增持,这是不是意味着纳入 MSCI 带来的国际资本在提前布局具有投资价值的中国 A 股,请读者三思吧!

价值投资与第八大奇迹——复利

复利就是"利生利""利滚利"，即把每一份本金和盈利全部转换成下次的本金，日复一日年复一年靠时间的积累慢慢创造财富。股神巴菲特就是靠复利年复一年的增长成为富翁的。科学家爱因斯坦说："复利是第八大奇迹。"本杰明·富兰克林说："……这是能够将所有的铅块变成金块的石头……记住，钱是一种繁殖力非常强大的东西，钱会生钱子，钱会生更多的钱孙。"

彼得·考夫曼著的《穷查理宝典》中讲了这样一个故事，为了让年轻的学生领略复利的魔力，有位老师提出了一个有趣的方案：

"几何级数增长与直觉背道而驰。

"我打算给你两个选择，但选中之后不能改变主意，所以选择之前仔细考虑。第一个选择是，我每天给你 1000 美元，连给你 30 天，你拿到钱之后随时可以花。第二个选择是，我第一天给你一美分，每天给你的钱是前一天的两倍，这样持续 30 天，但你必须等到 30 天结束之后才能用这笔钱。

"年轻人想到连续一个月每天有 1000 美元可以花就很心动，他可不想一个月后口袋里只有一堆分币可以用，所以他选择了第一个。他的选择明智吗？

"按照第一个选择，年轻人总共可以得到 3 万美元。按照第二个选择，复利的魔力将会使总数达到 536.870912 万美元。"

另一个关于复利的故事是：

1626 年，荷兰西印度公司在北美洲的殖民地——新荷兰的总督 Peter Minuit 用价值 60 荷兰盾的饰品从美国土著人那里购买了曼哈顿，根据当时的汇率，这 60 荷兰盾价值 24 美元，荷兰人买下的曼哈顿，经过英国人和美国人的几百年的经营，如今已经成为世界最大城市纽约的核心和世界金融的中心。美国最大的 500 家企业中，有三分之一以上把公司总部设在曼哈顿，7 家银行中的 6 家及其各大垄断企业公司的总部在这里设立中心据点。曼哈顿还聚集着世界金融证券期货以及保险等金融行业的精英,位于曼哈顿及其南部的华尔街是美国金融的中心,也是美国财富和经济实力的象征,它成为美国垄断资本的大本营和金融寡头的代名词。华尔街这条狭长街道长度仅540米,两旁有2900多家金融机构和外贸机构。世界著名的美国纽约证券交易所和美国证券交易所都设立于此。

"这次交换看起来十分便宜,但荷兰人真的从中受益了吗?如果美国土著人将这些饰品出售并以10％的收益率进行投资,这笔钱今天就会变为403779万亿美元。这个数目已经超过了世界上所有不动产的总价值。"

这就是复利的魔力。

生活中我们往往曲解复利的定义,总想着要一夜暴富,又有谁想过一夜暴富可能吗?股市中更是如此,大多数投资者不是深入研究企业,而是听股评,听小道消息,买信息,只想着自己买的股票能连续涨几个停板。还有一部分很爱学习的股民朋友,废寝忘食,夜以继日地研究K线和各种技术指标,结果往往事与愿违,赔了金钱又浪费了时间。说真的,初入股市,我与大家一样,到处听股评,打听小道消息,研究各种技术分析指标,上证指数K线图画了几十米,按技术指标选股的公式都学会编写,关于技术分析的书读了上百本,就是悟不出其中的挣钱逻辑,辛辛苦苦多少年,虽然没有亏了钱,但是没有挣到钱。

股神巴菲特的书也看了不少,但总是悟不出其中的道理,直到有一天在电视上看到被誉为中国股神的林园,听他说优秀的公司就是赚钱机器。林园这句话对我触动很深,从此我对价值投资才有所感悟。2011年冬天,又在北京董宝珍的价值投资沙龙,见到了林园,当时林园多次讲到了赚钱机器贵州茅台,也讲到了如何通过复利挣钱。以前我对复利的理解是小时听老师讲的资本家剥削穷人用高利贷"驴打滚,利滚利",从没有想到现在证券市场选择优秀的企业进行投资,靠企业盈利持续增长长期持有获得红利收入和净资产收益率的增长,也是复利且可以赢得财富增长。回到家反复回忆自己不能挣钱的主要原因是期望值太高,不能沉下心来。我研究了巴菲特历年投资收益,见表1-1。

表 1-1 巴菲特历年投资收益表

年份	第 N 年	年收益率	累计净值	复合年增长率
1957	1	10.50％	1.11	10.50％
1958	2	40.90％	1.56	24.78％
1959	3	25.90％	1.96	25.15％
1960	4	22.80％	2.41	24.56％
1961	5	45.90％	3.51	28.56％
1962	6	13.90％	4	25.99％
1963	7	38.70％	5.55	27.73％
1964	8	27.80％	7.09	27.74％
1965	9	23.80％	8.78	27.30％
1966	10	20.30％	10.56	26.58％
1967	11	11％	11.72	25.08％
1968	12	19％	13.95	24.56％
1969	13	16.20％	16.21	23.90％
1970	14	12％	18.15	23.01％
1971	15	16.40％	21.13	22.55％
1972	16	21.70％	25.72	22.50％
1973	17	4.70％	26.92	21.37％
1974	18	5.50％	28.41	20.43％
1975	19	21.90％	34.63	20.51％
1976	20	59.30％	55.16	22.20％
1977	21	31.90％	72.76	22.56％
1978	22	24％	90.22	22.71％
1979	23	35.70％	122	23.25％

续表

年份	第 N 年	年收益率	累计净值	复合年增长率
1980	24	19.30％	146	23.08％
1981	25	31.40％	192	23.40％
1982	26	40％	269	24％
1983	27	32.30％	355	24.30
1984	28	13.60％	404	23.90％
1985	29	48.20％	598	24.67％
1986	30	26.10％	755	24.72％
1987	31	19.50％	902	24.54％
1988	32	20.10％	1083	24.40％
1989	33	44.40％	1564	24.97％
1990	34	7.40％	1680	24.41％
1991	35	39.60％	2345	24.82％
1992	36	20.30％	2821	24.69％
1993	37	14.30％	3224	24.40％
1994	38	13.90％	3672	24.11％
1995	39	43.10％	5255	24.57％
1996	40	31.80％	6926	24.74％
1997	41	34.10％	9288	24.96％
1998	42	48.30％	13774	25.47％
1999	43	0.50％	13843	24.83％
2000	45	−6.20％	13829	23.60％
2002	46	10％	15212	23.29％
2003	47	21％	18406	23.24％

续表

年份	第 N 年	年收益率	累计净值	复合年增长率
2004	48	10.50％	20339	22.96％
2005	49	6.40％	21640	22.60％
2006	50	18.40％	25622	22.51％
2007	51	11％	28441	22.27％
2008	52	−9.60％	25710	21.57％
2009	53	19.80％	30801	21.53％
2010	54	13％	34805	21.37％
2011	55	4.60％	36406	21.04％
2012	56	14.40％	41649	20.92％
2013	57	18.20％	49229	20.87％
2014	58	8.30％	53315	20.64％
2015	59	6.40％	56727	20.39％
2016	60	10.70％	62797	20.22％
2017	61	23％	77240	20.26％
2018	62	0.40％	77549	19.91％

从巴菲特 60 年的投资收益不难看出，股神的投资年复合收益率在19.6％，且 99％的财富是 48 岁以后才赚的。这就告诉我们"不积跬步无以至千里"，我们必须静下心来，长期持有优质的旗舰型企业，在正确的方向上坚持，耐心等待复利带来的惊人回报。

我反复思考后感悟到，人生的失败大多是两种原因造成的：一种是期望值太高，总想挣快钱，另一种是选择的错误。人们总是想着买到天天涨甚至是涨停板的股票挣快钱，期望值太高，必然的结果是亏损。他们忘了世上根本没有神仙，没有人能知道股票明天的涨跌，更不会天上掉馅饼，"财不入急门""欲速则不达"，佛家说"快就是慢，慢就快"。巴菲特都挣不到的快钱你能挣到吗？现在的传销屡禁不止，就是人们期望值太高，抱着一夜暴富的心态，选择了不可能实现的事情，最后赔了夫人又折兵，很多人因为传销闹得家破人亡，教训深刻。证券投资中选择没有发展前景的 ST 股与夕阳行业的股票同样是选择的错误，失败亏钱是高概率的。我们如果能沉下心来，降低自己的期望值，在证券投资中选择优秀的企业，像巴菲特那样选择净资产收益率 15％以上的企业进行投资，价格低估时买入，追求与优秀企业利润同步增长的利润，经过时间的积累，靠企业利润持续增长的复利，我们同样能成为百万富翁、千万富翁。

下面是我们按刚走向社会的年轻人或者大学毕业参加工作后，25 岁初始投资 5 万元，靠复利增长经过 5 年、10 年、15 年、20 年、25 年、30 年、35 年后的投资收益。见表 1-2。

表 1-2　35 年投资收益表

	5 年	10 年	15 年	20 年	25 年	30 年	35 年
5％	63814	81444	103946	132665	169318	216097	278501
10％	80526	129687	208862	336375	541735	872470	1405122
15％	100568	202277	406853	818327	1645948	3310589	6658776
20％	124416	309586	770351	1916880	4769811	11868816	29533411
25％	152588	465661	1421085	4336809	13234890	40389678	123259516
30％	185647	689292	2559295	9502482	35282050	130999782	486393021

从表 1-2 不难看出，如果你在走向社会工作后，从 25 岁开始投资 5 万元，按每年 5％的收益率买入国债，到你 60 岁退休时，35 年的收益是 27.58 万元，随着通货膨胀物价的升值，购买力没有明显提高。

如果你投资的年收益达到 10％，到你 60 岁退休时，35 年的投资收益 140.51 万，基本上战胜了通货膨胀。

同样 5 万元，只要选择的优质企业，净资产收益率达到年 15％，到你退休时，35 年的投资收益是 665.88 万元，绝对战胜通货膨胀，完全可以安享晚年。

如果你能选到持续盈利的优质企业，净资产收益率达到 20％，长期持有，到你60岁退休时,35年的投资收益是2953万元,使你轻松步入富翁的行列,可以周游世界了。

如果你能选到持续盈利旗舰型的国宝企业,净资产收益率达到25%,长期持有,到你60岁退休时,35年的投资收益可以达到1.23亿。你就可以傲视群雄,进入亿万富翁行列了。

连续几十年净资产收益率达到30%,几乎没有,我们知道复利的神奇就是了,这里不再赘述。

如果你初始投资10万元或者20万元靠企业盈利能力的不断复合式增长,可以使你步入千万富翁和亿万富翁的时间大大缩短。这就是复利的魔力,投资不要追求一夜暴富,投资不能一蹴而就。邱国鹭说:"投资最怕的是用错误的方法赚了大钱。""投资要数月亮,不数星星",选择优秀的企业进行投资,只要找到正确的投资方法,悟出价值投资的投资逻辑,盈利是必然的。

据说在2000年的一个早上,亚马逊创始人杰夫·贝索斯给巴菲特打电话,问巴菲特:"你的投资体系这么简单,为什么你是全世界第二富有的人,别人不做和你一样的事情?"巴菲特毫不犹豫地回答说:"因为没人愿意慢慢地变富。"贝索斯从此突然明白,关注长期投资的人,比关注短期股价波动的人有更大的竞争优势,从此贝索斯更加坚定了关注长期投资、忽视短期近视的想法。我们普通的投资者为什么不能学习巴菲特,持有优秀企业,来慢慢变富呢?

我国符合巴菲特价值投资理论、净资产收益率连续几年大于15%的股票并不太多,如贵州茅台、五粮液、万科A、中国平安、招商银行、伊利股份、格力电器、美的电器等,近30年来,能够找到这些最好的公司,投资这些公司短期收益虽然不高,但你的投资足够保守安全,能长期地活下去,日复一日,复利将会让你转守为攻,长期持有这些优质企业股权的投资者靠企业复利的增长都将成为市场的赢家。当年看起来毫不起眼的收益率,复利到不可思议的巨大,这个保守却又收益巨大的复利率,已经足够保证我们家族财富的长久传承。

用郑板桥的诗《竹石》"咬定青山不放松,立根原在破岩中。千磨万击还坚韧,任尔东西南北风"来形象地比喻价值投资与复利,就是"咬定业绩不放松,立根要在价值中。牛熊涨跌终坚韧,复利助你成富翁"。

第二章

如何找到巴菲特青睐的优质企业

授人以鱼，不如授人以渔。

——《淮南子·说林训》

我们应该如何找到巴菲特青睐的中国优质企业呢？人们常说："找到最好的公司，做时间的朋友。"巴菲特是用什么办法找到他选股如选妻式的最好的公司的呢？将价值投资理论与我国具体情况相结合，根据我国实际情况，站在企业基本面研究进行分析的基础上选用如下几个常用指标，会对价值投资者如何找到受巴菲特青睐的优中选优的最好的公司，从而进行股权投资有所裨益。

先看市盈率 一票定乾坤

买卖股票前,大多数投资者首先看股票价格高低,且多数投资者选的股票都是直观地看股票价格低的,然后找一个代码顺口的或吉利的,中间或者尾号中带有6、8、9的,自己认为满意的数字就马马虎虎买进了,而对于股价的投资价值如何衡量,如何评判,大多数投资者根本不知道,他们不关心市盈率、市净率、资产收益率、企业的竞争优势、护城河与安全边际。

企业基本面分析与盈利能力相结合的股票价格与每股盈利多少基础上的市盈率分析,是必不可少的,通过市盈率分析,一眼就能看出什么样的企业可以关注,什么样的企业根本就不值得关注。这就是我说的"一票定乾坤,先看市盈率"。对市盈率高的股票实行"一票否决制"。

市盈率的计算公式是:

股票市场价格÷年度每股收益＝市盈率

市盈率也叫"本益比"。市盈率通常指的是静态的,市盈率是最常见的用来评估股价高低是否合理的重要指标之一,衡量股票价值最基本的一个指标就是市盈率。如果一家公司股票的市盈率过高,且未来的业绩无法确定其是否能持续增长,那么公司的股票价格就具有泡沫,价值被高估。尽管不同的行业有不同的行业评判标准,但六七十倍甚至上百倍的市盈率,无论如何都不会被市场长期接受,高速增长的高科技行业也不例外,现实中没有任何一个企业能保持业绩六七十年甚至上百年的持续高增长。

西格尔在《股市长线法宝》一书中说:"对市盈率的研究始于20世纪70年代末期,当时,桑乔·巴苏在S.F.尼克尔逊研究的基础上发现,在排除了风险因素以后,低市盈率的股票也比高市盈率的股票回报率高。"

通俗地讲,就是市盈率多少倍代表着按现在的股票价格,按企业目前的增长速度和盈利能力,你买入的股票多少年可以把你的投资收回。我时常给身边的股民朋友讲,如果现实中有一个企业需要六七十年才能将投资成本收回,你会投资吗?如果现实中你不会投资这样的企业,为什么在股票投资中总是不理智地要投资六七十年甚至上百年才能收回投资的企业?在买入股票前先看市盈率,看看你现实生活中这样的企业你会不会投资,现实生活中你如果不投资的几十年上百年企业才能收回投资成本的企业,在股票投资中就不要买入市盈率在六七十倍甚至上百倍的股票。因为股票的每一股份就是企业的一部分,买入股票你就是企业的股东。

彼得林奇说:"任何超过 40 倍市盈率的股票都有很大的风险,无论它有多高的增长。"这正好与一个人的成长相吻合,股票投资应该与你的年龄结合起来,人类平均寿命 80 岁左右,一般人的寿命很难超过 100 岁,我们按 60 岁退休,退休后的几十年应该安享晚年。

如果你的年龄是 25 岁,有 40 年的投资期,你可以激进投资买入市盈率稍高些的股票,但无论如何不应该买入超过你的投资期 40 年市盈率大于 35 倍的股票;

如果你的年龄是 30 岁,你有 30 年投资期,就不应该买入超过你的投资期市盈率大于 30 倍的股票;

如果你的年龄是 40 岁,你有 20 年投资期,就不应该买入超过你的投资期市盈率大于 20 倍的股票;

如果你的年龄是 50 岁,你只有 10 年投资期,就不应该买入超过你的投资期市盈率大于 10 倍的股票;

如果你 60 岁后,你还想进行股票投资,更应该选择市盈率低的股票进行投资,这样你可以很快就收回你的投资成本,让股票随着企业的稳定增长,股价上涨挣到的钱使你安度晚年。

巴菲特说:"利率之于投资就好比地心的引力之于物体,利率越高,向下牵引的力量也就越大。这是因为投资的回报率与能从国债赚得的无风险利率直接相关联。因此,如果无风险利率提高了,其他所有投资品种的价格都必须相应下调。只有提升回报率,才能保证投资者不会转而去投资国债。相反,如果无风险利率下跌,就会推动其他投资品种的价格上涨。因此,基本命题就是这样:投资者想着明天收获 1 美元,今天应该付出多少,只要先看看无风险利率水平就可以决定。"

我们走进股市无非是想获得比银行存款和买国债高的利润,现在国有银行的一年期定期存款利息是 1.75％,也就是 50 倍的市盈率,地方股份制银行一年期定期存款利息是 3％左右,也就 30 多倍的市盈率,五年期国债的市盈率是 4.27％,也就是 23.42 倍市盈率。我们走进股市进行投资,如想获得比股份制银行一年定期存款高 3％的收益,就不应该买入大于 30 倍市盈率的股票。如果你想获得比国有银行一年期存款 1.95 高的收益,无论你多年轻、多激进绝对不能买入大于国有银行存款 50 倍市盈率的股票。如果你想获得安全又稳定的收益就应该与具有国家信用背景的国债收益 4.27％进行比较,就应该买入市盈率在 23 倍以下的具有持续盈利能力的优质企业股票,这样才能使你获得超过国债的收益。

在这里需要提醒的并不是年轻人就一定要买入高市盈率的股票,我所提到的 30 倍、40 倍、50 倍的市盈率是投资的极限位。无论多大年龄都应该买入低市盈率的股票,因为低市盈率的股票盈利的概率高。选择市盈率股票进行投资也是一种常识,生活中你会选择几年或者十几年能收回投资成本的企业进行投资呢,还是选择四五十年甚至上百年才能收回投资成本的企业进行投资呢? 此刻,你肯定会很轻松地给出答案。

虽然一个公司的股价贵与便宜不能简单地用市盈率、市净率来衡量,但买入高市盈率的股票确实是非常危险的,亏损概率高于盈利的概率。

我们以 2015 年的全通教育(300359)为例,虽然全通教育属于有前景的朝阳行业,在当时不看市盈率,只看成长性,一味地追求不切实际的高增长、高杠杆,"市梦率""市猜率""市想率"不与企业盈利能力相结合的"大跃进"中,全通教育自 2014 年 1 月 21 日上市首日收盘价算起,市盈率就达到了 60.69 倍,超过 60 倍的市盈率达到了人类平均寿命的投资极限,出现投资泡沫。2015 年 5 月 15 日全通教育股价最高达到 467.57 元,按 2014 年全通教育每股收益 0.46 元计算,静态市盈率达到了 1016.46 倍,造成了市盈率过千倍的怪胎,超越了各个年龄段的投资年限,股价与收益比大大失衡,这不是泡沫是什么? 过千倍的市盈率恐怕在宇宙也难能找到吧! 巨大的泡沫过后将是爆裂,这是因为世界上无论多大的泡沫最后都会以爆裂结束,全通教育也不例外,股价自见 467.57 元顶点后一路下跌走上了漫漫熊途,致使高点买入全通教育股票的投资者亏损严重。见图2-1。

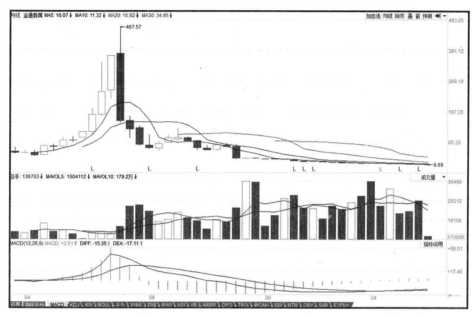

图 2-1 全通教育(300359)未做复权处理

我们再以招商银行(600036)为例,多数人认为因受到互联网支付宝和微信的冲击和坏账率的上升,银行业将受到严峻的考验,市场占有率将逐渐走低,盈利能力将不断降低。招商银行在 2015 年 6 月 9 日在创出 21.70 元的新高后,按 2014 年的每股收益 2.22 元,静态市盈率 9.77 倍,按投资期和持续盈利能力计算,无论 20 岁的年轻人还是 70 多岁的老人都适合买入招商银行进行长期投资。虽然招商银行与大盘一样在经过股灾 1.0、股灾 2.0 和股灾 3.0 后同样随大盘调整,但几个月后就见底回升,2017 年 1 月 31 日,已经创出了 35.35 元的新高,投资招商银行的股民获利颇丰。即便是现在创出新高的价格,市盈率也只有 12.40 倍,低于市场平均水平,根据招商银行的持续盈利能力来看,投资招商银行未来获得盈利应该是确定性的,见图 2-2。也许你会认为全通教育和招商银行都是个例,但经过 2015 年的年股灾 3.0 后,低市盈率板块的沪深 300 指数与高市盈率板块创业板指数走势比较可以看出,沪深 300 指数走出了上升行情,创业板指数还在漫漫熊途的下跌路上,这两个板块的近千只股票就不是个例了吧。由此可以看出,"一票定乾坤,先看市盈率",要对市盈率高的股票说不,选择低市盈率且具有持续稳定盈利能力的国宝名牌型股票进行投资,具有高概率的确定性。

1993 年我到太原做生意时,也有过低市盈率投资而获利的实例,记得我所在的太原精品服装城,是 1993 年 12 月 6 日开业,开业后我的服装生意不错,开业到春节 40 多天就挣了近 2 万元,春节回家还了借朋友的 1 万多元,余下的钱作为春节后继续做生意的本金。1994 年麦收前,我在太原做生意的对过有一个门面房要出售,人家要价 4.8 万元,当时的年租金是 1.5 万元,这也相当于 3 倍多的市盈率,我想如果我能买下,三年多只是房租收入就能收回成本,更不要说租金上涨了,于是我再次回到老家曲周借了 3 万元钱,加上我在太原做生意的钱,就买下了这个房子,并重新对外出租,收回的租金 1.5 万元继续作为我生意的本金。后来租金不断上涨,3 年后我卖出了这个门面房,卖出价格 12 万元,加上 3 年的租金收入 6 万多元,获利颇丰,合计达到了 18 万多元。

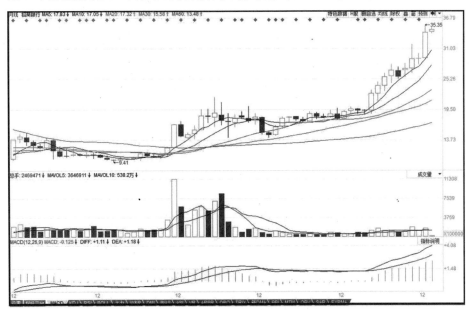

图 2-2　招商银行(600036)未做复权处理

我们再来看看股神巴菲特买入的股票是多少倍的市盈率,学习巴菲特的投资估值逻辑,能给我们的投资带来更多的启示与帮助。

1958 年,巴菲特买入桑伯恩地图公司,实际市值低于净资产,经过重组收益颇丰。

1961 年,巴菲特买入登普斯特农业机械制造公司,实际市值低于净资产,经过重组,获利丰厚。

1964 年,巴菲特在美国运通遭到色拉油骗局危机时买入美国运通,市盈率 14.2 倍,持有至今,收益颇丰。

1965 年,巴菲特买入伯克希尔·哈撒韦纺织品公司,巴菲特一直说收购这家公司是个错误,市盈率 6.6 倍。买入后经过巴菲特的重组,持有至今,盈利颇丰,现在已经成为世界上最会挣钱的公司。

1967 年,伯克希尔·哈撒韦买下国民保险公司,市盈率 5.4 倍,持有至今,盈利颇丰。

1972 年,伯克希尔·哈撒韦收购喜诗糖果公司,市盈率 11.9 倍,持有至今,盈利颇丰。

1973 年,伯克希尔·哈撒韦买入《华盛顿邮报》,市盈率 11.9 倍,持有至今,盈利颇丰。

1983 年,伯克希尔·哈撒韦收购内布拉斯家具,市盈率 8.5 倍,盈利颇丰。

1985 年,伯克希尔·哈撒韦买入大都会广播公司,市盈率 14.4 倍,盈利颇丰。

1986 年,伯克希尔·哈撒韦买下斯科特吸尘器公司,市盈率 7.8 倍,盈利颇丰。

1988 年,伯克希尔·哈撒韦投资可口可乐饮料公司,市盈率 13.7 倍,持有至今,收益颇丰。

1988 年,伯克希尔·哈撒韦投资房利美公司,市盈率 8 倍,持有 11 年,收益达到 11 倍,获利颇丰。

1990 年,伯克希尔·哈撒韦投资富国银行,市盈率 6 倍,持有至今,收益颇丰。

1991 年,伯克希尔·哈撒韦投资吉利刀片公司,市盈率 23 倍,持有 13 年,7 倍收益,获利丰厚。

1991 年,伯克希尔·哈撒韦投资 MAT 银行,市盈率 7.8 倍,持有至今,收益颇丰。

1993 年,伯克希尔·哈撒韦投资中美能源公司,市盈率 13.5 倍,到 2012 年,收益 7 倍,获利丰厚。

1998 年,伯克希尔·哈撒韦收购通用再保险公司,市盈率 18 倍,收益颇丰。

2000 年,伯克希尔·哈撒韦投资穆迪评估公司,市盈率 19 倍,收益颇丰。

2003 年,伯克希尔·哈撒韦投资中石油,市盈率 5 倍,持有 5 年,收益 7.3 倍,获利颇丰。

2005 年,伯克希尔·哈撒韦投资沃尔玛超市,市盈率 20 倍,收益颇丰。

2006 年,伯克希尔·哈撒韦投资合众银行,市盈率 12.5 倍,收益颇丰。

2006 年,伯克希尔·哈撒韦投资乐购连锁超市,市盈率高达 66 倍,最后亏损严重。

2007 年,伯克希尔·哈撒韦投资康菲石油公司,市盈率 6.8 倍,市盈率虽然不高,最后仍然亏损。

2008 年,伯克希尔·哈撒韦投资中国比亚迪公司,市盈率 10.2 倍,持有至今,收益颇丰。

2008 年在金融危机中伯克希尔·哈撒韦出手救高盛,相当于市盈率 7 倍左右,收益颇丰。

2011 年,伯克希尔·哈撒韦投资 IBM 信息软件公司,市盈率 13.5 倍,这是巴菲特第一次投资科技股,也许超过了他的能力圈,结果亏损。

2011 年,伯克希尔·哈撒韦投资达维尔医疗,市盈率 17 倍,持有至今,收益颇丰。

2011 年,伯克希尔·哈撒韦投资 direcTV 公司,市盈率 15 倍,持有至今。

2011 年,伯克希尔·哈撒韦投资迪尔公司,市盈率 11 倍,持有至今。

2016 年,伯克希尔·哈撒韦投资苹果公司,市盈率 14.66 倍,持有至今,收益颇丰。

我们由此看出,股神巴菲特买入的大多是低市盈率的股票,他唯一买入的一只高市盈率股票乐购连锁零售,市盈率高达 66 倍,结果亏损严重。我们应该学习股神巴菲特,回避高市盈率的股票,低价买入低市盈率的优质企业资产,耐心等待企业的成长。

价值投资之父格雷厄姆非常痛恨高市盈率的股票，说高市盈率的股票是"有毒资产"。

沃尔特·施乐斯也是低市盈率投资的典范，在 1955－2002 年，他管理的基金在扣除费用后的年复合收益回报率达到了 15.3％，远高于标准普尔 500 指数 10％的表现，47 年累计回报率高达 698.47 倍。

我国的著名价值投资者董宝珍、黄凡、乐趣、但斌、刘明达、钟兆民、陈继豪、养股、马喆、高立群、田教授等都是低市盈率投资成功的典范，获得了丰厚的回报，他们为我国投资人树立了价值投资的榜样。由此看来，无论国内还是国外低市盈率买入连续多年持续增长的优质企业，盈利的概率更高，确定性更强。当然了，投资中我们不能仅仅依靠市盈率指标，必须考虑市净率、净资产收益率等多种指标，必须结合企业的盈利情况发展前景，进行综合分析。

通过对国内外的成功投资案例进行分析，我们得出结论：市盈率即使在短期并不能完全确定性地显示股票未来盈利与回报率的多少，但是从长期看来，市盈率是一个非常重要的价值投资分析指标。较高的股票回报率往往伴随着较低的市盈率，我们要对高市盈率的股票说不。

"一票定乾坤，先看市盈率"，根据常识，无数的事实也充分证明，选择低市盈率且具有持续盈利能力的国宝名牌型股票进行投资，盈利是高概率的，收获也是巨大的，我们何乐而不为呢？

再看市净率 资产辨分明

市净率是每股股票价格与每股净资产的比率,市净率是立足于企业基本面,分析企业投资价值的一项重要指标。

市净率的计算方法是:

市净率＝每股股票价格÷每股净资产

每股净资产是每股资本金、每股资本公积金、每股资本公益金、每股任意公积金、每股未分配利润等各项合计。

市净率小于1的股票说明它的股票价格低于每股净资产,市净率等于1,说明股票价格以净资产同样的价格进行交易;市净率大于1,说明股票价格大于净资产进行交易。市净率的高低决定着投资企业的股票价格是否存在泡沫或者低估,一般情况下,低市净率的投资风险较低,投资价值较高,但不同的行业,不同的公司及公司资产质量的不同,市场给与它们不同的评判标准,净资产的变化直接影响着市盈率的变化。如巴菲特首次投资的伯克希尔·哈撒韦纺织公司,旧的纺织机械随着时间的延伸不断被淘汰,纺织机械就成了一堆破铜烂铁。企业净资产大幅度减少,市净率也随之发生变化。又如受到处罚的某上市公司,扇贝在几年前就跑过一次,这次又跑了。我们不去评说扇贝究竟跑了还是没跑,该公司的资产质量及其报表的真伪,单说海中的扇贝就很难衡量究竟应该值多少钱,海水底下的扇贝谁都不知道究竟会有多少,董事长与总经理都不能保证海底不发生突发的情况,扇贝的跑与不跑,董事长与总经理也无法预料,对于这样的企业净资产质量是要大打折扣的。

净资产的变化直接影响着市净率,我们必须辨别清是优质资产还是存在泡沫的资产,是一眼看的清的资产,还是在海水中央雾里看花的资产,具体企业具体分析。库存商品的保质期及其库存量的大小与应收款的多少也同样影响着净资产的质量,电子元器件类企业库存过大,元器件随着时间延长和科技的发展进步,库存的电子元器件逐渐被淘汰,库存商品将变得一分不值,企业净资产值会严重下降。对于应收款较多的企业,部分应收款可能会变成坏账死账,使净资产值大幅减少。服装生产的企业也同样面临着产品更新换代快的库存折价的难点。而白酒类的企业,由于白酒没有保质期,而且酒是陈的香,越放越好喝,库存不会折价还会升值,如:贵州茅台、五粮液、山西汾酒这样的国宝型白酒企业,它们不会因库存时间较长而使企业资产价格下降。

如果你与实业投资及日常生活结合起来,也许会看得更加清楚而不再糊涂。现实生活中本来值 1000 万的企业,你会出 2000 万甚至更高的价格买下吗? 日常生活中本来一元买两个的馒头,如果有人卖一元一个甚至两元一个同样大小的馒头,你是不是觉得贵了很多? 而在股票投资中,本来应该买入低于或者等于净资产的股票,可是听了股评家和所谓分析师的分析,偏偏要买高于净资产多少倍的股票。这不是等着赔钱吗? 我们一定要记住高于净资产的股票,如果盈利不能持续健康增长,且利润增长率不是平稳健康增长,而是逐年下降,那就意味着你的股票买贵了。靠虚无缥缈地讲故事,不切实际的虚幻把股价吹上天的股票是有毒资产,犹如海市蜃楼注定不会长久。

我们以高市净率的暴风科技(300431)为例,2015 年 3 月 24 日上市,开盘后连续涨停,2015 年 5 月 21 日达到了创纪录的 327.01 元,按 2014 年每股收益 0.47 元,每股净资产 2.33 元计算。

暴风科技当时的动态市盈率最高到达了:

327.01 元 ÷ 0.47 元 = 695.77 倍

暴风科技市净率达到了:

327.01 元 ÷ 2.33 元 = 140 倍

也就是说本来价值 1 元的净资产,让你用 140 元买入,695.77 年才能收回投资的项目。试想一下现实生活中你会做这样的傻事吗? 你会投资这样的企业吗? 你肯定会说不,那为什么要买这样的股票呢?

从图 2-3 可看出,暴风集团在创出新高后一路下跌,就是跌到现在的位置,市净率还在 8.3 倍。市盈率在 142 倍,现实中这样的企业你会投资吗? 你敢投资吗? 为什么到了股市就变得没有理智地投资了呢?

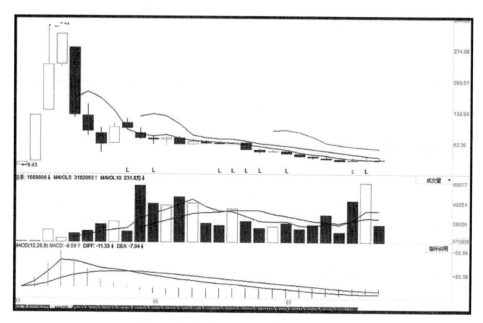

图 2-3　暴风集团(300431)未做复权处理

又如低市净率国有四大行之一的交通银行(601328),现在股票价格 6.10 元,每股净资产 8.13 元,2017 年每股收益 0.91 元。

交通银行的市净率是:

6.10 元 ÷ 8.13 元 = 0.75 倍

交通银行的市盈率是:

6.10 元 ÷ 0.91 元 = 6.45 倍

市净率小于 1,也就是说,交通银行现在的股价是净资产打 83 折卖给你,且 6 年半左右就可以收回投资成本。现实中你是喜欢买入打折出售的资产而且 6 年半就能收回投资成本的股票,还是喜欢买入高于净资产几倍的,140 多年才能收回投资成本的企业?通过以上分析,你会更清晰地认识到市盈率分析的重要性。

市净率分析与市盈率分析必须相结合,净资产的变化也直接影响着市净率。随着沪港通深港通的开通,A 股纳入明晟指数,与国际市场进一步融合与接轨,但我国证券市场尚处于初级发展阶段,应该参照成熟的具有上百年历史的欧美国家证券市场的各个行业市盈率、市净率、净资产收益率等指标,根据资产质量的优劣程度进行更具体的比较分析。

看了国内的高市净率和低市净率的两个实例,我们再看看前面列出的股神巴菲特是投资的企业的市净率,就能够看出端倪。

通过研究分析巴菲特的几十年的投资持股可以看出,巴菲特无论投资买入部分股份,还是投资收购全部公司,投资时市净率大多数是很低的,多数是获利丰厚的,唯一一个高市净率的股票 IBM 投资时 8.5 倍市净率,持有几年也没有挣到钱。

施洛斯是巴菲特朋友,得到格雷厄姆真传,在漫长的投资道路上,巴菲特盛赞他"不仅能够穿越牛熊,更表明他特别擅长应付熊市"。施洛斯对小公司、中等公司和大公司没有什么偏好,只要价格便宜就买入。

巴菲特说:"过去格雷厄姆购买低于营运资金的股票,这个方法好极了。到了 1960 年,这样的股票找不到了。除了 1974 年的市场最底部,根本找不到低于营运资金的股票。于是施洛斯就开始关注净资产。他寻找股价为净资产一半的公司。要是没有,就找股价为净资产 2/3 的。现在找到的是股价等于净资产的。不过除非是特殊情况或者有经济特权,他几乎不会以高于资产价值的价格买股票。许多所谓分析基本面的人甚至连净资产都不看了,他们亏掉一半钱以后就知道了。"

让施洛斯看上的典型指标是:股票以净资产的 8 折交易(市净率 0.8 倍),3% 的股息回报率,并且没有债务。他说:"我关注的是资产,然后没有债务,那些资产总会值些钱。"

我们在投资时是否应该学习"价值投资之父"本杰明·格雷厄姆,学习"股神"巴菲特,学习沃尔特·施洛斯,理性地回避高市净率的股票,明智选择低市净率(好价格)的股票进行投资呢?

资产收益率 持续很重要

股神巴菲特说："公司经营管理业绩的最佳衡量标准是净资产收益率的高低，而不是每股收益的高低。"他在选择企业时首先关注的是企业长期稳定的收益和盈利能力的强弱，他说："我宁愿要一家资本规模只有 1000 万美元而净资产收益率为 15% 的小公司，也不愿意要一个资本规模高达 1 亿美元而净资产收益率只有 5% 的大公司。"

巴菲特非常重视净资产收益率指标。净资产收益率的概念定义是什么呢？应该如何计算净资产收益率呢？净资产收益率（英文简称 ROE），也称为股东权益报酬率/资产利润率，它是净利润与股东权益平均的百分比，净资产收益率是公司税后利润除以净资产后的百分比，净资产收益率反映的是股东权益的收益水平，用来衡量公司运用自有资本产生的效率，股东投入的产出比。净资产收益率指标值越高，证明投资带来的收益就越高，企业的自有资本产生净收益越多。

净资产收益率的计算公式是：

净资产收益率（R）＝每股收益或者公司净利润（E）÷每股净资产或股东权益 100%。

净资产或者资产净值是总资产减去总负责后的净值，它是全体股东的权益，是决定股票投资价值最重要基准。

如：一家饭店经营一年，它的税后净利润是 50 万，初始的投资 350 万，开业后为扩大店面，装潢时又借了朋友 100 万，总共投资 450 万。饭店的净资产收益率是多少呢？

饭店的净资产＝总投资 450 万－借款 100 万＝350 万（净资产）

饭店的净资产收益率＝50 万÷350 万（净资产）×100%＝14.29%

净资产收益率反映企业或者公司所有者权益的投资报酬率，显示的比较全面，具有很强的综合性。最先采用的公司是美国杜邦公司，杜邦财务分析法以净资产收益率为主线,将企业在某一时期的经营销售成果与企业资产营运状况比较全面地结合在一起,层层分析,多次筛选,抽丝剥茧,逐步深入,杜邦财务分析法构成了一个比较完整的综合投资分析系统。净利润本身就是在去除企业营业各种成本及其一切经营费用后而剩下的利润。企业的资产包括两部分:第一部分是股东的真实投资,即所有者权益(它是股东投入的股权本金、公积金公益金和企业留存收益的总和),另外一部分是企业借入以及临时占用的资金。企业合理的运用财务杠杆能够提高资金的使用效率,借入的外债时常会具有两面性,举债过多会增加企业的财务风险,另外一方面又可以提高企业盈利,债务过少反而会降低资金使用效率。

净资产收益率与分红率成正比关系:分红率越高净资产收益率越高,茅台和格力电器净资产收益率就是在高分红的情况下取得的。在分红率低甚至不分红的情况下还能取得高净资产收益率的那才是盈利超强的企业,所以净资产收益率和分红率结合起来看才更准确,巴菲特的伯克希尔就是在永远不分红的情况下每年还能取得高净资产收益率的典范。

衡量股东投入资金使用效率的最重要财务指标是净资产收益率,净资产收益率也弥补了每股税后利润指标的不足。

例如:在企业或者公司对原投资股东送红股除权后,每股盈利与净利润都会下降,投资者以为公司的获利能力下降了,给投资者造成错觉,而事实上公司的获利能力其实并没有真正下降,在这种情况下用净资产收益来分析和解释公司的获利能力是非常适宜的。

巴菲特认为,净资产收益是衡量企业长期业绩的最佳指标,巴菲特把盈利具有持续性企业的股票看作"股票息票"和身着股票华美外衣的"股票债券"。

我们分析巴菲特收购和投资的企业其业务差别较大,规模大小不一,但它们有一个共同的特点就是净资产收益率(ROE)都很高,净资产收益率都在15%以上,且业绩长期增长的持续性,那么我们根据股神巴菲特的投资标准,我国持续高净资产收益率,业绩持续增长的公司又有哪些呢?投资买入业绩长期持续净资产收益率高的公司,投资盈利状况又是如何呢?

以万科 A(000002)为例,自 1991 年 1 月 29 日上市以来,盈利能力不断增强,由上市之初的 1991 年净利润 1013.29 万元,增加到 2017 年的净利润 280.52

亿元,1991－2000 年复合净资产收益率始终保持在 10％以上,2000 年后盈利能力高速增长净资产收益达到 15％以上。万科 A 上市首日开盘价 14.58 元,在上市之初的 15 元左右投资买入万科 A,持有到 2017 年底按收盘价计算获利 300多倍。就是在金融危机市场一片恐慌绝望的 2008 年 9 月份买入持有,按 2017年底收盘价计算也可以获利 7 倍多。

　　福耀玻璃(600660),自 1992 年 6 月 26 日上市以来,在董事长曹德旺的带领下,由一个名不见经传的小型企业,打造成汽车玻璃的龙头企业,年利润由1993 年的 6352.97 万元,到 2017 年的净利润 31.49 亿元,2008－2017 年平均净资产收益率达到 22.96％,是为数不多的连续高净资产回报率的优质企业之一。福耀玻璃上市开盘价 44.44 元,在上市之初的 40 元左右买入持有到 2017 年底按收盘价计算可以获利 40 多倍,就是在金融危机市场一片恐慌绝望的 2008 年9 月份买入持有,按 2017 年底收盘价计算也可以获利 6 倍以上。

　　宇通客车(600066),自 1997 年 5 月 8 日上市以来,盈利能力不断增强,年净利润由上市之初的 4623.27 万元,增加到 2017 年的 31.29 亿元。2008 年至2017 年平均净资产收益率 29.03％,宇通客车上市首日开盘价 30 元,在上市之初 25 元左右买入持有到 2017 年底按收盘价计算可以获利 30 多倍,就是在金融危机市场一片恐慌绝望的 2008 年 9 月份买入持有,按 2017 年底收盘价计算也可以获利 7 倍以上。

　　云南白药(000538),自 1993 年 12 月 15 日上市以来,盈利能力不断增强,净利润由 1993 年的 1324.03 万元增加到 2017 年的 31.45 亿元,1993－2000 年复合净资产收益率始终保持在 10％以上,2000－2017 年盈利能力高速增长,平均净资产收益率达到 15％以上。云南白药上市首日开盘价 8.5 元,在上市之初的 9 元左右投资买入,持有到 2017 年底按收盘价计算获利 200 多倍。就是在金融危机的 2008 年 9 月份买入持有,按 2017 年底收盘价计算也可以获利 7 倍左右。

　　山西汾酒(600809),自 1994 年 1 月 6 日上市,净利润由 1994 年的 5096.56万元增加到 2017 年的净利润 9.44 亿元。虽然经过塑化剂风波和反腐风暴,盈利能力有所波动,近十年净资产平均收益率达到 15％以上。山西汾酒上市首日开盘价 7.21 元,在上市之初的 7.5 元左右买入,持有到 2017 年底按收盘价计算获利近30倍。就算在金融危机的2008年9月份买入持有，按2017年底收盘价计算也可以获利10倍左右。

伊利股份（600887），自1996年3月12日上市以来，净利润由1996年净利润3339.08万元，在经过2008年三聚氰胺事件后，业绩受到较大影响，2009年后盈利能力重新回到上升轨道，达到2017年的净利润60.01亿元。2009年至2017后复合净资产收益率达到15％以上。伊利股份上市首日开盘价9元，在上市之初10元左右投资买入，持有到2017年底按收盘价计算获利300多倍。就是在金融危机市场一片恐慌绝望的2008年9月份买入持有，按2017年底盘价计算也可以获利近20倍。

东阿阿胶（000423），自1996年7月29日上市以来，盈利能力不断提高，作为滋补上品的黑驴王子东阿阿胶，市场占有率不断提高，定价能力不断增强，净利润由上市之初1996年净利润2332.23万元增加到2017年的净利润20.44亿元。2008－2017年平均净资产收益达到24.15％。东阿阿胶上市首日开盘价10元，在上市之初的10元左右买入持有到2017年底按收盘价计算可以获利60倍，就是在金融危机市场一片恐慌与绝望的2008年9月份买入持有，按2017年底收盘价计算也可以获利4倍以上。

格力电器（000651），自1996年11月18日上市以来，盈利能力不断增强，净利润由1996年的1.86亿元增加到2017年净利润224.02亿元。2008年至2017年平均净资产收益率达到33.07％。格力电器上市首日开盘价17.50元，由于格力电器开盘后股价快速上涨，考虑到应该有更多时间更多的机会买到，如果在上市之初的60元左右买入，持有到2017年底按收盘价计算可获利110多倍。就是在金融危机市场一片恐慌绝望的2008年9月份买入持有，按2017年底收盘价计算也可以获利15倍以上。

五粮液（000858），自1998年4月21日上市以来，盈利能力不断增强，作为高端白酒代表之一的五粮液得到了市场的青睐，净利润由上市之初的1998年的1.82亿元，增加到2017年的净利润96.74亿元。2008－2009年平均净资产收益率达到22.42％。五粮液上市首日开盘价29.77元，在上市后的40元左右买入持有到2017年底按收盘价计算可以获利30多倍，就是在金融危机市场一片恐慌绝望的2008年9月份买入持有，按2017年底收盘价计算也可以获利4

倍以上。

贵州茅台(600519),自 2001 年 8 月 27 日上市以来,盈利能力非常强大,作为国酒的贵州茅台当真无愧地成为高端白酒的龙头,净利润由上市之初的 2001 年的 1.59 亿元增加到 270.79 亿元。2008－2017 年的平均净资产收益率到达 34.38％。连续多年的高净资产收益率也给贵州茅台的股东创造了更高的投资回报,贵州茅台上市首日开盘价 34.51 元,在上市之初的 30 元左右买入持有到 2017 年底可以获利 130 多倍,就是在金融危机市场一片恐慌绝望的 2008 年 9 月份买入持有,按 2017 年底收盘价计算也可以获利 8 倍以上。

片仔癀(600436),2003 年 6 月 16 日上市以来盈利能力不断提高,具有国家保密配方的"中华老字号"片仔癀出厂价格不断提高,给片仔癀药业股份公司带来了丰厚的利润。片仔癀药业股份公司净利润由上市之初 2003 年净利润 6047.81 万元,增加到 2017 年净利润 8.07 亿元,2008－2017 年平均净资产收益率达到 19.63％。在上市之初的 15 元左右买入持有到 2017 年底可以获利 20 多倍,就是在金融危机市场一片恐慌绝望的 2008 年 9 月份买入持有,按 2017 年底收盘价计算也可以获利 10 倍以上。

以上案例,我们选取上市之初和 2008 年金融危机时的 9 月份,买入时间相对宽松,价格也按股神巴菲特所说的"模糊的正确大于精确的错误",并没有选出一个绝对值。选上市之初的时间节点,是为了告诉投资者,是为告诉大家,好企业在上市之初买入长期持有可以获得丰厚的利润。选 2008 年 9 月时间节点,是考虑到部分企业在上市之初还分不清是不是能持续盈利,市场占有率能不能提高,能不能形成垄断,净资产收益率是不是能持续保持。在金融危机时,这些企业都已经形成垄断,盈利能力持续稳定提高,股神巴菲特说的"在别人恐惧时我贪婪,在别人贪婪时我恐惧",这个时间节点是在大盘一片恐慌时,巴菲特也是在这个时间节点投资的富国银行,选择这个时间节点几乎是与股神的节拍相吻合的。

我们选的企业净资产收益率连续 10 年保持在 15％以上,正如成语故事"十年磨一剑",它们都是在经过激烈的市场竞争中能够生存下来,并能持续获得盈利的旗舰型优质企业。正如股神巴菲特说的:"不做低回报率的生意,时间是好生意的朋友,却是坏生意的敌人。"2008 年 9 月金融危机中投资它们,就是投资

"落难的王子"。生活中就是与经过几十年战场拼杀，与最后带领部队从"奴隶到将军"取得最后胜利的将军为伍。资本市场的金融危机，优质企业在危机后它们总会走出困境，摆脱危机。

巴菲特在 1977 年致伯克希尔·哈撒韦股东的信中说："除了特殊情况（比如说负债与权益比例特别高的公司或是重要资产在资产负债表上记录的价值不真实的公司）以外，我们认为'净资产收益率'是一个更加合适的管理层取得经济业绩的衡量指标。"投资事件中我们选择低市盈率、低市净率、具有持续盈利能力高净资产收益率的企业，对于这种优质企业，我们要说"真的好想你""爱你没商量"。

具备低市盈率、低市净率、高净资产收益率这些条件后，我们还应该考虑企业的负债率是多少，企业是不是持续盈利，只有这样进行全面系统的分析后再投资，才算胜兵先胜，而后求战。

表 2-1　净资产收益率连续 10 年在 15％的企业表

股票代码	股票简称	净资产收益率	2008 年市值	2017 年市值	市值增长倍数
000651	格力电器	37.44	243.47	2628.87	10.79
002415	海康威视	34.96	471.5	3599.26	7.63
600519	贵州茅台	32.95	1025.91	8761.85	8.56
002294	信立泰	25.94	100.71	472.69	4.69
002236	大华股份	25.47	25.45	669.32	26.29
600816	安信信托	25.23	57.72	596.14	10.32
002304	洋河股份	24.08	512.72	1733.04	3.38
600276	恒瑞医药	23.24	199.21	1943.09	9.75
000963	华东医药	23.02	46.75	523.78	11.2
000423	东阿阿胶	22.46	70.71	394.18	5.57
002146	荣盛发展	22.44	43.44	414.38	9.53
600066	宇通客车	22.15	46.79	532.9	11.38

续表

股票代码	股票简称	净资产收益率	2008 年市值	2017 年市值	市值增长倍数
000848	承德露露	21.52	30.17	92.57	3.06
600436	片仔癀	21.16	26.42	381.3	14.43
002142	宁波银行	19.02	170	902.92	5.31
000501	鄂武商 A	18.7	25.46	122.73	4.82
000538	云南白药	18.55	183.77	1060.04	5.76
002242	九阳股份	18.4	118.82	130.25	1.09
000069	华侨城 A	18.05	214.41	696.66	3.24
002081	金螳螂	17.88	28.34	404.95	14.28
601515	东风股份	17.5	81.51	108.98	1.33
002262	恩华药业	17.38	19.75	143.9	7.28
600036	招商银行	16.54	1801.81	7180.01	3.98
600048	保利地产	16.32	353.14	1677.97	4.75
600271	航天信息	16.16	155.19	401.26	2.58
000887	中鼎股份	16.11	20.55	224.3	10.91
600511	国药股份	16.06	68.4	213.21	3.11
601166	兴业银行	15.35	730	3529.54	4.83
601877	正泰电器	15.35	240.7	562.6	2.34

注:2017 年,盈利 10 亿以上的企业有 338 家,盈利 50 亿以上的企业有 80 家,盈利 100 亿以上的企业有 44 家。

无债一身轻　盈利是王道

查理·芒格说："你一旦走进负债的怪圈，就很难走出来，千万别欠信用卡的钱。你无法在支付18％的利息的情况下取得进展。"

"无债一身轻"是一句多少年流传下来的谚语。"债"最早发生在民间，是人与人之间的一种信任，人们在遇到自己没有能力来应对困难和意想不到的需要金钱的事情时会向亲人、朋友借钱，来缓解当前的困难与危机。当时的借钱行为，双方完全是一种信任，双方没有利益交换，用钱方根本不用出一点费用，也就是我们现在说的利息，借债还钱在人们心目中形成了一种自然定式。随着现在人们生活方式的改变与社会的进步，人们对物质生活与精神生活需要的不断提高，借钱需求也在不断地增加，用钱方随着借钱次数的逐渐频繁，需要钱的一方为表示对出借方的感谢，会拿出物质或者金钱来回馈出借方，慢慢地就演变成了付给出借方利息。利息的产生使用钱方不但要偿还本金，还要付出利息。伴随着私有制与公有制的出现，产生了企业与民间的借债，企业与企业间的借债（企业与银行间的借债同样属于企业间的借债，只不过是银行作为出借方罢了）。

"债"从偿债的能力角度可分为"良性债务"和"不良债务"。良性债务是个人或者企业具有充分的还债能力，借入一少部分外债，以满足生活需要和扩大再生产的要求，个人产生的工资收入或企业经营产生的利润在不太长的时间内能还清本金和借款（利息）。简单地说，就是债务成本低于个人或者企业机会成本的债务。借债还钱，天经地义，不良债务就是个人或者企业不根据自己的真实偿债能力，为满足个人或者企业某种消费攀比欲望及不切实际的为了面子虚荣盲目消费，企业盲目扩张，不根据企业盈利能力无限扩张，个人的工资收入或者企业经营产生的利润，根本无法偿还本金和利息，形成不良债务。

不良债务与债务利息的逐渐增多，会给个人和企业造成很大的压力，过高的负债让我们失去了很多不该失去的东西，债务危机使人们心力交瘁，使企业陷入困境。

美国经济学家海曼·明斯基对不同的投资者作了深刻的阐述："在资产的收益现金流能满足负债方的利息支出，又能满足本金支出时，这是避险投资；资产收益现金流，只能满足利息支出，为投资性投资；资产收益则连利息支付都不够，而是寄希望于资产升值来偿付利息及本金，是旁氏投资；泡沫的破裂则是由于旁氏投资者被迫抛售资产而引起的。"

2008年的世界金融危机，本质上就是流动性危机、信任危机与债务危机。信任危机与债务危机使人们过度恐慌。世界各地的大量企业扩张的步伐超越盈利的步伐，无法偿还银行的贷款本金和利息，形成大量不良贷款，使银行无法正常运转，具有百年历史的雷曼兄弟银行就是因为债务危机而倒闭的。

2010年后的浙江温州与内蒙古鄂尔多斯民间借贷大量违约，给企业老板造成了巨大精神和心理上的压力，因为无法偿还债务和利息，有多少企业老板逃债失踪，又有多少企业老板自杀身亡？

我同样看到身边的企业因巨额债务，无法偿还，企业走向瘫痪或者关闭。如××铁厂、×房企、××板业、××服装企业、××棉业、××饲料、××投资公司等，这些企业都曾有过短暂的辉煌，因盲目扩张，高利借贷，盈利能力根本不能满足借款利息而走向瘫痪或者破产倒闭，老板或失踪或走进牢房。

2015年，我也亲历过，参与某公司因执行合伙人不负责任，没有风险防控意识，缺乏基本的道德水准，做黄金白银铁矿石期货给股东造成了巨大的损失后，执行合伙人又以重病为由与所有股东失去联系，除我自己也欠下外债外，还把一个无法收场的亏损公司交给了我。如何面对亏损的股东，我的心情压抑、无奈、彷徨、恐惧、绝望到了极限，仿佛有一天会因无力偿还外债而走向绝路。2015年5月，我与朋友董庆利在石家庄见面，我视他为我生命中的贵人。晚上，我与他详细诉说某公司失败原因及其经过后，他对我的处境表示同情和理解，还给我提出好的建议。他第二天早上送我到火车站，分手时他送我两瓶泸州老窖"1573"酒，这算是他对我人品的肯定与安慰吧。接过他送的酒，我心里有一种欲哭无泪的感觉。这是因为不知道分手后，还能不能再见到他——我生命中的贵人。他离开我的瞬间，我泪如泉涌……

2017年，风云一时的上市公司乐视网盲目扩张，盈利跟不上扩张的步伐，企业数百亿元无法偿还，形成不良债务，企业外债高筑，董事长在美国至今未归。

2018年，上市公司盾安环境、千山药机、南风股份都因债务高筑公司无法正常经营，形成大量的不良债务，致使管理人员压力重重，使中小股东损失惨重。

2018年6月刚刚发生的意大利金融危机，又一次给世界敲响警钟。债务，债务，应该如何减少债务，控制债务规模，使世界走向良性循环？这也生动地告诉人们，不管是个人，还是企业，甚至是一个主权国家，都应该理性地控制债务，借债必须在合理的范围内，与偿还能力密切结合。不理智的高负债就像人的亚健康状态，身体有湿毒，不能排出，总靠药物去压制，久而久之湿毒淤积会把人的任督二脉都堵死，到那时就是病入膏肓。

我常常把过高债务和高利息比喻为癌症，如果个人和企业染上非理性的盲目消费和盲目扩张的恶习，大量借入高利贷，就像是无法治愈的癌症，耗尽自身能量后从衰退走向灭亡。所以我们在投资中必须研究企业的债务，是良性债务还是不良债务，企业的偿债能力，负债率情况，企业付清贷款利息后，还有没有盈利，避免企业债务陷阱。只有这样全面系统分析，才能在投资中尽可能减少失误，也就是说"失误少一点，成功会多一点。点点滴滴的成功，必然汇聚成巨大的精神财富与物质财富"。

良性负债能够起到财务杠杆作用，提升企业盈利能力，有助于资产收益率的提高，但在投资中仍要注意企业负债比率，一旦负债比率过大，良性负债随时可转变成不良负债，我们必须考虑企业负债率是多少。

负债率是企业负债总额与总资产的比率，表明企业资产中有多少是债务，资产负债率是衡量企业负债水平及风险程度的重要标志。资产负债率的计算方法是：

资产负债率＝企业总负债÷企业总资产×100％

如：某企业总资产（股东权益）10亿元，各种负债合计3.35亿元。企业的负债率就是：3.35亿÷10亿×100％＝33.5％。

尽管对负债率高低的要求不尽相同，多数人视60％以下算可以控制的外债范围，我们为安全起见，除银行和房地产行业外，尽可能选择盈利能力持续，负债率在40％以下的企业进行投资。

我们分析巴菲特投资的公司,成功的投资都具备负债率低、毛利率高的特点。巴菲特在致股东的信中写道:"伯克希尔·哈撒韦公司时时刻刻都在寻找规模大而简单的企业,这样的企业还必须有能力保持盈利,负债少;而且经营比较得当;还要有一个报价,在报价还未知的情况下,我们不想跟卖家白费口舌,哪怕最初级阶段的交涉,如果过多涉及高科技成分,恐怕我们胜任不了……我们不会涉足恶意收购,我们许诺严格保守商业机密,而且会对有意向的项目作出最迅速的反馈,通常是在 5 分钟之内。"

格雷厄姆几乎不碰高杠杆的公司,他买的都是负债很少的公司。

让施洛斯看上的典型指标是:股票以净资产的 8 折交易,3％的股息回报率,并且没有债务。他说:"我关注的是资产,然后没有债务,那些资产总会值些钱。"

结合我国实际进行分析,我国证券市场究竟有没有负债率低,持续盈利 10 年以上的企业呢?经过严格的统计分析后得出的结论是,有 10％左右这样的优质企业,而且这些优质的国宝型上市公司就在我们身边。

如:价值投资的标杆型企业贵州茅台(600519),始终保持较低的负债率,高达 91.31％的毛利率,企业盈利能力不断增强,净利润由 2001 上市之初的 1.59 亿元,增加到 2017 年的净利润 270.79 亿元,近 10 年平均净资产收益率为 34.38％。

云南白药(000538)、五粮液(000858)、伊利股份(600887)、东阿阿胶(000423)、片仔癀(600436)、同仁堂(600085)、上海机场(600009)、格力电器(000651)、美的集团(000333)、洋河股份(002304)等这样的优质公司,都具有低负债率、毛利率高、净资产收益率高、盈利能力持续增加的特征。

谈了负债率,我们再来说说毛利率。毛利润高的企业,说明企业盈利能力强,市场的竞争能力强,竞争对手很难侵袭。

毛利率通常情况下指销售毛利率,销售毛利率是毛利润占销售营业收入的百分比,其中毛利润是营业收入与营业成本的差。销售毛利率的计算公式为:

销售毛利率＝(营业收入－营业成本)÷营业收入×100％

如:某公司营业收入 12669 万元,营业成本是 5780 万元。根据销售毛利率计算公式:

销售毛利率是＝(12669－5780)÷12669×100％＝54.38％

销售毛利率表示营业收入减去营业成本后,还剩余多少钱可以用于经营中的各项费用,多少钱形成盈利,公司销售净利润的基础就是销售毛利率,没有足够大的毛利率公司就很难产生盈利,较高的毛利率是公司盈利的前提和保证。

证券投资中选择负债率低、偿还债务能力强、毛利率高且具有持续盈利能力的公司,这样的公司具有更高的安全边际。我们把负债率设定为30％以下,负债率最高不超过50％。销售毛利率设定为30％以上,最低不低于20％。

截至2017年12月31日,设定满足销售毛利率在30％以上、负债率低于30％的且持续盈利15年两个条件选出的上市公司如:贵州茅台、恒瑞医药、泸州老窖、五粮液、东阿阿胶、承德露露、上海机场、马应龙、片仔癀、白云山、盐田港、同仁堂、海螺水泥等。

通过分析上表的13家上市公司可以看出,毛利率高于30％、负债率低于30％且具有15年持续盈利的公司,13家上市公司的市值都数倍增长,全部战胜了上证指数。

我们在投资中是不是应该学习巴菲特与查理·芒格,选择毛利率高的、负债率低的、无债一身轻、盈利能力强的企业,在股票价格小于企业内在价值时买入长期持有,获得企业盈利增长带来的财富,才能"轻松投资,快乐挣钱""潇洒走一回""跳着踢踏舞去上班"?

长寿皆国宝　消费与垄断

　　长寿,从医学角度讲是由遗传基因决定的,长寿的人的父母大多都长寿。从统计学的角度讲,能活到90～100岁的人,不超过总人口的2%。我的父母都到了耄耋之年,现今父亲91岁了生活还能自理,大脑反应清晰,母亲86岁,记得我的爷爷和奶奶在那个贫穷的年代也都活到了80多岁。我常常与朋友讲,我们家族具有长寿基因。在日常生活中我也总学习父亲的生活方式,少喝酒,多吃蔬菜,少吃肉,心胸开朗,乐观包容,乐于付出,乐于奉献,多动脑筋,爱运动,我认为只有这样才能像父亲一样健康长寿。

　　随着人类物质文化生活的日渐丰富和提高,人们在择偶标准上,逐渐考虑择偶对象的家族遗传史,他们不仅要求父母健康,还要求祖父母健康长寿。这样的考虑并不是没有道理,他们是为了在一起生活得更长久、更幸福,未来的孩子更健康。因为长寿的人除具有长寿的遗传基因外,他们的性格豁达、乐观,包容,心态平和,情绪稳定,身心愉悦。所以,相对而言,与有长寿基因的人结婚,生活中他们会更理解、体贴、包容对方。

　　企业也和人一样,也有长寿和短寿之说。据美国《财富》杂志报道,美国中小企业平均寿命不到7年,大企业平均寿命不足40年。而中国,中小企业的平均寿命仅2.5年,集团企业的平均寿命仅7～8年。美国每年倒闭的企业约10万家,而中国有100万家,是美国的10倍。我国企业的平均寿命之短,这需要我们深思,不仅企业的生命周期短,能做强做大的企业更是寥寥无几,很多企业头几年轰轰烈烈,不出几年就轰然倒下。

　　我们在投资中是不是也应该首选能够长寿的企业,具有长寿基因且具有持续盈利能力的公司呢? 这种公司又具有什么特性呢?

　　我们分析巴菲特投资的公司,大多都具有长寿的基因,公司的产品具有很强的客户黏性,公司品牌知名度高,产品在市场中具有绝对垄断地位,市场占有率高,具有定价权,产品稀缺,独一无二,无法替代,有很宽的护城河,竞争对手很难侵袭,公司具有能持续盈利的核心产品,而且核心产品与人们的生活息息相关,密不可分。巴菲特选择公司时会考虑,有一天傻子来管理经营是不是也能挣钱,傻子管理都能挣钱的公司就是好公司,这些公司都有能使公司持续盈利的核心产品。

巴菲特是在1972年投资的喜诗糖果,距今有近百年历史的喜诗糖果公司成立于1921年,是一位加拿大糖果商创建的。糖果采用上等原料,经过精细加工而制成,质量可靠,即使在第二次世界大战期间物质匮乏的年代也没有偷工减料而降低产品质量,在美国享有很高的声誉。现在在美国,喜诗糖果成了男孩向女孩求爱求婚时的礼物首选。

巴菲特投资的可口可乐具有100多年的历史,市场知名度很高,在食品饮料行业具有巨大的市场占有率。可口可乐由一个美国本土品牌,经过多年的发展成为享誉世界的食品饮料。股神巴菲特一日三餐都离不开可口可乐和薯片,现在每天至少喝5罐12盎司的可乐。巴菲特说:"你永远无法在食品行业获得像可口可乐那样确定的统治力……在食品饮料行业,可口可乐的基本业务是不可战胜的。饮料行业不会出现第二个可口可乐。"

1989年,巴菲特投资吉利刀片。吉利公司由金·吉利创建于1901年,金·吉利发明了一种用完后就丢弃的刮胡刀片,一副刀架配若干刀片,刀片用完后再购买。吉利剃须刀在两次世界大战期间为美国士兵的军需品,由此快速发展,成为国际品牌,其在剃须刀领域的全球占有率长期高于60%。

《华盛顿邮报》是美国最有影响力的日报,它于1877年创刊,由华盛顿邮报公司在华盛顿出版,距今有100多年的历史。巴菲特在孩童时代就卖过《华盛顿邮报》。1973年5月,巴菲特投资了华盛顿邮报公司,看上了华盛顿邮报公司总裁和大股东凯瑟琳·格雷厄姆坚持新闻的操守,客观公正。1971年,华盛顿邮报公司在上市前夕,公司收到了一封来自五角大楼的关于越战的文件,联邦地区法院大法官下达禁令,禁止刊登这个文件,而凯瑟琳·格雷厄姆顶住各种压力进行了客观真实的报道。之后大法官裁决支持华盛顿邮报公司,最高法院也支持大法官的裁决。1973年,《华盛顿邮报》顶住压力深入挖掘报道了"水门事件"。通过两次客观公正的报道,《华盛顿邮报》影响力大增,从一家地区报纸一跃成为一家重要的全国性大报。

1985年,巴菲特在致伯克希尔·哈撒韦股东的信中详细阐述了投资华盛顿邮报公司的原因:1973年伯克希尔·哈撒韦投资华盛顿邮报公司时,总市值大约8800万元,而当时华盛顿邮报公司的年净利润约1330万元。巴菲特认为华盛顿邮报公司独特持久的竞争优势,具有经营行业垄断性,具有很宽的护城河,其他报刊很难替代。

1990年,巴菲特投资富国银行,该银行具有100多年的历史,是美国唯一一家获得穆迪评级的AAA级银行,是美国最好的银行。

1994年之后,由于美国取消了对商业银行跨州经营的限制,富国银行经过一系列的兼并收购,从一家地方银行一跃成为全美第四大银行,发展成为一个综合性的金融机构,市值排名美国商业银行的第一位。2018年2月,伯克希尔·哈撒韦公布的2017年年报显示,富国银行仍是其第一重仓股。苹果是其第二大重仓股。

巴菲特非常喜欢保险业,对保险业情有独钟。伯克希尔·哈撒韦集团实质是由巴菲特和芒格领导的著名的保险投资集团,保险业为巴菲特带来持续可观的现金流,为投资大师巴菲特创造金融奇迹创造了必要的条件。伯克希尔·哈撒韦获得巨大成功,很大程度上都来自保险业的投资。

巴菲特1967年投资买下国民保险公司,1976年投资收购盖可保险(CEICO)公司,1998年投资收购通用再保险公司。巴菲特投资收购保险公司,最主要的原因是看上了保险公司的浮存金,几乎没有成本的保险浮存金给伯克希尔·哈撒韦创造了巨大的财富,打造了伯克希尔·哈撒韦的保险帝国。在巴菲特管理初期的1967年,他用800万美元投资收购了账面具有3000万美元保险浮存金的国民保险公司,这是多么合算的一笔生意,这为伯克希尔·哈撒韦的发展与成长奠定了坚实的经济基础。巴菲特说:"长期追随高品质企业,在机会出现时果断出手。"在商业世界,他致力于寻找拥有无可侵犯、护城河堡垒所保护的企业,随着保险公司的护城河不断地加宽,它永续性的成本优势在1951年吸引着20多岁的巴菲特投资了该公司。

通用再保险公司1921年由邓肯·雷德在纽约创建,是距今有近百年历史的优质公司,它是标准普尔公司认定的具有3A偿债能力信用级别的五家非政府金融机构之一。通用再保险公司几乎垄断整个美国的再保险市场,在业界具有霸主地位。

2007 年，巴菲特在致股东的信中说："我们所寻找的企业来自稳定行业中拥有长期竞争优势的企业，如果还能伴随着快速有机的增长，那就太棒了，即使没有有机增长，这样的企业仍会提供丰厚回报。"

如果说巴菲特在 2007 年之前的投资都是稳定行业拥有长期竞争优势的企业，那么他后来投资的 IBM 公司股票和苹果公司股票又是如何考虑的呢？投资 IBM 公司也许超过了巴菲特的能力圈，最终是在与买入价差不多、没有盈利的情况下平仓的，这里不再赘述。

总部位于加利福尼亚州库比蒂诺的苹果公司，是美国一家高科技公司，由史蒂夫·乔布斯、斯蒂夫·沃兹尼克亚和罗·韦恩等人于 1976 年 4 月 1 日创立。

从来不投资科技公司的巴菲特领导的伯克希尔·哈撒韦 2016 年投资了高科技公司苹果公司，成了第二重仓股。86 岁高龄的巴菲特竟然买了最时尚最热门的科技股，这究竟是为什么呢？

巴菲特在接受 CNBC 采访时称："如果你关注苹果，就会发现公司的盈利能力是美国盈利能力第二强企业的近两倍。""买苹果和买其他股票一样，投不投资取决于公司未来盈利能力……苹果公司明显有很多很多科技含量，但苹果产品在很大程度上也是消费品，有很强的消费属性。"

在回答"优秀的消费品很多，苹果产品什么地方最吸引你"这个提问时，巴菲特说："苹果公司最打动我的地方是拥有一个很有黏性的产品，人人爱用苹果手机，而且特别有用……我根本搞不懂苹果实验室里研究的那些高科技的东西，但是有一点我很懂，就是苹果产品在客户心里的地位，因为我花了很多时间和苹果的客户闲聊。"

在回答"你是怎样用闲聊法调研苹果"时，巴菲特说："我经常会带一帮曾孙子曾孙女去 DQ 吃冰淇淋，有时他们还会再带一些朋友来，这些小家伙平时很少跟我说话，除非是我请他们吃冰淇淋之类的好东西的时候，才跟我这个老头说说话。你知道吗？这些十几岁的孩子，每个人都拿着一部苹果（iphone）手机，我就问这些年轻人：你们用苹果手机做什么？你们觉得苹果手机怎么好？没有苹果手机你们的生活会怎么样？苹果手机有什么变化会让你们换新的手机？"

在美国,巴菲特发现一个事实,且非常清楚,几乎青少年每个人都手拿一部苹果手机,苹果手机的黏性太大了,青少年的生活完全是围绕苹果手机的,有意思的是,当身边同学或朋友中有人拿一部新款手机之后,其他人都会一窝蜂地换成完全相同的新款苹果手机,他们把照片放进手机里,这些小家伙就是那么喜欢苹果手机。苹果手机现已成为人们生活中不可缺少的一部分,在客户心中占据无法替代的垄断地位,这简直太好了。

现实中,消费者对苹果公司产品的黏性令人难以置信。他表示,虽然这并不意味着苹果能够免于被新技术颠覆,但苹果产品具备极大的持续性,人们的生活也在极大程度上以苹果产品为中心。巴菲特还认为苹果的 CEO 库克"做得非常棒"。

巴菲特投资的公司都具有企业长寿且未来生命力强的特性,企业具有很宽的护城河,竞争对手很难入侵。产品稀缺独一无二很难替代,市场中占有绝对的垄断地位与领导地位,都是国家名牌甚至在世界上具有很高的知名度,轻资产的消费品公司成了巴菲特投资的主要对象。

物以类聚,人以群分。与智者同行,你就不同凡响;与高人为伍,你就能登上巅峰。我们以巴菲特为榜样,研究学习巴菲特的投资理论,就会像巴菲特那样成为一个成功的投资人。

但斌说:"选择比努力重要,要与赢家同行。"

格雷厄姆、查理·芒格、费雪等都成为投资的赢家,而在我国谁又是投资的赢家呢?林园、但斌、黄凡、李录、养股、董宝珍、马喆、乐趣、刘建位、杨天南、闲大、U 兄、陈继豪等都是我国投资的赢家。我们应该以他们为榜样,与赢家同行,只有这样,才能走得更远,飞得更高。

巴菲特投资的公司都具有长寿、稀缺、垄断等特性,是国宝名牌消费品,护城河宽,市场占有率高,持续盈利能力强。在我国,同样选择具有这些特性公司的投资家,也成为投资的赢家,那么我国具备这些特性的公司又有哪些呢?

万科企业股份有限公司,股票简称万科 A。该公司成立于 1984 年 5 月 30 日,总部位于深圳市盐田区,以房地产开发和物业服务为主。万科企业是中国大陆首批公开上市的企业之一,于 1991 年 1 月 29 日在深圳证券交易所上市,在第一董事长王石的带领下,进入各大中心城市市场,现已经成为房地产行业位列第一的龙头企业,在房地产界具有很高的影响力与知名度,荣膺"中国上市公司价值百强""中国主板上市公司十佳管理团队""中国最具责任上市公司"等多项荣誉称号。

万科 A 上市 20 多年来,盈利能力不断增强,由上市之初的 1991 年盈利 1013.29 万元,增加到 2017 年盈利 280.52 亿元。按上市首日开盘价 14.57 元计算,2018 年 6 月 15 日复权收盘价 4066.52 元,股价增长 279 倍。

泸州老窖股份有限公司,股票简称泸州老窖(000568)。该公司前身为泸州老窖酒厂,始建于 1950 年 3 月,办公地址在四川省泸州区龙马潭区。它于 1994 年 5 月 9 日在深圳证券交易所上市,是一家以酒精及饮料制造为主的企业。公司产品主要有"国窖 1573"系列酒、泸州老窖精品特曲系列酒、百年老窖系列酒等。2010 年,在《福布斯》和 Interbrand 集体共同发布的"中国品牌价值排行榜"上,泸州老窖跃居第 16 位,成为中国白酒行业最具价值品牌之一。能源管理体系的三方认证,让该公司成为中国白酒行业中第一家建立科学能源管理体系模式的企业。

泸州老窖上市 20 多年来,产品市场占有率不断提高,盈利能力持续增强。由上市之初 1994 年盈利 1.05 亿元,增加到 2017 年盈利 25.58 亿元。按上市首日开盘价 9.00 元计算,2018 年 6 月 15 日复权收盘价 1873.83 元,股价增长 209 倍。

奶业巨头伊利股份,上市 22 年,随着盈利的持续增长,股价上涨 300 多倍;泸州老窖上市 24 年,随着盈利的持续增长,股价上涨 170 多倍;云南白药上市 25 年,随着盈利的持续增长,股价上涨 230 倍;贵州茅台上市 17 年,随着盈利的持续增长,股价上涨 130 多倍;片仔癀上市 15 年,随着盈利能力的持续增长,股价上涨 37 倍。

我们研究过去,是因为历史是一本教科书,是一面镜子。乔治·桑塔亚纳告诉我们:"忘记过去的人必然会重蹈覆辙。"著名的哲学家西塞罗说:"历史是时代的见证,真理的火炬,记忆的生命,生活的老师和古人的使者。""如果你对自己出生之前的事情毫不了解,那么你永远都是一个无知的孩童。因为人生如果不是对于历史密不可分的往事的记忆,又能是什么呢?"

著名的金融投资家、沃顿商学院教授杰里米·西格尔在他的专著《投资者的未来》中指出,美国1950—2003年,提供给投资者最丰厚回报的四家公司依次是国家乳品公司(后更名为卡夫食品公司)、雷诺烟草公司、新泽西石油(埃克森美孚)和可口可乐公司。杰里米·西格尔还在他的《长线投资法宝》中详细阐述了1957—2006年12月,标准普尔500指数中保持结构独立的前20名业绩最佳的公司。如表2-2。

表2-2　标准普尔500指数总保持机构独立的前20名业绩最优的公司
(1957—2006年12月)

排名	1957年的名称	2007年的名称	1957—2006年的回报率(%)	所属行业
1	菲利浦·莫里斯	阿尔特里亚集团	19.88	日常消费品
2	雅培制药	雅培制药	15.86	卫生保健
3	克瑞公司	克瑞公司	15.47	工业
4	默克公司	默克公司	15.43	卫生保健
5	百时美公司	百时美施贵宝公司	15.43	卫生保健
6	百事可乐公司	百事有限公司	15.40	日常消费品
7	安美糖业公司	小脚趾圈公司	15.12	日常消费品
8	可口可乐公司	可口可乐公司	15.05	日常消费品
9	高露洁公司	高露洁公司	14.99	日常消费品
10	美国烟草	富俊名牌公司	14.92	非日常消费品
11	亨氏公司	亨氏公司	14.48	日常消费品
12	辉瑞制药	辉瑞制药有限公司	14.48	卫生保健
13	麦格劳—希尔图书公司	麦格劳—希尔公司	14.31	非日常消费品
14	先灵公司	先灵葆雅公司	14.22	卫生保健

续表

排名	1957 年的名称	2007 年的名称	1957—2006 年的回报率(%)	所属行业
15	美国箭牌糖类公司	箭牌糖类有限公司	14.15	日常消费品
16	斯伦贝谢公司	斯伦贝谢有限公司	14.06	能源
17	宝洁公司	宝洁公司	14.05	日常消费品
18	好时公司	好时公司	14.02	日常消费品
19	克罗格公司	克罗格公司	14.01	日常消费品
20	梅尔维尔制鞋公司	CVS 连锁药店	13.85	日常消费品种

从表 2-2 中可以清晰地看出,它们是美国甚至是世界名牌消费型具有垄断地位的公司,卫生保健、日用消费品的回报率最高,在这 20 家公司中,有 16 家公司更集中于两大行业,由国际知名消费品牌公司为代表的日常消费品行业和卫生保健行业,特别是大型制药企业。好时巧克力、亨氏番茄酱和白箭口香糖以及可口可乐和百事可乐都拥有很高品牌价值,受到消费者的信赖。这样的品牌一如既往地享有国际声誉,有些已经有了上百年的历史。

投资家查理·芒格的三大投资训导:

1.股价公道的伟大企业比股价超低的普通企业好;

2.股价公道的伟大企业比股价超低的普通企业好;

3.股价公道的伟大企业比股价超低的普通企业好。

查理·芒格于 2018 年接受中国证券市场《红周刊》采访时说:"良好的公司不断努力工作,最终价值会增长得越来越大,你作为投资者什么也不用做。伟大的公司最终将获得越来越多的收入,你什么都不用做。平庸的公司却不是这样,所以你要有远见,这一点会对你有帮助,这一点很重要。而这些平庸的公司会引发你很多的痛苦,却创造很少的利润。如果是这样的公司就将它卖掉,直到找到另一家好的公司。在合适的时机以合适的价格买入一家伟大的公司的股票,然后坐等就行了。"

"并不是所有的鲜花都会成为果实"，也不是所有的企业都长久持续盈利。我们应该选择月朗星稀、鹤立鸡群、已经成功且很优秀的企业进行投资，投资那些一眼就知道已经成功的好公司，而不投资百花齐放、百舸争流的那种高度竞争的行业。

巴菲特说："投资的要旨不在于评估这个产业对社会能有多大的影响，或是它有多大的发展空间，而主要应该看某家公司有多大的竞争优势，还有更重要的一点是，这种优势能维持多久。拥有广阔而持久的'护城河'的产品或服务，才能真正为投资者带来甜美的果实。"

分析我国近30年的证券投资史，为投资者带来丰厚回报的公司同样是国宝、长寿、稀缺、垄断型企业，而食品医药消费类公司占有率最高，如身边的国宝名牌贵州茅台、五粮液、招商银行、中国平安、山西汾酒、伊利股份、恒瑞医药、云南白药、片仔癀、同仁堂、白云山等，他们具有持续盈利能力的国宝名牌核心产品与广阔的企业护城河。

那么我们在投资中是不是应该学习查理·芒格和巴菲特，像他们那样，购买几个伟大的公司，与伟大的企业共成长，依靠企业的长期持续的盈利增长创造财富，坚持按"长寿皆国宝，消费与垄断"的标准去选择公司进行投资呢？

看看能力圈　综合来评估

能力圈是一个人通过学习、认知，锻炼与经验的积累，体力上承受能力或者精神和智慧的认知与分辨及其心理承受能力，在能力范围内的承受与认识，也就是我们常说的能力圈。生活中如果你只能背 50 公斤重的东西，而你却要背 80 公斤重的东西，这就严重超过了你的体能承受范围。一个杠铃运动员如果最多只能举起 150 公斤的杠铃，却要在比赛中举起 200 公斤的杠铃，这也严重超过了他的能力圈。对一个刚刚上小学一二年级的学生，你非要他写出几千字的作文，这同样超过了他的能力圈。投资中，我们买入不熟悉的公司、没有市场竞争力和没有持续盈利能力的公司，同样是超过了我们的认知能力圈。

孔子曰："知之为知之，不知为不知。"人生无知不可怕，怕的是不知道自己的无知。投资中也应该实事求是，知道就是知道，不知道就是不知道，一定要买入自己知道的了解的熟悉公司。《孙子兵法》曰："胜兵先胜而后求战，败兵先战而后求胜。"在自己的能力圈之内，用合理价格买入优质的持续盈利国宝型企业，就意味着站在了胜的一边，只要有耐心、拿得住，赢是高概率的。"男怕入错行，女怕嫁错郎"，这句话用在投资中就是要选择盈利能力强的行业中的龙头，一眼就能辨认出好的上市公司，也就是裘国骏说的——"选月亮，不选星星"。

查理·芒格说："如果我们有什么本事的话，那就是我们能够弄清楚我们什么时候在能力圈的中心，什么时候正在向边缘靠近……我们只是寻找那些不用动脑筋也知道能赚钱的机器。正如巴菲特和我经常说的，我们跨不过二米多高的栏，我们寻找的是那些不到一米高的、对面有丰厚回报的栏，所以我们成功的诀窍是去做一些简单的事情，而不是去解决难题……如果你确有能力，你就会非常清楚能力圈的边界在哪里，如果你问起（你是否超出了能力圈），那就意味着你已经在能力圈之外了。"

巴菲特几乎从不关注热门股，只对那些他相信能够成功，并且长期盈利的企业感兴趣。尽管预测一家企业未来能否成功不那么简单，但企业一路走来的经营轨迹是相对可靠的。如果一家企业过去数年显示其持续稳定的经营历史，日复一日、年复一年提供相同的产品与服务，推测其未来持续成功就是合理的。

查理·芒格说："我们的经验往往会验证一个长久以来的观念：只要做好准备，在人生中抓住几个机会，迅速地采取适当的行动，去做简单而合乎逻辑的事情，这辈子的财富就会得到极大的增长……我们赚钱，靠的是记住浅显的，而不是掌握深奥的。我们从来不去试图成为非常聪明的人，而是持续地试图变成蠢货，久而久之，我们这些人能获得非常大的优势。"

我们分析巴菲特的投资的成功案例，他投资的是简单的、传统的、一眼就能看出的、优秀的公司，而几乎没有高科技类的公司。2015年前唯一投资的科技公司IBM公司，持有几年，几乎没有盈利平仓出局，浪费了资金成本与时间成本，对一个从不投资科技公司的巴菲特来说，也许就是超过了他的能力圈，因为对日新月异的科技公司来说，未来十年的发展是无法预测，即便是股神巴菲特也预测不到。

《时间的玫瑰》作者但斌，是我国成功的投资家之一，也是成功的基金管理人，也是我的偶像。他在《时间的玫瑰》升级版中，丝毫不隐瞒东方港湾基金成立以来遇到的三次挫折。为了完整地叙述但斌的第三次挫折，使投资者今后引以为戒，我们把他遭受的第三次挫折全过程摘录如下。

"东方港湾总结了2008年经济危机和白酒行业危机的教训，在2015年股灾中的表现还是比较出色的，躲过了大的灾难。但在5000点逃顶之后，我判断人民币短期有贬值压力，我们其中9只基金通过QDII（合格境内机构投资者）将人民币换成美元，美元收益率低，当时不看好市场，就想套利参与海外中概股私有化，通俗地说，就是中国概念股在美股退市，重新登录A股的投资，一般退市前有10%～15%的套利空间。我们从30多家已经宣布私有化的公司中选择了奇虎360、YY、陌陌和世纪互联四家公司。那时在海外的中国互联网公司，如百度、腾讯、阿里，一般给予25～30倍估值。中小型公司给予20～30倍的估值，相比A股创业板平均近100倍的市盈率，差距甚大。而在国内,同类公司的市值,融资能力远超美股中概股,优质的中概股一旦回归,受到追捧几无悬念。但风云突变,国内战略新兴板悬停之后,2016 年 6 月中国证监会新政出台,中概股回归预期消失,除奇虎 360 下跌少些,其他股价应声下跌了 30％以上。当时我们参与海外私有化的 6 只产品受到损失,其中 4 只跌破了平仓线,基金面临清盘,我跟几个股东商量担起这个责任,为客户负责,必须自己掏腰包把净值弥补到平仓线之上,不让基金清盘。但股东意见不统一,而我比较坚持,于是自己掏了几千万,把 4 只产品补到了平仓线0.8 元,基金保住了。截至 2018 年 2 月 23 日,金钥匙 1 号、金钥匙 2 号,累计净值已经分别达到 1.459 元、1.573 元,汉景港湾 3 号、汉景港湾 4 号累计基金净值分别到达 1.299 元、1.296 元。"

但斌经历了中概股投资失败后说:"经历了这些事情,获得了宝贵的经验教训,也许别人投机会成功,但我每次都失败,我认为私有化套利本身也是投机,对我而言,再次证明,任何时刻都要坚持价值投资,坚决不能投机。"

从以上东方港湾基金经理但斌的叙述中可以看出,他是一个有责任心且敢于担当的人 ,认为任何时刻都要坚持价值投资,坚决不能投机。因为投机超出了他的能力圈,中概股回归套利第一要考虑国家的政策导向。

我也有因超出自己的能力圈、遭受严重亏损的教训。2014 年 10 月份,我与一个海归在北京成立公司,因海归自称是有丰富期货投资经验的对冲基金老手。我轻信海归,给股东做期货,短短几个月时间,造成严重亏损。没有一点责任心的海归又以重病为由与股东失去联系,把一个无法收场亏损严重的公司交给我。除给我和公司造成巨大的经济损失外,也使我的精神受到了严重创伤。无奈、压抑、气愤、恐惧、悲观、迷茫、焦虑、绝望到了极点,我一度想结束自己的生命。

回想这次失败,使我更清醒地认识到,做期货就是投机,对一个不懂期货的我来说,超出了自己的能力圈。而且轻信一个不了解不熟悉的海归是不理性的,同样超出了我的认知能力圈。今后无论做什么事情、干什么工作,都要首先考虑在不在自己的能力圈内,像建筑设计师一样留足充分的安全边际,超出自己能力圈的事情坚决不做。

很多人总是认为通过技术分析能够战胜大盘,获得超额收益,这同样超出了他们的能力圈。如果仅靠技术分析和图表分析就能获利,现在计算机技术如此发达,在美国早应有无数个巴菲特了。

老托马斯·沃森说:"我不是天才,我有几点聪明,我只不过保留在这几点里面。"李录说:"一个人在一生中可以真正得到的远见卓识仍然非常有限。所以正确的决策必须局限在自己的'能力圈'以内,一种不能界定其边界的能力当然就不能称为真正的能力圈。"我们在投资中也应该这样,保留在自己能力与认知范围的这几点里面,坚决不要超出自己的能力圈。投资时不懂不做,不熟悉的行业和公司不做,不是国宝名牌不做,不是行业龙头不做,没有核心竞争力的企业不做,身边看不到具有客户黏性产品的公司不做。

谈完了能力圈,我们再来说说如何综合评估企业的投资价值。价值投资之父格雷厄姆在他的《聪明的投资者》中给出一个对成长股内在价值进行估值的估值公式,公式简洁明了。

企业内在价值＝当期利润×(8.5＋2×预期增长率)

根据企业内在价值计算公式:

一个预期增长率是5%的企业,给予:8.5＋2×5＝18.5倍市盈率。

一个预期增长率是10%的企业,给予:8.5＋2×10＝28.5倍市盈率。

一个预期增长率是15%的企业,给予:8.5＋2×15＝38.5倍市盈率。

一个预期增长率是20%的企业,给予:8.5＋2×20＝48.5倍市盈率。

巴菲特说:"内在价值的定义很简单,它是一家企业在其余下的寿命中可以产生现金流的贴现值。"

现实中我们很难估算企业的余下寿命。查理·芒格也说,从没有见过巴菲特算过企业的内在价值。

那么,我们有没有一种办法能涵盖三个投资家的估值标准呢?我们试图根据三个投资家对企业的估值评判标准,结合我国实际与投资实践建立一个适合我国国情的综合评估体系,与大家商榷。

1.市盈率评估。根据格雷厄姆的估值公式中的常数8.5,与1年期定期存款上浮后2.5%利息,相当于40倍市盈率和我国2017年10月10日发行的5年期国债利息4.22%,5年期国债23.70倍市盈率相比较,与巴菲特企业内在价值等于企业在剩余的寿命中可以产生现金流的贴现标准，结合我国实际与投资实践综合分析后，留出安全边际，我们给企业定出如下市盈率评估积分。

市盈率小于或等于8倍以下的企业，估值给2分。

市盈率大于8倍小于15倍以下的企业，估值给1.5分。

市盈率大于15倍小于23倍以下的企业，估值给1分。

市盈率大于23倍小于30倍以上的企业，估值给0.5分.

市盈率大于30倍的企业，估值给0分。

2.市净率评估。根据格雷厄姆与查理·芒格的投资案例，结合我国实际及投资实践，我们给企业如下市净率评估积分。

市净率小于或等于1倍，估值给2分，

市净率大于1倍，小于或等于4倍，估值给1.5分。

市净率大于4倍，小于或等于7倍，估值给1分。

市净率大于7倍，小于或等于9倍，估值给0.5分。

市盈率大于9倍，估值给0分。

3.净资产收益率评估。根据巴菲特的"公司经营管理的业绩的最佳衡量标准是，净资产收益率的高低，而不是每股收益的高低……宁愿要一家资本规模只有1000万美元而净资产收益率为15%的小公司，也不愿要一个资本规模高达1亿美元而净资产收益率只有5%的大公司"的精辟论述，结合我国实际和投资实践，我们给出净资产收益率如下评估积分：

连续10年净资产收益率大于或等于20%，估值给2分。

连续10年净资产收益率大于或等于15%，估值给1.5分。

连续10年净资产收益率大于或等于10%，估值给1分。

连续3年净资产收益率在大于或等于10%，估值给0.5分。

连续3年净资产收益率在大于等于5%，估值给0.25分。

净资产收益率小于5%，不给分。

4.资产负债率。考虑最近几年由于相当多的企业无限扩张，不考虑企业承受能力，超出自己的能力圈，忘记了"借钱总是要还的"这句古训，好多企业走向了破产的边缘，山东聊城的"辱母案"就是活生生的实例。有的老板因无力还债,又碍于面子,最后轻生跳楼。资产负债率作为评估标准,是结合我国实际与投资实践做出的,我们给出负债率的评估积分如下:

连续 3 年负债率小于或等于 30%,估值给 1 分。

连续 3 年负债率在大于 30% 小于 50%,估值给 0.5 分。

负债率大于 50%,不给分。

5.毛利率。把毛利率作为评估企业的标准,是因为一个企业如果产品没有高的毛利率,就无法保证企业的持续的利润增长和企业的核心竞争力。高毛利率的企业具有宽广的护城河和高安全边际,竞争对手很难入侵。根据巴菲特护城河投资理论与我国实际,我们给出如下销售毛利率评估积分:

连续 5 年销售毛利率平稳大于或等于 30%,估值给 1 分。

连续 5 年销售毛利率小于或等于 30%,估值给 0.5 分。

连续 5 年销售毛利率小于 10%,不给分。

6.营业总收入。它是企业从事销售商品,提供劳务及各种服务等日常经营过程中形成的经济收入的总和,是影响利润的主要因素。我们给出如下影响收入评估积分:

营业总收入增长率大于或等于 8%,估值给 0.5 分。

营业总收入增长率大于或等于 3%,估值给 0.25 分。

营业总收入增长率小于 3%,不给分。

7.应收款。指公司在持续经营的情况下,为顾客提供信用的人产生的欠款,也就是说公司提供商品和服务后,不能及时收回资金,可以让客户赊欠一段时间。应收款大幅增加,意味着商品不太畅销;应收款大幅减少,意味着商品变得畅销,库存将逐渐减少。我们给应收款的变化评估积分如下:

应收款比上年度减少 10% 以上,估值给 0.5 分。

应收款比上年度增加 30% 以内,给 0.25 分。

应收款比上年度增加 30% 以上,不给分。

8.存货。存货的变化直接影响着公司的利润,存货的增加,意味着商品的滞销;存货的减少,意味着商品逐渐变得畅销。我们给出的存货评估积分如下:

存货与上年度比较减少 10% 及以上,估值给 0.5 分。

存货与上年度比较增加小于 20%,估值给 0.25 分。

存货与上年度比较增加大于 20%,不给分。

9.股东权益增长。股东权益是一项重要的财务指标,股东权益的持续增长意味着企业盈利能力的持续增长,没有的盈利企业,股东权益不但不能增加,反而会减少。结合我国实际与投资实践,我们给出股东权益增长的评估积分如下:

连续 3 年股东权益增长率在 5% 及以上,估值给 1 分。

连续 5 年股东权益增长率在 5% 及以上,估值给 0.5 分。

连续 5 年股东权益增长率小于 5%,不给分。

10.国宝长寿,稀缺垄断,消费(轻资产型企业)。

根据巴菲特管理的伯克希尔·哈撒韦公司的投资案例,查理·芒格的三个投资训导"股价公道的伟大企业比股价超低的普通企业好"与沃顿商学院教授西格尔在他的著作《股市长线投资法宝》和《投资者的未来》中的统计分析,西格尔说:"表现最好的公司来自拥有知名品牌的日常消费品行业和制药行业。"也正如沃伦·巴菲特所说的:"那些被又宽又深的壕沟保护着的产品或服务才能给投资者最好的收益……大众消费的知名品牌公司提供给股东的回报如此丰厚,这就是我所说的'历久弥坚的胜利'。"也正是人们常说的"好行业,好公司,好价格"。为此,我们将国宝长寿、稀缺垄断、消费(轻资产型企业)作为综合评估标准,给予的评估积分如下:

具有知名品牌的旗舰企业,生命力长久的行业龙头企业,给予 0.5 分。

产品稀缺市场占有率不断提高,具有垄断性与特殊经营权的企业给予 0.5 分。

消费类(轻资产型企业),如日用品、知名品牌食品饮料、知名医药品牌持续盈利能力强,具有客户黏性,有定价权赚钱机器型的企业,给予 0.5 分。

以上评估标准满分 12 分,积分评估的应用办法是:

总积分 8 分以下不关注。

总积分 8 分以上到 9 分,合理。

总积分 9 分以上到 10.5 分,低估。

总积分 10.5~12 分,严重低估。

应用此积分评估办法,要求选择的企业必须在你的能力圈内,不懂不做,不熟悉不做,根据公司具体情况具体分析。

为方便投资者对给股的评估,将以上评估和使用办法列表如下:

表 2-3　积分评估使用办法表

综合评估模型				
评估指标	指标实施细则	评估分值	指标值	评估结果
市盈率	小于等于 8 倍	2 分		
	大于 8 倍小于 15 倍	1.5 分		
	大于 15 倍小于 23 倍	1 分		
	大于 23 倍小于 30 倍	0.5		
	大于 30 倍	0 分		
市净率	小于等于 1	2 分		
	大于 1 倍小于 4 倍	1.5 分		
	大于 4 倍小于 7 倍	1 分		
	大于 7 倍小于 9 倍	0.5		
	大于 9 倍	0 分		
净资产收益率	连续 10 年≥20%	2 分		
	连续 10 年≥15%	1.5 分		
	连续 10 年≥10%	1 分		
	连续 3 年≥10%	0.5		
	小于 5%	0 分		
负债率	连续 3 年≤30%	1 分		
	连续 3 年大于30%小于 50%	0.5 分		
	大于 50%	0 分		

续表

综合评估模型				
评估指标	指标实施细则	评估分值	指标值	评估结果
毛利率	连续 5 年≥30%	1 分		
	连续 5 年≤30%	0.5 分		
	连续 5 年≤10%	0 分		
营业总收入增长率	增长率≥8%	0.5 分		
	增长率≥3%	0.25 分		
	增长率小于 3%	0 分		
应收款	较上年度减少 10% 以上	0.5 分		
	增加 30% 以内	0.25 分		
	增加 30% 以上	0 分		
存货	较上年度减少 10% 以上	0.5 分		
	较上年度增加小于 20%	0.25 分		
	较上年度增加大于 20%	0 分		
股东权益增长	连续 3 年≥5%	1 分		
	连续 5 年≥5%	0.5 分		
	增长率<5%	0 分		
长寿国宝	知名品牌,生命力强,同行难入侵	0.5 分		
稀缺垄断	产品供不应求,市场占有率不断提高	0.5 分		
消费、医药（轻资产）	食品饮料,行业壁垒强,护城河宽,一次投资永久获得的赚钱机器	0.5 分		
得分合计				

注：本评估系统满分12分，按"严重低估、低估、合理、不关注"四个评分等级进行评估。得分10.5～12分评估为"严重低估"；得分9～10.5分评估为"低估"；得分8～9分评估为"合理"；8分以下不关注。

根据你的能力圈和我们的综合评估模型，选出的投资标的，都是国宝名牌和行业龙头，公司持续盈利能力强，而且在股价合理或者低估时才进行投资，它能使你在投资中排除劣质的亏损公司，不会出现像乐视网一样的退市风险。我们的综合评估模型还不尽完善，愿在今后的投资实践中进一步提高。

看了以上综合评估模型，也许投资者会问，对于高负债盈利能力强，有特许经营权的金融企业保险与银行又如何评估呢？我们将在下章谈到中国平安与招商银行时与大家商榷。

人取时我弃　人弃时我予

买股票就是买入企业的一部分股权,我们找到了好公司后应该在什么时候买入最好呢？早在春秋时期,政治家、军事家、经济学家范蠡就提出"贵出如粪土,贱取如珠玉","旱则资舟,水则资车"的经商原则。

股神沃伦·巴菲特常常引用价值投资之父格雷厄姆的话说:"在别人贪婪时我恐惧,在别人恐惧时我贪婪。"查理·芒格说:"当别人贪婪时,要害怕;当别人害怕时,要贪婪。"巴菲特在2008年金融危机中投资富国银行就是在市场一片恐慌中做出的决策,他持有至今,获利颇丰。董宝珍说:"熊市是价值投资的春天。"我说:"当别人贪婪时我卖出,当别人恐惧时我买入。"也就是我们本章标题"人取时我弃,人弃时我予"。那么具体在证券市场,我们应该在什么时候进行投资呢？

我初入股市时,常常听到在证券公司门口卖茶叶蛋的老太太的故事。那时候电脑还未普及,一般的股民家庭几乎都没有电脑,都到证券公司的大厅里看大屏幕上滚动的股票报价。一个70多岁的老太太,每天都在证券公司门口卖茶蛋。当证券公司买卖股票的股民逐渐减少时,卖出的茶叶蛋数量也随之减少,甚至连续数天茶叶蛋几乎没人要了,这时的股市非常低迷,股民几乎都被套进去了,根本不想来证券公司看股票走势图了,空闲下来的卖茶叶蛋的老太太这才有时间到证券公司大厅去看看,然后买入几只股票后就回家了,什么也没有管。几个月也不看一次股票行情。随着股市行情的慢慢好转,股民又逐渐回到了证券公司,茶叶蛋也卖得多了,忙起来的老太太忘记了自己买的股票。过了好久,证券公司的股民慢慢地多了起来,每天煮的茶叶蛋早早就卖完了,老太太在卖完茶叶蛋后,才有时间到证券公司看看自己的股票,当滚动字幕上出现自己买的股票名称后,老太太吃惊了,股票有的已经翻倍,有的将要翻倍。不会填表的老太太找到证券公司工作人员,把股票卖掉后,又回家煮茶叶蛋去了。类似这样的故事还有许多,在证券公司门口卖证券报的、看自行车的,他们都利用反向人气指标从股票投资中获得了利润。

最值得我回味的是寺庙里的和尚下山买股票的故事。每当证券调整,市场低迷,证券公司大厅门庭冷落时,就会看到一个身披袈裟、项带佛珠的老和尚的身影,他到证券公司买上几只股票,买入股票后手捻动着佛珠,口中念着"阿弥陀佛,我不付出谁付出",因为几乎没有股民再买入股票了。当证券公司人满为患、热闹非凡时,披着袈裟的老和尚又会来到证券公司,把手中获利的股票悉数卖出,卖出股票后口中还会念着"阿弥陀佛,我不舍得谁舍得"。高涨的股市行情,令股民头脑发昏,新股民不顾一切地冲进股市,总怕买不到自己喜欢的股票。

卖茶叶蛋的老太太与寺庙里的和尚在市场一片恐慌绝望中买入股票,又在市场火爆、人气高涨、证券公司人满为患时卖出的故事,正是格雷厄姆说的"在别人恐惧时我贪婪,在别人贪婪时我恐惧"的价值投资方法的真实体现,与人们常说的"人取时我弃,人弃时我予"具有同样的内涵。

2008 年金融危机中,三鹿奶粉因为三聚氰胺事件而倒闭,作为中国乳业巨头的伊利股份同样未能幸免,股价暴跌近 80%,风声鹤唳,市场一片绝望。投资者亏损严重,恐惧、绝望,总觉得伊利股份说不定哪天就会破产,恰恰在此时,聪明的价值投资者悄悄买进大量的伊利股份,静等市场调整后的上涨。当时买入伊利股份的投资者持有到现在获利数十倍。

2012 年与 2013 年贵州茅台因塑化剂危机与三公事件,股价由 2012 年 7 月份的最高价 266.08 元下跌到 2014 年 1 月份的最低价 118.01 元,跌幅达 55.6%。在风声鹤唳的市场行业背景下,茅台股份市盈率最低降低 8 倍多。市场传闻说,茅台酒出厂价将降到 500 元以下,经销商也在亏本销售,降低库存。反腐将会使茅台酒销量大降。富人不敢喝、穷人喝不起,使茅台陷入两难境地。而此时的《时间的玫瑰》作者但斌与《熊市是价值投资的春天》作者董宝珍在别人恐惧时不断买入,坚定持有。贵州茅台经历塑化剂危机和三公事件磨砺的价值投资者,坚持真理,持有到现在都获得了不菲的回报,绽放出灿烂的时间玫瑰。

沃伦·巴菲特说:"投资就像打棒球,你要让记分牌上的得分增加,就必须盯着球场上的球,而不是盯着记分牌。"查理·芒格说:"过去几十年来,我们经常这么做:如果某家我们喜欢的企业的股票下跌,我们会买进更多。有时会出现一些情况,你意识到你错了,那么就退出好了。但如果在从自己的判断中发现出正确的自信,那么就是趁价格便宜多买一些吧……诱人的机会总是转瞬即逝的……真正好的投资机会不会经常有,也不会持续很长的时间,所以你必须做好行动的准备,要有随时行动的思想准备。"

我家在农村,小时候老母鸡孵小鸡的过程,看到过多次。一只母鸡在孵化小鸡的时候,一动不动地静静孵在鸡蛋上,21天就能孵化出小鸡。在鸡蛋孕育出小生命之前,母鸡不需要做别的。鸡蛋孵出小鸡,是由母鸡保持不动、持续地给鸡蛋增加温度决定的,而不是由母鸡在鸡蛋上乱蹦乱跳才孵出小鸡来的。当然了,你给母鸡一个鹅卵石或者是臭鸡蛋,母鸡再怎么不动,鹅卵石和臭鸡蛋也不会变成小鸡。投资要想取得成功,也同样需要优质优秀的企业,在人们恐惧时,我们要勇敢地抓住机会,大胆买入好鸡蛋型的优秀企业,耐心持有,终将能获得丰厚的盈利,获得投资的成功,而不是买入鹅卵石与臭鸡蛋型的劣质企业。这就如同一只再优秀健壮的母鸡,孵在鹅卵石和臭鸡蛋上无论安静多久,最终也孵化不出小鸡来。

"巧妇难为无米之炊",做投资首先要选择具有持续盈利能力的优秀企业进行投资。优秀的企业即使在遇到危机时股价一路下跌,如同童话故事里聪明的落难王子,最终经过时间的磨炼仍能成为国王。

生活中耐心是一种美德,投资中耐心是一种财富,耐心能使你避免人云亦云、频繁交易的羊群效应。而那些成功的投资者,肯定是在付出了极大的耐心与市场涨涨跌跌的磨砺以后才获得成功的,投资如持久战,能使你慢慢变富,又如同二万五千里长征,虽历经磨难,但最终会获得胜利。

2015年的创业板疯狂,给追涨杀跌的股民带来了短期的狂欢。而在创业板狂潮中追涨买入上百倍甚至过千倍市盈率股票的投资者损失惨重,就像巴菲特说的那样"当潮水退去时,才知道谁在裸泳"。

如全通教育,在互联网狂潮中2015年最高价达到465.57元,狂潮退却后,虽然经过几次送转股,但复权处理后,跌幅仍达80%以上,市盈率仍在180多倍。根据"一票定乾坤,先看市盈率"中讲的,市盈率加上你的年龄,首先看你能不能活到那个数字。我50多岁了,反正无论如何保养,也活不到230多岁。所以就是跌到现在的股价我也不会买入的。

再如暴风科技,同样在科技股狂潮中疯狂上涨,不研究企业基本经营情况与估值高低的股民,追涨买入暴风科技,使其最高价达到327.01元,在狂潮退去后,虽然经过两次送转股,但复权处理后跌幅仍在80%以上,2018年一季报显示亏损,我们不要说现在的亏损,就是按2017年报市盈率也在77倍,与我的年龄相加也在130多倍,按现在的盈利能力,等到我130岁时才能收回投入的本金,你想我会投入吗? 这就提醒我们,"人弃时我取",要投资具有持续盈利能力的优秀企业,并不是什么样的股票都能下跌时买入。

回忆了过去,我们再看看现在,2018 年伊始由美国总统特朗普单方面挑起的中美贸易战,虽然 6 月 1 日加入 SMCI 指数,也没有给沪深指数带来欢乐的上涨,贸易战使沪深指数跌宕起伏,上证指数跌 27.8%,深证成指跌 24.9%。风声鹤唳,恐慌气氛浓重,恐惧又不明真相的投资者卖出以银行股为代表的绩优蓝筹股,而聪明的北上资金,却在别人恐惧时,悄悄地买入绩优的蓝筹股。

作为百业之母的银行股,更是在"中国金融崩溃论"和"银行内部隐瞒大量的不良贷款,银行股资不抵债将大量破产"等不良言论蛊惑下,跌幅超过 30%。作为亚洲乃至世界第一大行的中国工商银行,在恐慌又不明真相的投资者恐惧抛售下,由年初的最高价 7.77 元,下跌到 7 月份的最低价 5.05 元,最大跌幅达 35%。而真实的情况是,工商银行,拨备覆盖率不断提高,不良贷款率不断减少,净息差与净利差不断增加,盈利能力不断增强,连续几年净资产收益率都在 15% 左右,股息率在 3% 以上的工商银行现在市盈率只有 6.06 倍,市净率只有 0.92 倍,这对于价值投资者来说是不是百年一遇的机会,是不是巴菲特常说的等到了好球出现的机会,我想聪明的价值投资者会看出这一投资端倪。

现在,工、农、建、交中几大国有银行与以招商银行、兴业银行为代表的股份制银行财务报告均显示不良贷款率在降低、盈利能力增强的相同特征。按巴菲特说的"在别人恐惧时,我贪婪",而在此时不明真相的投资者恐慌抛出银行股。聪明的价值投资者在"人弃时我取"买入百业之母的优质银行股,耐心持有,未来能不能给投资者带来丰厚的利润,我们拭目以待。

巴菲特说:"事实上,我们通常都是利用某些历史事件的发生,悲观气氛达到顶点时,找到最好的进场机会。恐惧虽是盲从者的敌人,但却是基本面信徒的好朋友。在往后 30 年里,一定还会有一连串令人震惊的事件发生,我们不会妄想要去预测它或是从中获利,如果我们还能够像过去那样找到优良的企业,那么长期而言,外在的意外对我们的影响实属有限。"

正如马喆所说:"在牛市期间买进股票的人很难有好结果。在别人唉声叹气时重仓买进好股票的人们很难不发大财。"弗兰克·威廉姆斯同样也有这样的论述:"当股价看起来最好的时候往往是最危险的时候,而当股市看起来最糟糕的时候却往往是投资者最应该进入的时候。"这正是"人取时我弃,人弃时我予"。

第三章

身边的国宝

弱水三千，只取一瓢。

——源于佛经中的一个故事

我可以投资世界上最出色的企业，因为和打棒球一样，你永远不必挥杆。只要站在本垒上，不断有球投过来：47 元的通用汽车、39 元的美国钢铁……等到你喜欢的投手上场，防守员又睡着了，您就可以上前击球了。

我可以给你一张只有 20 个打孔位的卡片，这样你就可以在上面打 20 个孔——代表你一生中能做的所有的投资。一旦你在这张卡片上打满了 20 个孔，你就不能再进行任何投资了。

在这些规则下，你会认真思考你所做的事情，你会被迫去做你真正想做的事情，所以你会做得更好。

——沃伦·巴菲特

　　我们都知道,查理·芒格在美国投资了华盛顿邮报公司、盖可保险公司、大都会公司、可口可乐公司、吉利公司、通用动力公司、富国银行、美国运通公司、喜诗糖果公司、苹果公司,在我国香港投资了中石油和比亚迪,那么如果巴菲特在中国大陆的 A 股市场,他又会青睐什么投资什么呢?我们根据查理·芒格的"护城河""安全边际""垄断""特殊经营权""能力圈"等投资理论,应该选择什么样的公司在具备什么条件下投资买入呢?根据巴菲特"我可以给你一张只有 20 个打孔位的卡片,这样你就可以在上面打 20 个孔——代表你一生中能做的所有的投资。一旦你在这张卡片上打满了 20 个孔,你就不能再进行任何投资了……在这些规则下,你会认真思考你所做的事情,你会被迫去做你真正想做的事情,所以你会做得更好"。在沪深 3000 多只股票中,我们根据综合评估模型,经过层层筛选,优中选优,"弱水三千,只取一瓢",选出如下 9 只 A 股,与投资者商榷。

　　　　　牧童遥指杏花村——山西汾酒

　　　　　赤水河水比金贵——贵州茅台

　　　　　中国最大的保险公司——中国平安

　　　　　中国最古老的股份制银行—招商银行

　　　　　中国的五粮液,世界的五粮液——五粮液

　　　　　亚洲乳业巨头——伊利股份

　　　　　世界空调龙头——格力电器

　　　　　黑驴王子——东阿阿胶

　　　　　房地产龙头——万科 A

借问酒家何处有,牧童遥指杏花村

——山西汾酒

唐代诗人杜牧有一首《清明》:"清明时节雨纷纷,路上行人欲断魂。借问酒家何处有,牧童遥指杏花村。"这首诗使山西汾酒享誉中外。

山西汾酒,是我国传统名酒,山西杏花村汾酒厂股份有限公司拥有"杏花村""竹叶青"两个中国驰名商标,公司主导产品有汾酒、竹叶青酒、玫瑰汾酒、白玉汾酒,以及葡萄酒、啤酒等六大系列。汾酒是我国清香型白酒的典型代表,素以入口绵、落口甜、饮后余香、回味悠长而著称,在国内外享有较高的知名度、美誉度和忠诚度。它的主要品种有国藏汾酒、青花瓷汾酒、中华汾酒、老白汾酒等。竹叶青酒是卫生部认定的唯一中国保健名酒。汾酒产地因位于山西省汾阳市杏花村,又称为"杏花村酒"。山西汾酒于1994年1月6日在上海证券交易所上市,证券代码600809。

汾酒的历史文化

山西杏花村汾酒厂股份有限公司所在地——山西省汾阳市杏花村,被誉为中国的"酒都",是中国酒与酒文化的发祥地,我国的许多名酒如茅台、泸州大曲、西凤、双沟大曲等都借鉴过汾酒的酿造技术。山西汾阳杏花村以悠久的历史文化而驰名,山西汾酒更以精湛的质量和独特的风格在巴拿马博览会上一举夺魁。它不仅是中国第一文化名酒,又是白酒的始祖,是"最早国酒"。山西汾酒与竹叶青酒凝聚着我国古代劳动人民的智慧,闪烁着中华民族传统文化的光辉。新中国成立后,我国对白酒进行过五次评比,山西汾酒在历次评酒会上均被评为名酒。汾酒是清香型白酒的典型代表,竹叶青酒是中国唯一的国家级保健名酒。山西汾酒之优势是其他名酒企业所无法比拟的。

汾酒以技艺独特、工艺精湛而源远流长,素以入口绵、落口甜、饮后留香而著称,在国内外消费者中享有较高的美誉度与忠诚度。杏花村汾酒酒力强劲而无刺激,饮后使人回味悠长,心旷神怡。汾酒盛名享誉千载而不衰,与造酒的水纯、工艺巧妙密不可分。水是酒的血液，曲是酒的骨架。名酒产地，必有佳泉。杏花村的跑马泉和古井泉流传着美丽的民间故事，人们称之为"神泉"。水质好，自然酿出绝世好酒。《汾酒曲》记载，"申明亭畔新淘井，水重依稀亚蟹黄"。明末爱国诗人、书法家和医学家傅山，曾为申明亭古井亭题写了"得造花香"四个大字，显示出杏花村井泉得天独厚，酿出的美酒如同花香沁人心脾，天下独有。

我国微生物和发酵专家方心芳把汾酒酿造的独特工艺归结出"七大秘诀"："人必得其精，水必得其甘，曲必得其时，粮必得其实，陶具必得其洁，缸必得其湿，火必得其缓。"

汾酒有着悠久历史，白酒中"真正被正史记载的名酒，是产自山西杏花村的'汾清'酒"，"汾清酒也成为中国历史上唯一载入《二十四史》的国家名酒，至今已有近1500年的历史"。[①]

据《北齐书》卷十一载，北齐武成帝高湛从晋阳写给河南康舒王孝瑜，手敕之曰："吾饮汾清二杯，劝汝于邺酌两杯。"（武成帝在晋阳经常喝汾清酒，他劝在安阳的高孝瑜，也要喝上两杯。）"可见武成帝是多么地喜欢'汾清'酒！同时也说明，当时'汾清'酒的品质已经达到了很高程度，以至皇帝都在为其在亲朋好友中推销。"[②]

"古时酿酒追求一个'清'字，'清'在古代是酒的最高质量等级的称谓，'汾清'酒的'汾'，则是指它的产地汾州（今山西省汾阳市）。"[③]

"在汾酒成名的同时，汾清的再制品——竹叶青酒（即当代国家保健名酒竹叶青酒的前身），也同样赢得盛誉，梁简文帝萧纲以'兰羞荐俎，竹酒澄芳'的诗句赞美之。北周文学家庾信在他的《春日离合诗其二》中曰：'田家足闲暇，士友暂流连。三春竹叶酒，一曲鹍鸡弦。'"[④]

明清以后，山西杏花村汾酒已经蜚声中外。至今我国不少地方的名酒中仍有"汾"字，如"湘汾""溪汾""佳汾"，可见其汾酒文化渊源与深厚。

---

① 郭大为，等. 中国白酒史［M］. 北京：中华书局，2018：69.
② 郭大为，等. 中国白酒史［M］. 北京：中华书局，2018：69.
③ 郭大为，等. 中国白酒史［M］. 北京：中华书局，2018：69.
④ 郭大为，等. 中国白酒史［M］. 北京：中华书局，2018：70.

　　山西汾酒还和贵州茅台酒同样有着深厚的文化渊源，据史料记载，贵州的"茅台酒"是清代康熙年间由山西盐商传到贵州茅台的。200多年前山西盐商到边远的贵州经商，当时在贵州怀仁城西四十多公里的赤水河畔，住着一家姓郭的山西籍晋商，以盐业经营为主，人称郭老板，此人经营的盐业生意兴隆，家财万贯，喜欢豪饮老家山西杏花村汾酒，因为当时交通不便，黔晋相距九千里，盐商携带汾酒不便。一天，郭老板忽然想起来要喝家乡杏花村汾酒，当时家中酒坛存放的杏花村汾酒不多了，因路途遥远，茅台村很难买到，汾酒运到贵州茅台村估计需要很长的时间，此时郭老板突发奇想，不惜重金，千里迢迢派人到山西杏花村汾酒厂去雇酿酒工人，来贵州茅台村给他酿酒，专门供他豪饮。当第一窖酒酿造好的时候，翼王石达开的兵纷纷向茅台村开来，并和阻击的清兵打起仗来了。作为水陆码头要塞的贵州茅台村，自然首当其冲，成为双方争夺的据点，顿时茅台村兵荒马乱。郭老板吓得魂飞四散，连夜席卷家财细软，携带家眷逃难去了。临走前在刚酿造好的酒窖前徘徊，吩咐家人将这些酒用土草掩埋起来，然后依依不舍地离开了茅台村。后来双方大战，茅台村已经被清兵烧成一片废墟。一年后战争平息，郭老板想到离开家时埋在地下的那些酒窖，让人从土中把酒窖挖出来，待打开一看，酒味窖香，芬芳扑鼻，香气四溢，郭老板大喜。因用贵州茅台当地的水和玉米、大麦，采用汾酒的酿制方法造酒，没料到贵州的泉水独特，生产出的酒别具风味，从此茅台酒就成了山西盐商的私酿酒。郭老板毕竟是一个聪明的晋商，他就以这批酒为资本，悉心经营，重振家业。当地诗人吟"家唯储酒买，船只载盐多"即指此而言。因茅台酒酿造工艺源于汾酒，因此就有了"茅台老家在山西"的说法。

　　山西汾阳王姓乡绅，1875年在杏花村创立了"宝泉益"酒作坊，此作坊以产"老白汾"酒而闻名于世。1915年，"德厚成"和"崇盛永"被王姓乡绅兼并，"宝泉益"改名为"义泉泳"。同年，在巴拿马万国博览会上，"老白汾"酒获甲等金质大奖章。自汾酒在1915年巴拿马万国博览会上荣获甲等金质奖章后，汾酒自此一鸣惊人，驰誉中外，名震四海。

　　1919年，"晋裕汾酒公司"建立，而又兼并"义泉泳"，年产汾酒40余吨，但由于战争不断，1947年全部停止生产。1948年，山西汾阳解放后，汾酒重获新生，组织恢复生产。1949 年人民政府以 8000 元的价格购买了"晋裕汾酒公司"全部产业，成立"国营杏花村汾酒厂"。

酒厂成立后，大家总结经验，改进酿酒工艺，生产的汾酒清澈透明，清香纯正，绵甜清爽。1949 年 9 月，杏花村汾酒厂生产的第一批汾酒，运送至第一次中国人民政治协商会议餐桌上。

1993 年，山西杏花村汾酒（集团）公司成立，（集团）公司拿出其中的高效益主体，组建了山西杏花村汾酒厂股份有限公司，1994 年 1 月 6 日在上海证券交易所上市，从此，山西汾酒走上适合新形势的现代企业管理制度的道路。

近现代名人与汾酒

在海外漂泊多年的孙中山先生为招揽英才，从法国马赛港乘船于 1905 年 7 月底抵达日本。好友白浪滔天向孙中山推荐了性格豪爽、文武兼备，又素有献身民主之雄心壮志的黄兴。孙中山见到黄兴，非常高兴。黄兴在东京著名的中国凤乐园餐馆为孙中山先生接风洗尘，点了名菜"龙凤呈祥"和"满天飞"，还特意点了孙中山先生最爱喝的山西杏花村汾酒。一来表示对孙中山先生的敬意，二来象征中国革命如龙腾中华、凤翔宇宙的磅礴气势。

中午时刻，酒意正浓，高举汾酒的孙中山先生慷慨激昂："今天我们用祖国的名酒共同举杯，誓死推翻满清腐朽帝制，为驱除鞑虏，恢复中华，建立民国，平均地权而奋斗不息。"

数日之后，孙中山、黄兴、宋教仁等在东京赤坂区灵南坡金弥宅举行了中国同盟会成立大会。用餐时，孙中山又一次用汾酒举杯明志，宣布兴中会联合华兴会和光复会组成中国同盟会。中国同盟会成立大会上，孙中山被推举为总理。

郭沫若斗酒诗如泉

据说郭沫若是山西汾阳王郭子仪的后代，在四川省乐山市沙湾镇郭沫若旧居里，至今仍挂着黑底金字牌匾"汾阳世第"。郭沫若少年时代也曾在课本上自署"汾阳主人"。

1965 年 12 月 4 日，郭沫若第一次踏上山西汾阳的土地。他来到杏花村，被很远就闻到的酒香所吸引，不顾旅途的劳累，就兴致勃勃地参观了汾酒、竹叶青酒的全部生产流程。淳朴好客的家乡人民深深打动了他。他在包装车间亲手参加劳动，包装汾酒。

中午，杏花村汾酒厂摆宴为郭老接风，喝到半醉，郭老却突然诗兴大发，为了感谢杏花村人的盛情，挥毫写下了诗句："杏花村里酒如泉，解放以来别有天。白玉含香甜蜜蜜，红霞成阵软绵绵。折冲樽俎传千里，缔结盟书定万年。相共举杯酹汾水，腾为霖雨润林田。"

历史学家吴晗访问杏花村汾酒厂后，也有赋诗："汾酒世所珍，芳香扑鼻闻。水纯工艺巧，争说杏花村。"

投资规则：对山西汾酒了解简单易懂轻资产

对山西汾酒的最初印象源于小时候，记得我六七岁的时候，父亲带我从河北曲周去山西太原的姑姑家。到了姑姑家，由于当时都很贫穷，姑父为招待我们父子，拿出了一瓶山西汾酒，他说："自己不舍得喝，今天特意拿出来让你们喝。"酒后，父亲对我说："这是国家名酒，在我们老家是很难买到的。"第二次到太原是 1993 年，因在曲周开的毛巾厂被无偿拆迁，欠了几十万元的债，无法在家生活，到太原做服装生意。到太原后，姑父同样用汾酒招待了我。现在到太原，无论是招待客人还是婚宴喝的都是汾酒，从普通汾酒到 10 年、20 年的高档酒、珍藏酒都有，可见汾酒具有很大的客户黏性。山西人对汾酒情有独钟。现在汾酒以及太原的渊源已经融入我的血液与骨髓，我常说："太原是我的第二故乡，它帮我渡过危机，又为我带来财富，太原——我永远爱你。"

山西杏花村汾酒，生产的原料是山西晋中吕梁地区无污染的优质高粱、大麦、豌豆，如此好的原料加上杏花村汾酒人的精心酿造，"清蒸二次清，固态地缸，分离发酵，清字当头，一清到底"的传统工艺的典型性，自然会酿出品质超群的杏花村汾酒其酒液晶亮、清香幽雅、醇净柔和、回甜爽口、饮后余香，在国内外市场享有信誉。周恩来总理十分关心汾酒生产，20 世纪 50 年代曾亲自批示为汾酒扩张拨出专款。汾酒竹叶青酒是中国八大名酒中古老、清洁、环保、有代表性、有益于人体健康、有中华民族博大精深酒文化韵味的、时代的、历史的中国名酒——"最早国酒"。

著名生物学家、白酒专家秦含章在杏花村汾酒的原产地杏花村所做的多项考察和多次试验，得出构成汾酒独特风格的关键，在杏花村地区的绿色酿酒生态，它的空气和土壤中含有多种有利于汾酒微生物生长的因素，经过一千多年的选择、淘汰、优化、繁衍，上百种微生物在这里"安家落户"，形成一个偷不走、搬不掉的唯一适合汾酒生产中含微生物生长的独特的"汾酒微生物体系"，世代相传，这是杏花村汾酒的奥妙之一，也是杏花村最大的财富源泉。现代科学揭示了杏花村汾酒"古井亭"和1991年新打的井深840米的"5号井"水的奥妙：地下水源丰富，水质优良，其含水层为第四系松散岩类孔隙水，地层中锶、钙、钼、镁、锌、碘、铁、镁元素含量高，不仅利于酿酒，而且本来就是对人体有益的天然优质矿泉水，对人体有较好的医疗保健作用。这样的优质水，自然会酿出上乘的汾酒。国家规定每升酒甲醇含量不得超过0.4克，汾酒却只有0.064克；铅含量国家规定不得超过0.001克，汾酒却只有0.000043克，达到国际先进水平；酒中有益物质总脂含量，国家标准中每升含量不得少于2克，而汾酒达到4.4克。

独特的自然环境，独特的优良水质，构成了山西汾酒独特而宽广的"护城河"，山西杏花村汾酒厂股份有限公司以汾酒、竹叶青酒、玫瑰汾酒、白玉汾酒为主导产品，属于轻资产国宝长寿的消费型企业，每年不用增加新的投资就可以源源不断地为股东创造利润，犹如"挣钱的机器"。

投资规则：持续的经营历史与良好的发展前景

山西杏花村汾酒厂股份有限公司，前身系山西杏花村汾酒厂。公司在建厂初期是一个只有36名职工、十几间旧房的手工式作坊，现已发展成为拥有职工8000余人，占地面积230万平方米，建筑面积76万平方米的大型酒业生产基地。自1994年上市以来，公司管理层在把握中国白酒业市场走势的基础上，审时度势，科学论证，为企业21世纪的发展规划出了做优、做强、做大的远景蓝图，制定出了中长期发展战略和三年经营方针。汾酒人决心驾驭机制创新、品牌提升、科技创新、资源合理配置和市场拓展的快马，为把公司发展成为品牌国际化、机制市场化、组织高效化、管理现代化的大型名酒集团而不断努力。在全体汾酒人的努力下，山西汾酒由1994年上市之初的年利润9628万元，增加到2018年年底的年利润14.67亿元。

在新的市场环境下，白酒品牌不仅面临技术、规模、效率等综合实力的挑战与较量，新的市场观念、新的商业模式以及现代企业运营管理能力、白酒文化的传播影响力与渗透力正发挥着越来越重要的作用。在这场新的市场角逐中，曾经叱咤风云、呼风唤雨的无数个"明星"企业沦为"流星"企业，走向衰败，而山西汾酒这支生力军，虽历经阵痛，经过多年蛰伏后，能在白酒老将与酒坛新贵的激烈竞争与较量中，乘风破浪、逆流直上。汾酒人秉承"用心酿造、诚信天下"的企业核心理念，将传统工艺不断创新，并将其发扬光大。山西汾酒无疑是长寿的国宝，它不仅夺回了山西霸主地位，并连续六年主要财务指标创历史新高，成为清香型白酒的中流砥柱，使山西汾酒铸就新的辉煌。

随着人们物质生活水平的提高，人们对名优品牌的认识也不断提高，对名酒的需要也会同步提高。因此，以汾酒、竹叶青酒为主要产品的山西汾酒厂股份有限公司市场占有率将不断提高，山西汾酒的市场前景将更加广阔。

投资规则：一票定乾坤　先看市盈率

截至 2018 年 12 月 28 日收盘，山西汾酒的总市值是 305.63 亿元，每股盈利 1.69 元，市盈率 20.73 倍。

山西汾酒投资价值与一年期定期存款收益率比较，一年期定期存款法定利率 1.75%，由于市场竞争，各银行存款都进行了上浮，上浮幅度不等，我们取一年定期存款的中位数年息 2.50%，这也就是说，定期一年存款市盈率是 100 除以 2.5 等于 40 倍，根据市盈率的定义，40 年才能收回投资成本的企业，不如 20.73 倍市盈率 20 年左右能收回投资成本的山西汾酒，此价位投资山西汾酒收益优于一年期定期存款。

山西汾酒市盈率与国债市盈率相比，五年期国债无风险利率是 4.27%，对应的市盈率是 23.42 倍，山西汾酒市盈率低于 5 年前国债市盈率。此价位投资山西汾酒同样优于投资五年期国债。

投资规则：再看市净率　资产辨分明

山西汾酒 2018 年 12 月 28 日收盘价 35.05 元，每股净资产 7.17 元，市净率 4.89 倍，根据综合评估模型市净率小于 8 倍的消费型名牌企业进入我们的关注范围。

投资规则：资产收益率　持续很重要

巴菲特说："最好的生意是那些长期而言，无须更多资本投入，却能保持稳定高回报率的公司。"山西汾酒净资产收益率连续10年持续增长，近10年平均净资产收益率达到23.35%。这在沪深股市3000多家上市公司中是优秀的，巴菲特喜欢持净资产收益率持续在15%以上的优质企业，我们为什么不喜欢呢？

山西汾酒近10年的净资产收益率如图3-1。

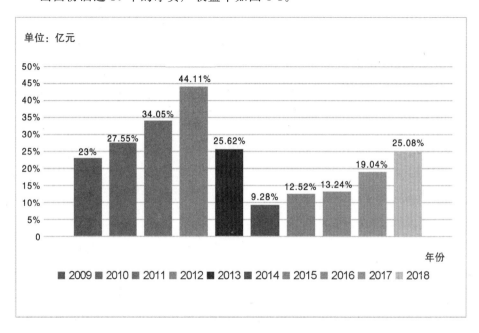

图3-1　山西汾酒净资产收益率图

投资规则：无债一身轻　盈利是王道

山西汾酒自上市以来，盈利能力增强，无论是在2008年的金融危机还是2015年的白酒行业塑化剂危机及其反腐风暴中，山西汾酒始终保持盈利。

山西汾酒近10年盈利情况见图3-2。

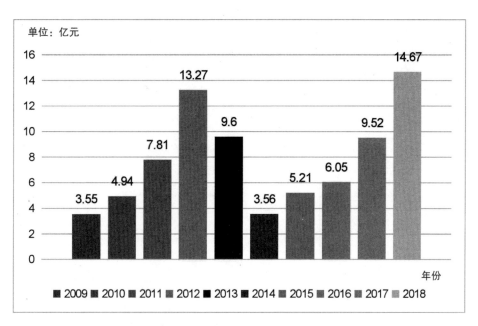

图 3-2 山西汾酒近 10 年盈利变化图

山西汾酒近 10 年负债率变化图,见图 3-3。

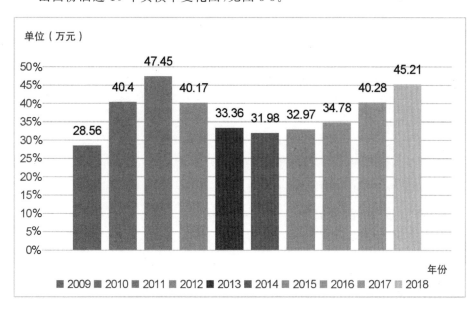

图 3-3 山西汾酒资产负债率图

从山西汾酒的盈利能力与负债率看,公司的管理层是理性的,没有商誉说明管理层没有盲目扩张,近 10 年来山西汾酒的负债率始终保持在 30% ～ 50% 左右的合理范围,对于这样一个盈利能力强大的国有企业,管理层的理性是最重要的。山西汾酒近 10 年来,除 2014 年没有分红外,其他年份的分红比率与其他上市公司比,无疑是比较高的,最近 3 年平均股利支付率达到 62%,这说明管理层提高分红比率,是诚实的,是对股东负责任的。

山西汾酒近 10 年股东权益变化见图 3-4。

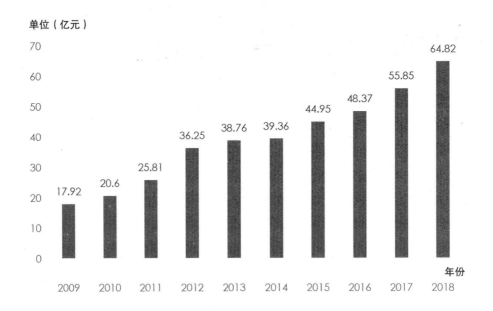

图 3-4 山西汾酒近 10 年股东权益图

山西汾酒股东权益由 2009 年的 17.92 亿元,增加到 2018 年的 64.82 亿元,增幅达 3.61 倍,年均股东权益增长率 13.72%。

投资规则:看看能力圈 综合来评估

根据综合评估模型,对山西汾酒的综合评估如下:

股票名称:山西汾酒

表 3-1 山西汾酒综合评估模型表

山西汾酒综合评估模型				
评估指标	指标实施细则	评估分值	指标值	评估结果
市盈率	小于等于 8 倍	2 分		
	大于 8 倍小于 15 倍	1.5 分		
	大于 15 倍小于 23 倍	1 分	20.73 倍	1 分
	大于 23 倍小于 30 倍	0.5 分		
	大于 30 倍	0 分		
市净率	小于等于 1	2 分		
	大于 1 倍小于 4 倍	1.5 分		
	大于 4 倍小于 7 倍	1 分	4.88 倍	1 分
	大于 7 倍小于 9 倍	0.5 分		
	大于 9 倍	0 分		
净资产收益率	连续 10 年≥20%	2 分	23.35%	2 分
	连续 10 年≥15%	1.5 分		
	连续 10 年≥10%	1 分		
	连续 3 年≥10%	0.5 分		
	小于 5%	0 分		
负债率	连续 3 年≤30%	1 分		
	连续 3 年大于 30%小于 50%	0.5 分	40.50%	1 分
	大于 50%	0 分		
毛利率	连续 5 年≥30%	1 分	75%	1 分
	连续 5 年≤30%	0.5 分		
	连续 5 年≤10%	0 分		

续表

山西汾酒综合评估模型				
评估指标	指标实施细则	评估分值	指标值	评估结果
营业总收入增长率	增长率≥8％	0.5 分	32％	0.5 分
	增长率≥3％	0.25 分		
	增长率小于 3％	0 分		
应收款	较上年度减少 10％以上	0.5 分	114％	0.5 分
	增加 30％以内	0.25 分		
	增加 30％以上	0 分		
存货	较上年度减少 10％以上	0.5 分		
	较上年度增加小于 20％	0.25 分	12％	0.25 分
	较上年度增加大于 20％	0 分		
股东权益增长	连续 3 年≥5％	1 分	22％	1 分
	连续 5 年≥5％	0.5 分		
	增长率＜5％	0 分		
长寿国宝	知名品牌,生命力强,同行难入侵	0.5 分		0.5 分
稀缺垄断	产品供不应求,市场占有率不断提高	0.5 分		0.5 分
消费、医药（轻资产）	食品饮料,行业壁垒强,护城河宽,一次投资永久获得的赚钱机器	0.5 分		0.5 分
得分合计				9.75 分

注:本评估系统满分 12 分,按"严重低估、低估、合理、不关注"4 个评分等级进行评估。8 分以下不关注,得分大于 8 分小于 9 分评估为"合理";得分大于 9 分小于 10.5 分评估为"低估";得分大于 10.5 分小于 12 分评估为"严重低估"。

根据综合评估模型,山西汾酒的综合评估得分为 9.75 分,估值低估。对于一个在市场上有广泛知名度和声誉的国宝型白酒企业,企业无形资产不高,固定资产在股东权益的 20% 左右,属于轻资产的快消品,在每年不用大量增加投资的情况下,就可以源源不断地生产出优质白酒,且企业生产出的优质清香型白酒具有垄断地位,客户黏性强,具有独立的定价权与提价权,对于这样优秀的国宝消费型企业进行投资,可以跑赢通货膨胀物价上涨的速度,如果再考虑的企业近年来每年都有 10% 以上的利润增长率,投资收益高于五年期国债存款利息。根据查理·芒格的训导,"合理的价格买入优秀的企业,比较低的价格买入平庸的企业好",您是不是应该投资山西汾酒呢?

赤水河畔的贵州茅台

贵州茅台酒股份有限公司总部位于黔北遵义市仁怀市赤水河畔的茅台镇，该公司由中国贵州茅台酒厂有限责任公司、贵州茅台酒厂技术开发公司等八家公司共同发起，并经过贵州省人民政府黔府函字〔1999〕291号文件批准设立，于2001年8月27日在上海证券交易所上市，证券名称为贵州茅台，证券代码为600519。

贵州茅台股份有限公司是我国白酒行业的标志性企业，公司主要销售世界三大名酒之一的贵州茅台酒。贵州茅台酒历史悠久，白酒文化源远流长，是中国酱香型白酒的卓越代表，享有"国酒"的美称，目前茅台酒年产量已经突破1万吨。公司生产的43度、38度、33度茅台酒，进一步拓展了茅台酒家族低度酒的市场发展空间。飞天茅台酒、五星茅台酒、茅台王子酒、茅台迎宾酒、赖茅酒等满足了各层次消费者的需求。公司独创的年代梯级式产品，15年、30年、50年、80年陈年茅台酒填补了我国极品酒、年份酒、陈年老窖白酒的空白，产品形成了低度、中高低档、极品三大系列70多个规格品种，全方位跻身市场，由此占据了我国乃至世界白酒市场的制高点，并称雄于中国极品酒市场。

茅台酒"酱香突出、幽雅细腻、酒体醇厚、回味悠长、空杯留香持久"，历经岁月积淀而形成的独特传统酿造技艺与赤水河流域独特的自然环境，造就了其独特风格。

在中华民族5000多年浩瀚的文明发展史上，茅台酒作为中国酒坛的一棵常青树，历久弥坚、长盛不衰，它有着美丽的传说、传奇的故事；它历史悠远、文化深厚、工艺神秘。

最早记载赤水河畔酿酒史的，为司马迁的《史记·西南夷列传》。公元前135年，汉武帝刘彻饮到来自夜郎（今黔北一带）所产的名酒"枸酱"，情不自禁地赞曰:"甘美之。"清代诗人郑珍赞曰:"酒冠黔人国,盐登赤虺(水)河。"[①]

清乾隆年间开修赤水河航道,茅台镇成为川盐运黔的主要集散地,到道光年间,茅台地区民夫商贾云集,川流不息,茅台酒远销滇、黔、川、湘等地,茅台酒的销量与日俱增,也促进了茅台镇白酒酿造业的发展与白酒酿酒技术的进一步提高。

茅台镇最早的酿酒坊据查是"大和烧房"。清咸丰年间酿酒生产因战乱而中断,清同治元年(1862)茅台酒坊在旧址上重建,开设最早的是"成义烧房",后又增加了"荣和烧房"和"恒兴烧房"。

"成裕烧房"是"成义烧房"的前身,同治元年开设,由祖籍江西临川的华联辉创立,其始祖在清康熙年间来贵州经商后定居遵义,以经营盐业为主,中过举人,闻茅台镇出好酒,于是决定设坊烧酒,历经华家三代经营规模逐渐扩大。其酒起始年产只有1750公斤,名曰"回沙茅酒"。华联辉儿子华之鸿接办时也只是盐业的附带业务。茅台酒1915年在巴拿马万国博览会获得金奖之后,酿酒生产得到华氏的重视。川黔、湘黔、滇黔公路在1936年后的相继通车,为茅台酒的外销创造了良好的经营条件,华联辉之孙华问渠进一步扩大生产规模,茅台酒年产量达2.1万公斤,其酒俗称"华茅"。

"荣太和烧房"于光绪五年(1879)设立,后更名为"荣和烧房",本是几家合伙经营的烧坊,历经周折,1949年"荣合烧房"的经营权落到王秉乾之手。其酒年产量只有5000公斤左右,俗称"王茅"。

"恒兴烧房"前身为"衡昌烧房",1929年由贵阳人周秉衡在茅台镇开办,后因周从事鸦片生意而破产。1938年周秉乾以酒房作价入股,民族资本家赖永初出资八万银圆,合伙组成"大兴实业公司",扩大了生产规模。后来周秉衡把"衡昌烧房"卖给赖永初。1941年"衡昌烧房"更名为"恒兴烧房",到1947年量高达3.25万公斤。赖永初利用其在外地的商号扩大了酒的销路,其酒俗称"赖茅"。

为庆祝巴拿马运河通航,1915在美国旧金山举行了"巴拿马万国博览会"。"成义""荣和"(华茅和王茅)两家的酒作为贵州名优特产送展,由于当时农商部没有区分华茅与王茅,均以"茅台造酒公司"的名义展出,统称"茅台酒"。展会

---

① 何岩.中华股宝[M].北京:机械工业出版社,2011.

上,茅台酒以其独特酱香的优点征服了来自世界各国的评酒专家,被誉为世界名酒,获得金奖。茅台酒与法国科涅克白兰地、英国的苏格兰威士忌并称为世界三大蒸馏名酒,从此,贵州茅台酒蜚声中外,誉满全球。

巴拿马万国博览会获得金奖后,王茅和华茅为国际金奖的所属争执不下,县商无法裁决,官司打到省府。1918 年由贵州省公署下文调处:两家均有权使用"巴拿马万国博览会获奖"字样,奖牌由仁怀县商保存。华、王两家为庆祝这次大奖,各自封坛入窖存酒。

新中国成立后,1951 年贵州省将"成义烧房"收购,又将"荣和烧房""恒兴烧房"合并进来,成立了国营茅台酒厂,从此茅台酒厂不断发展壮大。

现在,茅台酒香飘世界,誉满全球,成为世界认识中国的窗口和传播友谊的纽带。

茅台酒以它悠久的历史、独特的工艺、厚重的文化底蕴,在我国政治、外交生活中发挥了举足轻重、独一无二的重要作用。茅台酒参与了开国第一宴、中美关系破冰、中日建交等无数次重大国事和外交活动,还在申奥成功、神舟飞船等重大社会事件中见证了中华民族伟大而光荣的时刻。茅台酒已经成为"彰显悠久历史的文化酒、表现中华智慧的政治酒、激发英雄气概的军酒、充满神奇色彩的红酒、显示胜利成功的庆功酒、绿色有机的健康酒、享誉五洲四海的国酒、体现社会和谐的友谊酒、突出交际能力的外交酒、展现身份品位的高档酒"。

50 多年来,企业等级不断提升,贵州茅台逐渐显示出其王者风范,2015 年,茅台首次入选世界品牌 500 强。在全国白酒行业创造了 3 个全国唯一:唯一的国家一级企业,唯一的特大型企业,唯一的荣获国家企业管理最高奖——金马奖的企业。

茅台酒在巴拿马万国博览会上获得金奖之后,在 1994 年(美国)"纪念巴拿马万国博览会 80 周年名酒品评会"上再次获得金奖第一名。2014 年茅台酒获得"布鲁塞尔国际烈酒大赛金奖""杰出绿色健康食品奖"。2015 年,53 度茅台酒获布鲁塞尔国际烈酒大奖赛最高奖——大金奖。贵州茅台酒蝉联历届国家名酒评比之冠、十几次荣获国际金奖,茅台酒集万般荣耀于一身,王者风范显露。

投资规则:一票定乾坤　看看市盈率

贵州茅台总股本 12.6 亿元,2018 年 12 月 28 日收盘价 590.01 元,2018 年度净利润 352.04 亿元,每股盈利 28.02 亿元。对应的动态市盈率为 21.06 倍。

投资贵州茅台收益与一年期定期存款比较:一年期存款法定利率为 1.35%。由于市场竞争,各银行利率都进行了不同程度的调整。我们按照中位数年利率 2.5%,也就是说定期一年存款的市盈率为 40 倍,而贵州茅台的动态市盈率为 21.06 倍,二者比较,贵州茅台市盈率明显低于定期存款。

贵州茅台自 2001 年 8 月 27 日上市以来,盈利不断增强,由上市之初的年利润 3.28 亿元增长到 2017 年的净利润 270.97 亿元,净利润增长了 82.6 倍。

贵州茅台近 10 年随着销量收入的增长,盈利也在持续增长,近 10 年平均年净利润增长率均在 20% 以上,我们考虑到安全边际,将贵州茅台净利润年增长率设定为 15%,那么贵州茅台的真实市盈率不到 10 倍。

像这样具有垄断地位的国宝名牌,又能持续盈利的优质企业,成为林园说的"赚钱机器",如果巴菲特在中国,你说他会不会喜欢上贵州茅台?

投资规则:再看市净率 资产虚实明

贵州茅台 2018 年 12 月 28 日收盘价 590.4 元,每股净资产 89.83 元,对应市净率为 6.57 倍市净率,对于白酒行业龙头持续盈利强的优质企业,6.57 倍市净率,低于 8 倍,值得关注。

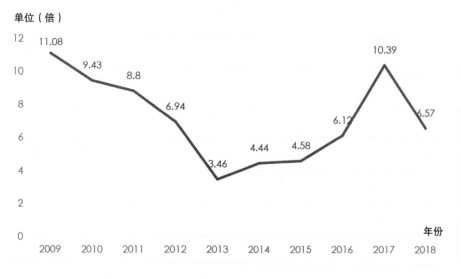

图 3-5 贵州茅台近 10 年市净率图

投资规则:资产收益率 持续很重要

贵州茅台自 2009 年至 2018 年底,近 10 年平均净资产收益率高达 30.25%,平均 2.6 年就涨一倍。贵州茅台上市 17 年,总市值从 96 亿上升到目前的 7411亿,增长 77.2 倍;上市以来也仅融资了一次,意味着贵州茅台有充足的现金流,市值增长来自股票内在价值的增长。

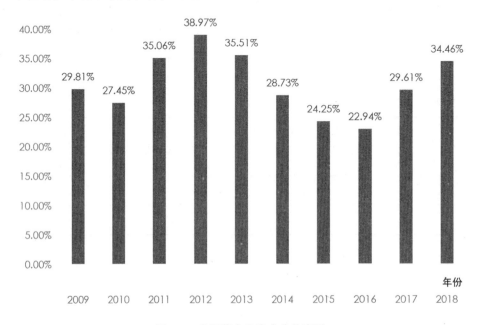

图 3-6 贵州茅台净资产收益率图

由茅台净资产收益率图可以看出,贵州茅台的净资产收益率近 10 年来始终保持在 20% 以上,10 年平均净资产收益率高达 27.24%,这在 3000 多家上市公司中是少见的。而且贵州茅台酒大部分商品都是内销,受到贸易战和汇率的影响很小,属于稀缺垄断型的企业。

贵州茅台的股东权益随着盈利能力的增长而增长,由 2008 年的 115.03亿元增加到 2018 年年底的 1128.3 亿元。见图 3-7 贵州茅台近 10 年股东权益变化图:

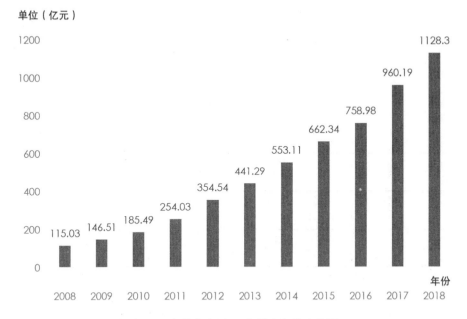

图 3-7　贵州茅台近 10 年股东权益变化图

　　贵州茅台的市值增长也紧紧跟随着茅台盈利能力的增长,由上市之初 2001 年底的 96.38 亿元,增长到 2018 年年底的 7411.69 亿元,年复合增长 29.1%。

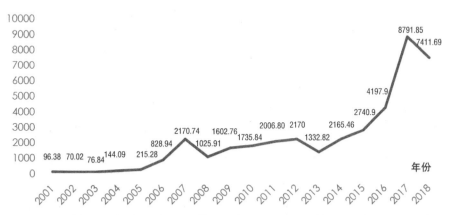

图 3-8　贵州茅台市值变化图

　　像贵州茅台这样盈利能力如此强大的企业,如果巴菲特在中国,我想他同样会喜欢。

投资规则：无债一身轻　盈利是王道

贵州茅台的财报显示，公司账面上有充沛的现金，再加上茅台的营销方式都是先付款后发货，所以公司近几年来负债率很低，低于食品饮料行业的平均值。

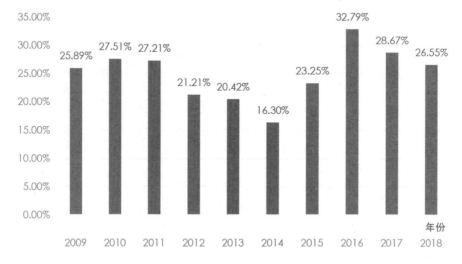

图 3-9　贵州茅台负债率图

贵州茅台盈利从 2009 年 43.12 亿元，增加到 2018 年的盈利 352.04 亿元，年复合增长率达 23.32%。贵州茅台近 10 年盈利变化见图 3-10。

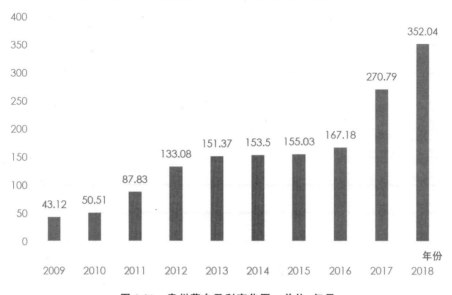

图 3-10　贵州茅台盈利变化图　单位：亿元

投资规则:长寿皆国宝 消费与垄断

贵州茅台酒无疑是中国一张香飘世界、享誉中外的名片,是中国民族工商业率先走向世界的典范,1915 年荣获美国巴拿马万国博览会金奖,与法国科涅克白兰地、英国英格兰威士忌并称世界三大(蒸馏)名酒,是我国大曲酱香型白酒鼻祖和典型代表。贵州茅台多次入选《财富》杂志最受赞赏的中国公司,连续多年入选全球上市公司《福布斯》排行榜,多次入选"CCTV 最有价值上市公司",以高达 1285.85 亿元的品牌价值,荣获 2016 年华樽杯大奖,获得中国驰名商标第一名,是中国酒企中率先突破千亿元品牌价值大关的企业。

在经济日益全球化的今天,茅台酒同样挑起了把民族品牌发扬光大的历史重任,在国人心中的认知度和忠诚度牢不可破。

中国有着五千年的文明,白酒文化源远流长,在具有 14 亿人口的大国,快消品白酒市场需求依然强劲,供不应求。网上有一个段子说中国人喝白酒一年可以喝掉一个西湖,听着是个笑话,可是从这段话的背后映射出国人对白酒文化的情有独钟。在我国数不胜数风格各异的白酒品牌中,茅台酒就像一颗璀璨的明珠。

茅台酒生产所用高粱为糯性高粱,俗称红缨子高粱,与其他地区高粱不同的是,颗粒坚实、饱满、均匀、粒小皮厚,支链淀粉含量达 88% 以上,其截面呈玻璃质地状,十分有利于茅台酒工艺的多轮次翻烤,使茅台酒每一轮的营养消耗都在一个合理范围。

酿制茅台酒的用水来自赤水河,此河水质好,"集灵泉于一身,汇秀水而东下"。茅台镇茅台酒厂区建于赤水河上游,地处河谷,风速小、水质好、硬度低、入口微甜、无溶解杂质、微量元素含量丰富,且无污染,峡谷地带微酸性的紫红色土壤,冬暖夏热、少雨少风、高温高湿的特殊气候,十分有利于酿造茅台酒微生物的栖息和繁殖,加上千年酿造环境,使空气中充满了丰富而独特的微生物群落,独特的水质与独特的自然环境,经过蒸馏酿造出的酒非常甘美。

20 世纪六七十年代,全国有关专家曾用茅台酒工艺及原料、窖泥,乃至茅台酒厂工人、技术人员进行异地生产,所出产品均不能与原厂产品媲美。这也充分证明了茅台酒是与产地密不可分的,且茅台酒不可克隆,由此,茅台酒 2001年成为中国白酒中首个被国家纳入原产地域保护产品。2015 年贵州茅台酒列入《中国地理标志产品大典》。

　　贵州茅台以得天独厚的自然条件优势、悠久厚重的历史文化、浓浓的红军情结、独特的酿造工艺,以及其稀缺性、垄断性、不可复制性等特征共同构成了新时代的"贵州茅台"。

投资规则:看看能力圈　综合来评估

　　我对贵州茅台酒的了解,源于我的童年时代,那时候听父辈们常说:"茅台酒是中国最好喝的白酒,最贵的白酒,茅台酒酱香浓厚,沁人心脾。"但我从没有见过茅台酒,更不要说喝了。上高中后的一个年假,春节去同学家拜年,同学家里的桌子上放着打开包装的茅台酒,同学的父亲让我们几个去拜年的每人喝了一杯茅台酒,它那浓郁的酱香,至今想起回味悠长。

　　贵州茅台酒的收藏价值与独特的金融属性,使我对贵州茅台这只股票产生了浓厚的兴趣。在我身边发生了这样一个故事:2014年初,苹果5手机刚刚上市不久,记得大概5000多元钱,我的同学就马上抢购了一台苹果5。当时我在想,手机作为消费品会越来越不值钱,过几年肯定会再出苹果6、7、8等型号取代苹果5。由于我是穷家出身的农民,没有固定收入,我觉得花费这么多钱买一部手机不值得,就想什么资产可以随着时间的增长越来越值钱(升值)呢? 无独有偶,突然有一天我在报纸上看到了说名贵白酒具有收藏价值,名贵的白酒会随着储藏时间的延长市场价值不断升高,回头看看前些年的茅台酒随着储藏时间延伸都升值很多,在同学买苹果手机的时候,我悄悄地买了几瓶茅台酒,花费与同学买手机的钱差不多。转眼间几年过去了,同学的苹果5手机已经淘汰不用了,同学当时买的手机现在也许只能换一个价值几元钱的塑料小凳子,而我购买的几瓶茅台酒以现在的市场价格保守估算也在1万元以上了,这还没有考虑到储藏的年份,不到5年的时间翻了一倍多。这和我同学买手机的资产比起来简直是天壤之别,这说明茅台酒除具有食品饮料的消费属性外,它还具有独特的金融属性,它会随着储藏时间的延长而不断升值,我们就不用担心茅台酒的库存了。

综合评估模型

股票名称:贵州茅台

表 3-2 **贵州茅台综合评估模型表**

综合评估模型				
评估指标	指标实施细则	评估分值	指标值	评估结果
市盈率	小于或等于 8 倍	2 分		
	大于 8 倍小于 15 倍	1.5 分		
	大于 15 倍小于 23 倍	1 分	22 倍	1 分
	大于 23 倍小于 30 倍	0.5 分		
	大于 30 倍	0 分		
市净率	小于或等于 1 倍	2 分		
	大于 1 倍小于 4 倍	1.5 分		
	大于 4 倍小于 7 倍	1 分	6.57 倍	1 分
	大于 7 倍小于 9 倍	0.5 分		
	大于 9 倍	0 分		
净资产收益率	连续 10 年≥20%	2 分	30.25%	2 分
	连续 10 年≥15%	1.5 分		
	连续 10 年≥10%	1 分		
	连续 3 年≥10%	0.5 分		
	小于 5%	0 分		
负债率	连续 3 年≤30%	1 分	29.33%	1 分
	连续 3 年大于 30%小于 50%	0.5 分		
	大于 50%	0 分		

续表

综合评估模型				
评估指标	指标实施细则	评估分值	指标值	评估结果
毛利率	连续5年≥30%	1分	90.34%	1分
	连续5年≤30%	0.5分		
	连续5年≤10%	0分		
营业总收入增长率	增长率≥8%	0.5分	26%	0.5分
	增长率≥3%	0.25分		
	增长率小于3%	0分		
应收款	较上年度减少10%以上	0.5分	0	0.5分
	增加30%以内	0.25分		
	增加30%以上	0分		
存货	较上年度减少10%以上	0.5分	0	0.5分
	较上年度增加小于20%	0.25分		
	较上年度增加大于20%	0分		
股东权益增长	连续3年≥5%	1分	22%	1分
	连续5年≥5%	0.5分		
	增长率<5%	0分		
长寿国宝	知名品牌,生命力强,同行难入侵	0.5分		0.5分
稀缺垄断	产品供不应求,市场占有率不断提高	0.5分		0.5分
消费、医药（轻资产）	食品饮料,行业壁垒强,护城河宽,一次投资永久获得的赚钱机器	0.5分		0.5分
得分合计				10分

注:本评估系统满分 12 分,按"严重低估、低估、合理、不关注"4 个评分等级进行评估。8 分以下不关注;得分大于 8 分小于 9 分评估为"合理";得分大于 9 分小于 10.5 分评估为"低估";得分大于 10.5 分小于 12 分评估为"严重低估"。

总结:根据综合评估模型,贵州茅台得分 10 分,2018 年年底590.01元的收盘价,属于低估。拥有914.5亿元的股东权益的贵州茅台,固定资产152.49亿元,这告诉我们,茅台属于轻资产的优质企业,无形资产34.99亿元没有商誉,说明贵州茅台的资产是真实的,没有水分,没有盲目扩张收购,供不应求的茅台酒具有的收藏价值,使茅台酒具有了独特的金融属性。贵州茅台持续盈利能力,无与伦比的稀缺属性与垄断性,具有"国酒"之称的茅台酒客户黏性,构成了其强大的护城河,出厂价与零售价之间巨大的价差构成了贵州茅台的巨大的安全边际,未来同行很难超越。时代的潮流激励着贵州茅台发展,世界的召唤,让企业加快全球化的步伐,茅台酒市场已经覆盖欧洲、美洲、亚洲、非洲、大洋洲,成为代表中国的一张靓丽的名片。对如此优秀估值合理的品种,你说巴菲特如果在中国会不会喜欢作为礼尚往来最佳载体的贵州茅台?我想,聪明的投资者心中自有答案。

中国最大的保险公司

——中国平安

中国平安是中国第一家股份制保险公司,总部位于广东省深圳市福田区福华三路星河发展中心,于 1988 年 3 月 21 日经批准成立,2004 年 6 月 24 日在香港联交所上市,2007 年 3 月 1 日在上海证券交易所上市,证券名称为中国平安,证券代码为 600318。

经过 30 多年发展,中国平安已经发展成为集保险、银行、证券、金融、资产管理、企业年金、科技、生态等多元业务为一体的紧密、高效、多元的综合金融服务集团。2017 年,中国平安保险(集团)股份有限公司在中国企业 500 强中,排名第六;2018 年,在《财富》世界 500 强中排行榜排名第二十九;在全球保险品牌中排名第一。

中国平安始终以"诚信"作为企业文化的根基,秉承诚信待客是服务之本,客户满意,是企业价值之源的理念。以"专业"为纽带,可持续地为股东、客户、员工和社会创造最大化价值。切实履行企业公民责任,为客户提供全方位、个性化、专业化、领先的产品及服务,是中国平安不懈的追求。

"专业创造价值"是全体平安人共同创造、涤荡出的平安文化成果的核心。这一理念准确传递了中国平安通过专业化经营实现"综合金融、国际领先"目标的能力、信心和愿景;同时,在当前和未来激烈的市场竞争环境下,促进广大平安人不断提升"专家、专才"形象,为客户持续提供最好的全方位金融服务体验。

没有马明哲就没有中国平安

谈到中国平安,不能不说中国平安的创始人马明哲,对于中国平安,我们可以说"没有马明哲就没有中国平安",它是中国仅有的一家企业创始人明确,而又有强烈的战略意图推动,逐渐形成的综合金融控股集团公司,董事长兼总经理马明哲对中国平安的贡献有目共睹,无人能敌。

马明哲在其著作《繁荣危机》一书扉页上写了一句话:"谨以此书献给我愿

一生为之奉献的中国保险业。"马明哲解释说:"这才能代表我的心声。我非常热爱保险事业。保险是一份综合理财计划,它为个人和企业提供稳定的保障。1988年,我曾在纽约保险学院学习过一年,那里培养了我对保险事业的感情。经过12年从业,现在,即使不给我工资,我也一样愿意在保险业工作。我一直说,我是平安的一名推销员,我向国家和政府推销平安的商业运作机制;向世界推销中国的民族保险业;向股东推销平安的管理运作和人才资本;还向每一位平安同人推销平安远景和平安价值观;向社会推销平安的品牌和文化;向客户推销平安的诚信和保障。"马明哲对保险事业的热爱以及平安保险经营管理理念在这句话里得到了最好的阐释。

1955年12月出生于广东湛江的马明哲,成长经历有着浓厚的时代印记,成长在困难时期,读书时又赶上"文革"。18岁高中毕业后,马明哲下乡当知青。

回城后,马明哲先被分配到阳春市八甲水电站,后被调到深圳蛇口,由于工作能力强,受到领导认可,从劳动人事处升迁到社保公司的经理助理。他引起领导的重视,源于一次深圳蛇口工业区会议。当时社保公司经理不在,马明哲代表社保公司经理参加了会议。会议讨论中,马明哲毛遂自荐并提出不同见解。工业区领导袁庚听到马明哲的建议后不大高兴。马明哲说:"袁董,你不是说大家都可以发表自己的意见吗? 对与不对,最终你来决定。"从此,袁庚记住了马明哲的名字并对他产生了很深的印象。那次会议后不久,工业区召开一次研讨会,袁庚点名要马明哲参加。

产生成立保险公司的灵感源于初建时的深圳蛇口的工人经常发生这样那样的工伤事故。马明哲想,如何才能处理好深圳发展建设中面对的工伤事故?于是,马明哲建议工人每人每月交一定数量资金作为基金,为工伤或离职人员提供医疗和生活保障。工业区领导袁庚同意了这个建议,委派马明哲来做。当时马明哲并不知道工伤保险属于商业保险,是中国人民银行深圳分行的领导告诉马明哲,社会保险公司不能做商业保险,如果做必须申请保险牌照。

1986年,马明哲把成立商业保险公司的问题都搞清楚以后,到香港见袁庚,提议成立一家商业保险公司,以期恢复招商局办过保险的传统。马明哲给袁庚做了简短的汇报,袁庚表示同意,马明哲拿出事先写好的模拟袁庚语气的信,请袁庚签字。袁庚仔细审阅,稍作修改后签字。从此,马明哲带着这封信上北京,走上审批、要牌照之路,开始了他的保险人生。

历经重重困难,1988 年 3 月 21 日,央行正式发文批准成立平安保险公司,由中国工商银行和招商局蛇口工业区有限公司共同出资的平安保险正式挂牌成立。平安保险在正式成立之初,就带有显著的蛇口"改革"气息,它是中国第一家股份制地方性保险公司。32 岁的马明哲被破格任命为平安保险的总经理。成立之初的平安保险,当时只是一家很小的公司,一共 12 名员工,加上马明哲是 13 个人。从此,马明哲的事业迈上了第一个台阶。在大股东工商银行的支持下,加上 13 人的共同努力,平安保险公司成立第一年营业收入 418 万元,利润 190 万元。

有啥说啥,敢说敢当的马明哲胆大心细、雄心勃勃。由于招商局是第一大股东,有些事情马明哲做不了主,必须给招商局汇报,并听从招商局安排,这影响了平安保险的发展,使他的一些想法不能实现。于是,马明哲决定让员工集体持股进行股权改造,与平安保险"俱荣俱损"。1992 年成立了平安保险职工合股基金公司,顺理成章,自此,平安董事会中有了马明哲更合适的身份——以职工合股公司负责人的身份担任平安董事长,实现了管理权的掌控。

马明哲是一个有开拓精神的人,他有句名言:"去年的马明哲,领导不了今年的马明哲。"获得管理权后的马明哲发展了寿险业务,把平安保险业从地区性保险公司发展成全国性保险公司,并在全国率先开展的个人寿险营销中取得成功。取得成功后的马明哲没有满足现状,根据国际金融市场的发展趋势,马明哲萌生了综合金融的想法。平安每开发一个新领域或一个新产品,他都是第一个在第一线商讨研究,和外资谈判,同样是他带队打头阵。金融行业内曾称他是一个金融"将来时"。平安银行前行长查理·杰克逊说:"我们这种人看事情是看风险和困难,他看到的世界、想到的事情,是别人看不到、想不到的。"一个人一辈子弄懂一个行业已经不容易了,马明哲则保险、银行、信托样样精通。

对待股东,马明哲是坦诚的。2008 年,平安以近 22 亿欧元入股比利时富通集团 4.99％的股份,成为其第一最大股东。不久,全球金融风暴侵袭欧洲,比利时政府将富通收归国有又拆股,导致股价一落千丈。面对入股富通的严重损失,马明哲在股东大会上承认这是一次"严重的错误",他说:"我们只考虑了个别企业所在地区、国家、行业的区域性风险。我们要反复检讨,不仅对我们自己的海外投资,也要借鉴其他出现问题的企业,重新检讨我们的风险管控,投资流程和投资内容,要全局性、全球性地考虑。"而实际上平安除了投资富通外,投资基本上没有失败过,坏账率还不到千分之一。

马明哲求贤若渴,勇于创新与担当,先后引进摩根士丹利和高盛投资中国平安。他希望从外国人手里拿到的不仅仅是金钱,而是他们在平安内部治理和分险防控方面的先进经验。2009 年,平安的前 100 位高管中就有 60 位来自海外。在中国的大型企业中,平安的国际化程度始终位列第一。重视人才引进与培养的马明哲为平安长期发展奠定了坚实的基础。

保险吞并银行的大事,在我国是非常少见的,马明哲用 8 年的时间,让 3 家银行更名为"平安银行",实现了他的综合金融梦。

从诞生至今,平安由一个名不见经传的保险公司,发展成拥有总资产数万亿元、年净利润 1074 亿元的庞大的综合金融帝国,这都离不开中国平安的核心人物——马明哲。

投资规则:对中国平安的了解

我对中国平安的了解源于 2002 年。我刚从太原回到家乡曲周不久,由于对股票投资的爱好,结识了好多做股票的朋友,其中一个朋友是做保险的,他说他从 1996 就开始推销平安保险,自己做的平安财产保险每年业绩都在提升,保险公司的盈利情况很好。由于朋友的聪明能干,积极工作,业绩突出,2007 年中国平安保险公司在曲周设立财产保险曲周分公司,朋友当之无愧地成了中国平安财产保险曲周分公司经理。我还了解到,好多同学买车入的保险是平安保险,好多亲戚、朋友个人入的保险大多是平安保险。后来我有车了,入的车险是平安保险,家属及其孩子入的保险几乎全是平安保险。这使我认识到,平安保险已经融入人们的生活,与人们的生活息息相关,中国平安具有很高的品牌知名度和很强的客户黏性。现在"中产阶级逐步崛起促进消费升级,老龄化加剧抬升对健康、养老的关注,保险公司业务转型"等因素对具有高度品牌价值的平安保险公司的盈利和未来持续发展提供了更加广阔的市场空间。

投资规则:一票定乾坤　先看市盈率

中国平安总股本 183 亿元,2018 年 12 月 28 日以 56.1 元收盘,按此收盘价计算,中国平安的总市值是 10266 亿元,市盈率是 9.32 倍。

中国平安有 9.32 倍的市盈率,而银行一年期定期存款法定利率为 1.75%,由于市场竞争,各银行存款都有了上浮,上浮幅度不等,我们取一年定期存款的中位数年息 2.50%,这也就是说,定期一年存款市盈率是 100 除以 2.5 等于 40 倍,中国平安的市盈率大大低于一年期的定期存款的市盈率。现在的价格投资中国平安 9.32 年产生的利润就能与股价持平。

中国平安 9.32 倍市盈率与五年期国债相比较,五年期无风险国债的利息 4.42%,100 除以 4.42 等于 22.62 倍,这就是说买入国债的市盈率是 22.62 倍。中国平安 9.32 倍市盈率与五年期无风险国债 22.62 倍市盈率比低了一半以上,同样具有很大的比较优势。

中国平安自 2007 年上市以来,业绩不断增长,由上市之初的 2007 年的净利润 150.86 亿元增长到 2018 年净利润 1074 亿元,年复合增长率在 17.52%,考虑到未来的不确定性,我们给予中国平安未来 10 年 15% 复合增长率,中国平安的未来 8 年产生的利润合计达到 14063 亿元,超过了现在的 10266 亿元总市值。这就是说中国平安的真实市盈率还不到 8 倍,这样优质的国宝名牌轻资产企业且具有持续盈利能力,价值严重低估。我想,巴菲特如果在中国也许会投资中国平安的。

投资规则:再看市净率　资产辨分明

中国平安 2018 年 12 月 28 日价格 56.1 元,每股净资产 30.44 元,市净率 1.84 倍。对于一个在行业内具有规模与成本优势的企业,又具有特殊经营权的公司来说,1.84 倍市净率并不算高。国内数十家保险公司,平安的创新能力是最强的,服务效率是最好的,投资收益率在行业内最高,面对同质化的竞争,平安具有成本与规模优势,这使竞争对手很难撼动平安保险这棵参天大树在人们心中的位置。

巴菲特在谈到保险时说:"(由于保险业务的持续繁荣)我们的浮存金从 1967 年的 1600 万美元,涨到 2009 年的 620 亿美元,我们已连续 7 年确保承包利润……这 620 亿美元就像是某个人存在我这里,又不需要我付利息的免费资金,我还能去投资……但不是所有的财保公司都是如此,这个行业的平均资产收益率还不如标普 500 平均水平……我们的巨大经济优势,完全来自一群极为出色的经理人在经营这些不同寻常的企业。"[1]

中国平安同样具有可观的浮存金和极为出色的经理人。巴菲特在投资CEICO保险公司时市净率5倍,现在中国平安1.84倍的市净率相比同样具有比较优势。棒球员罗杰斯·霍恩斯比说过:"棒球的首要规则是捡好的球去打。"也许现在的中国平安是一个好的球,进入了好的击打位置,你说对吗?

投资规则:资产收益率　持续很重要

中国平安近10年净资产收益率如图3-11所示:

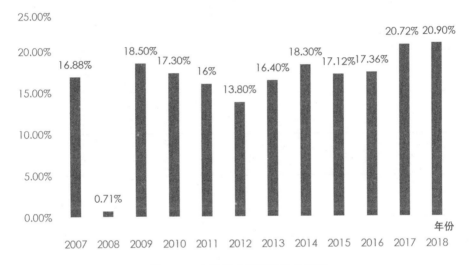

图3-11　中国平安净资产收益率图

由图3-11可以看出,中国平安2007年3月1日上市以来,除全球金融危机前投资比利时富通集团,由于比利时政府收归富通国有又拆股,2008年净资产收益率大幅下跌外,净资产收益率几乎都保持在15%以上,具有很强的持续性,股东权益由2007年的1092.18亿元,增加到2018年的股东权益6836.43亿元,净资产收益率年复合增长率达16.54%。

现在中国平安的估值与国际上具有影响力的安盛集团9倍市净率,净资产收益率11%具有比较优势,且具有持续盈利能力,净资产收益率持续在15%以上的公司,同样符合巴菲特的选股逻辑。

---

① 卡萝尔·卢米斯. 跳着踢踏舞去上班[M].张敏,译. 北京:北京联合出版公司,2017.

投资规则:无债一身轻　盈利是王道

中国平安名义负债率在 90% 以上,但保险行业有其特殊性,保险公司的负债相当大的一部分是保险浮存金,也就是客户交的保费,保费收入是不支付利息,未来才需要偿还的资金,且这部分资金可以再投资产生利润,预收的保费收入或未支付的保费都不能算作真正意义上的外债。对于具有持续盈利能力的行业龙头中国平安来说,浮存金是一笔宝贵的可以投资产生盈利的无息资产。

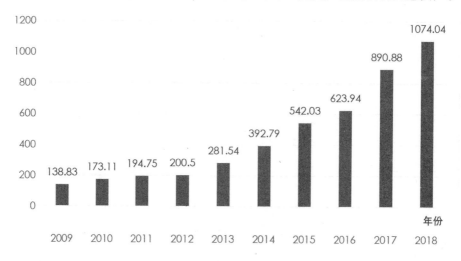

图 3-12　中国平安净利润增长图

中国平安的盈利能力是有目共睹的,成立 30 年来盈利能力持续增强,由成立之初的 1988 年营业收入 0.0418 亿元、利润 0.019 亿元,到 2006 年营业收入 1079.19 亿元、利润 73.42 亿元。自 2007 年 3 月 1 日上市以来,由 2007 年的营业收入 1652.63 亿元、净利润 150.86 亿元,增加到 2018 的营业收入 9768.32 亿元、净利润 1074.04 亿元,净利润年复合收益率达到 71.52%。"历史是一面镜子,历史是一部教科书。"从平安成立后的几十年盈利情况来看,平安的未来盈利持续增长应该是确定性的。

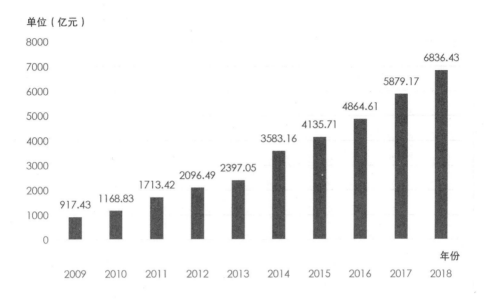

单位（亿元）

图 3-13　中国平安股东权益增长图

中国平安的管理团队是非常优秀的,股东权益从 2009 年的 917.43 亿元增长到 2018 年的 6836.43 亿元,增长了 7.45 倍,年化增长率为 22.2%。这 10 年间给股东带来的丰厚回报远远超过了国债收益和通货膨胀。

投资规则:长寿皆国宝　消费与垄断

保险具有悠久的历史,从萌芽时期的人类面对自然灾害和意外事故侵袭的互助共济形式,逐渐发展成为保险借贷,发展到海上保险合约、火灾保险、人寿保险和其他保险,并慢慢演变发展成为现代意义上的保险。

保险源于海上运输的需要。早在公元前 2000 年,地中海一带就有频繁的海上贸易活动,为了使航海运输中船舶免遭大风大浪造成的倾覆,为了减轻船舶的载重量,运输的船舶无奈地抛弃船上的货物,而因抛弃货物造成的损失,从其他收益方获得补偿,当时的航海商,就提出一条共同遵循的分摊海上不测事故所致损失的原则:"一人为众,众人为一。"

公元前 916 年在《罗地安海商法》中正式规定:"为了全体利益,减轻船只载重而抛弃船上货物,其损失由全体受益方来分摊。"该原则最早体现了海上保险的分摊损失、互助共济的要求,因而被视为海上保险的萌芽。

最早的保险单，是热那亚商人勒克维伦于 1347 年 10 月 23 日开列的承担"圣克维拉"号船从热那亚至马乔卡的航程保险单。

1384 年，在佛罗伦萨诞生了世界上第一份具有现代意义的保险单。这张保单承保一批货物从法国南部阿尔兹安全运抵意大利的比萨。在这张保单中有明确的保险标的，明确的保险责任，如"海难事故，其中包括船舶破损、搁浅、火灾或沉没造成的损失或伤害事故"。在其他责任方面，也列明了"海盗、抛弃、捕捉、报复、突袭"等所带来的船舶及货物的损失。

16 世纪，英国商人从外国商人手里夺回了海外贸易权，积极发展贸易及保险业务。到 16 世纪下半叶，经英国女王特许在伦敦皇家交易所内建立了保险商会，专门办理保险单的登记事宜。1720 年，经女王批准，英国的"皇家交易"和"伦敦"两家保险公司正式成为经营海上保险的专业公司。1871 年在英国成立的劳合社，是爱德华·劳埃德先生在伦敦塔街附近开设的咖啡馆演变发展而成的。1676 年成立的汉堡火灾保险社是最早的专营保险组织。

18 世纪后，保险业迅速发展，保险种类增加，到了 19 世纪保险进入现代时期，保险对象和范围不仅包括传统的财产损失和人身伤亡，而且扩展到生产保险、责任保险、信用保险和再保险等业务。

最早在中国出现的保险机构，是英国商人于 1805 年在广州开设的广州保险公司。最早的中国民族资本的保险公司是 1885 年由招商局设立的仁和、济和两家保险公司。中国人自办的第一家人寿保险公司是曾经当过大总统的黎元洪开办的华安合群保寿有限公司。

新中国第一家保险公司为中国人民保险公司，成立于 1949 年 10 月 20 日，在北京成立，它标志着中国保险事业掀开了新的一页。后其几经更名，股份制改革，分为财险与寿险：中国人民财产保险股份有限公司（PICCP&C）和中国人寿保险（集团）公司。

如今，保险公司已与银行一样重要，已经成为人们生活中不可或缺的一部分。其中，人寿保险为人们的生命安全提供了确切保障，从这个意义上说，保险公司比银行更重要。

中国平安具有 30 年持续盈利史，中国平安作为综合金融的一面旗帜，在面对复杂竞争环境下能够脱颖而出，无疑成为人们心目中的长寿国宝。改革开放

40多年后的今天,随着中产阶级崛起促进的消费升级,老龄化的加剧抬升对健康、养老的关注,随着中国平安投资效率、投资收益率与市场占有率的进一步提高,中国平安财险与寿险持续发力,健康险和养老险表现惊人。科技和生态圈的助力,会不断加强中国平安的行业竞争力,中国平安将迎来更加广阔的明天。

投资规则:人取时我弃 人弃时我予

2006年开始的牛市中,中国平安一路上涨,到2007年10月24日,最高价到了149.28元,结果,疯狂抢着买入的股民损失惨重。按照当时的盈利能力,2006年每股收益1.19元,中国平安静态市盈率达到100多倍。随着世界金融危机的爆发,大盘疯狂下跌,不明真相的散户,不管盈亏恐慌,疯狂抛售中国平安,到2008年10月28日每股最低价跌到19.90元,跌幅达87%。按2007年每股盈利2.11元计算,静态市盈率不到10倍。在中国平安10倍左右市盈率时,不明真相的散户抛售时,恰恰是买进价值投资者的好时机,此区间买入的价值投资者获利颇丰。这就是"人取时我弃,人弃时我予"。

2018年,美国单方面挑起了中美贸易战,我国股市再次恐慌性下跌26.28%,不明真相的散户再次恐慌,疯狂抛售股票,中国平安由2018年1月23日的最高价81.28元跌到2018年7月3日的54.33元,跌幅达33.16%。而此时中国平安的盈利却在不断上升,利润在不断增加,按2017年每股收益4.99元计算,静态市盈率10.89倍,动态市盈率更低,价值投资者是不是应该在不明真相的散户恐慌抛售时,买进具有持续盈利能力的中国平安呢?

投资规则:看看能力圈 综合来评估

我总是在思考中国平安的盈利模式,中国平安不用像制造型行业那样,需要投入巨大的资金建设厂房车间,买进各种机器设备。中国平安只需要买入或者租赁一个营业场所部作为营业部,办公人员就可以办公营业了。作为一个轻资产持续盈利能力强的企业,这是一般企业很难比肩的,且其具有几十年的持续盈利史,是具有特殊经营权的轻资产行业,且有管理能力强的企业领导管理,这种企业太稀缺了太珍贵了。现在随着人们物质文化生活的提高,入保险的人越来越多,入车险的也不断增加,具有卓越管理团队的中国平安保险的市场占有率更大,它持续盈利的确定性更高。

根据综合评估模型,对中国平安做如下评估:

表 3-3 中国平安综合评估模型表

中国平安综合评估模型				
评估指标	指标实施细则	评估分值	指标值	评估结果
市盈率	小于等于 8 倍	2 分		
	大于 8 倍小于 15 倍	1.5 分	9.3 倍	1.5 分
	大于 15 倍小于 23 倍	1 分		
	大于 23 倍小于 30 倍	0.5 分		
	大于 30 倍	0 分		
市净率	小于等于 1	2 分		
	大于 1 倍小于 4 倍	1.5 分	1.84 倍	1.5 分
	大于 4 倍小于 7 倍	1 分		
	大于 7 倍小于 9 倍	0.5 分		
	大于 9 倍	0 分		
净资产收益率	连续 10 年≥20%	2 分		
	连续 10 年≥15%	1.5 分	17.60%	1.5 分
	连续 10 年≥10%	1 分		
	连续 3 年≥10%	0.5 分		
	连续 3 年≥5%	0.25		
	小于 5%	0 分		
负债率	连续 3 年≤30%	1 分		
	连续 3 年大于 30% 小于 50%	0.5 分		
	大于 50%	0 分	90%	0 分
毛利率	连续 5 年≥30%	1 分	65.99%	1 分
	连续 5 年≤30%	0.5 分		
	连续 5 年≤10%	0 分		

中国平安综合评估模型				
评估指标	指标实施细则	评估分值	指标值	评估结果
经营现金流量净额	经营现金流量净额较上年度增加≥10％	1.5 分	41％	1.5 分
	经营现金流量净额较上年度增加＜10％	0 分		
股东权益增长	连续 3 年增长≥5％	1 分	22％	1 分
	连续 5 年增长≥5％	0.5 分		
	增长率＜5％	0 分		
长寿国宝	知名品牌，生命力强，同行难入侵	0.5 分		0.5 分
稀缺垄断	产品供不应求，市场占有率不断提高	0.5 分		0.5 分
消费、医药（轻资产）	食品饮料，行业壁垒强，护城河宽，一次投资永久获得的赚钱机器	0.5 分		0.5 分
得分合计				9.5 分

注：本评估系统满分 12 分，按"严重低估、低估、合理、不关注"四个评分等级进行评估。8 分以下不关注，得分大于 8 分小于 9 分评估为"合理"；得分大于 9 分小于 10.5 分评估为"低估"；得分大于 10.5 分到 12 分评估为"严重低估"；

　　根据综合评估模型，中国平安综合得分 9.5 分，考虑的保险行业的特殊性，保险公司的负债相当大的一部分是保险浮存金，也就是客户交的保费，保费收入是几乎不用支付利息未来才需要偿还的资金，且这部分资金可以再投资产生利润，浮存金是一笔宝贵的可以投资产生盈利的无息资产。预收的保费收入或未支付的保费都不应算做真正意义上的外债，因此在负债率上可以得 1 分，综合得分给予 10.5 分，根据综合评估标准，中国平安是低估的。

结论：中国平安是具有特许经营权的综合类金融服务集团，是中国保险业拥有霸主地位的龙头标杆型企业，具有卓越优秀的管理团队，30 年的持续盈利史与长久的竞争优势，企业持续盈利能力强，未来发展前景广阔，中国平安的品牌知名度高，客户黏性强，企业护城河宽广，同行很难入侵，且平安就在我们身边，我们能够了解到中国平安的盈利模式，属于轻资产的赚钱机器，我们给中国平安的定位是中国的伯克希尔·哈撒韦。如果巴菲特在中国，是不是也会喜欢上平安这部"赚钱的机器"呢？

中国最古老的股份制银行

——招商银行

招商银行是中国最早的股份制银行,是我国第一家完全由企业法人持股的股份制商业银行,总部设于深圳市福田区,成立于 1987 年 4 月 8 日,由驻港央企招商局集团有限公司创办。

2002 年 4 月 9 日,招商银行 A 股在上海证券交易所挂牌上市,证券名称为招商银行,证券代码为 600036。2006 年 9 月 8 日,招商银行开始在香港公开招股,发行 22 亿股,H 股集资 200 亿港元,并在 9 月 22 日于港交所上市,截至 2017 年上半年,招商银行境内分支机构逾 1800 家,在中国大陆 130 个城市设有服务网点,拥有 5 家境外分行和 3 家境外代表处。

谈到招商银行,我们不得不谈作为实际控制人的招商局集团——招商局集团(简称招商局),它是国家驻港大型企业集团,经营总部设于香港,业务主要分布于香港、内地、东南亚等极具活力和具有潜力的新兴市场,它标志着中国近代公司制企业的出现。

招商局集团具有悠久的历史,是中国民族工商业的先驱。

晚清时期,中国国力孱弱,经济、科技、教育等全方位落后于西方国家,西方国家趁机大肆入侵中国,清政府屡战屡败,每一次失败都伴随着无数财富的赔款,大量的珍宝被列强掠夺,直接导致中国的发展缓慢,中国百年国耻与此有莫大的关联。

在中华民族危亡的关键时刻,许多有识之士开始探索强国富民之路,希望可以扶大厦于将倾,挽狂澜于既倒。以李鸿章为首的洋务派大臣就是其中的主要代表人物。

洋务运动期间,北洋大臣、直隶总督李鸿章上书清政府主张设立"轮船招商局"。1872 年,清廷同治皇帝批准李鸿章的奏折,12 月 26 日成立"轮船招商局"。

李鸿章曾经开办的企业，至今仍然保留下来，因为他开展洋务运动，从西方国家引进了大量的先进技术，建立了大量的实业集团，促进了中国的社会进步，而轮船招商局有着北洋大臣李鸿章这位"一人之下，万人之上"的保驾护航，很快就遍布了很多大城市，发展极其迅猛。轮船招商局的成立，打破了外国人对中国航运的垄断。

1873年1月19日，招商局从英国购置"伊敦"号货轮由上海装货首航香港，从此打通了中国沿海南北航线。8月初，"伊敦"轮首航日本的神户、长崎。这是中国商轮第一次在国际航线上航行。

1875年11月初发起组建保险招商局，是为中国人自办保险业之始。

1879年10月19日，"和众"轮首航檀香山，载客400余人，次年开航北美，7月30日到达美国西海岸城市旧金山，成为中国航海史上的一大壮举。

作为民族工商业的先驱与摇篮，招商局创造了多项中国第一。

创设仁和保险公司，投资中国近代最早的大型煤矿开采企业——开平矿务局，上海开始试办中国近代第一家保税仓栈，投资创设中国近代第一家机器纺织企业——上海机器织布局，投资创设中国近代第一家银行——中国通商银行。同年投资创设南洋公学（现上海交通大学前身）、汉阳铁厂、大冶铁矿、萍乡煤矿。后三者合组为汉冶萍厂矿公司，这是中国近代第一家钢铁煤炭联合企业。

在抗日战争中，招商局做出了巨大的牺牲，为抗日战争的最后胜利做出了巨大的贡献。

1946年2月1日，招商局与中国石油有限公司合资组建中国油轮有限公司，在上海正式成立，招商局投资占40％，该公司专门从事石油产品运输。

1949年5月27日，人民解放军解放上海，上海市军管会接管招商局，招商局从此回到人民手中。1950年1月15日，香港招商局全体员工和留港的13艘海轮共600余人正式宣告起义后返回祖国。

招商局作为中国最早的航运企业，也是中国洋务运动硕果仅存的产物，历经近150年的风霜雨雪与战争的洗礼，有着厚重根基的招商局始终保留了下来。

回溯招行历史,招商银行发展壮大与我国改革开放进程是密不可分的。20世纪80年代中期,招商银行以一张"允许试办"的批复,投入了历史的滚滚洪流;以一家名不见经传、偏居蛇口一隅的小银行,深度参与了中国金融体制变革;以敢为天下先的服务意识和创新精神,为中国贡献了一家真正意义的商业银行,最终发展成为中国银行业一面具有鲜明个性特色的旗帜。

在招商银行成立初期,发起人也是当时的实际控制人招商集团领导袁庚就提出"为中国贡献一家真正的商业银行"。招商银行在成立始初,就完全按照股份制商业银行的模式来经营和运行,创始股东招商局集团不单独持股,引入六家企业和单位作为股东,为国内第一家完全由企业法人持股的股份制商业银行。

继承了"蛇口基因"的招行,以"促进中国民族经济发展和探索中国金融改革道路为己任",以强烈的创新意识和灵活的市场机制,敢于突破,勇于拓荒,以开拓者的精神"杀出一条血路"。招商银行在国内率先推出了"一卡通",走出了走向招商银行零售业务领先的第一步。一卡通和一网通的横空出世,展示了招行的创新基因,一举奠定了招行在科技创新领域的优势地位。

招商银行不断向时代发展的最前沿靠拢,寻找新机遇,勇立时代潮头。随着中国经济的高速发展,招商银行已经从区域性银行,发展成为全国性的大型商业银行。

投资规则:对招商银行的了解

我对招商银行的了解源于与表姐一起去招商银行存款,一进大堂,彬彬有礼的银行服务人员走上前来,第一句话:"先生你好,你们需要办理什么业务?"服务人员把表姐带到指定的窗口,让我在大堂座位上等待,又热情地给我倒上一杯开水。我接过杯子,心里顿感暖洋洋的,心想,这样热情周到的服务,这在其他银行是享受不到的,招商银行热情的服务一定会感动很多客户到招商银行存款。由于我不久就离开了太原,但心里总惦记着招商银行,时常问我表姐,招商银行的服务是不是还那样热情周到。表姐说:"是的,招商银行的服务仍然很好,客户也多了许多,在招商银行存取款有一种亲切感,心里踏实舒服。"

2006—2007年牛市招商银行的靓丽表现,使我开始关注招商银行经营业绩和利润增长情况。招商银行从 1999 年的净利润 4.82 亿元,增加到 2006 年的净利润 67.94 亿元,2007 年年底净利润达 124.36 亿元,净利润增长幅度达到惊人的 124.36％,这使我初步了解到招商银行是一个真正会赚钱能挣钱的公司。

投资规则:一票定乾坤　看看市盈率

招商银行总股本 252.20 亿股,2018 年 12 月 28 日,招商银行收盘价 25.29 元,对应招商银行总市值 6378 亿元,对应的市盈率 8.07 倍。

投资招商银行与一年期定期存款利息比较,一年期定期存款法定利率 1.5％。由于各银行间市场竞争,为吸引更多的存款客户,存款利率都进行了不同幅度的上调,我们仍然取多数银行存款的中位数年利率 2.5％,这样计算一年期定期存款的市盈率就是 40 倍,而持续盈利稳定的招商银行市盈率 8.07 倍,远远低于 40 倍市盈率一年期定期存款。另外,招商银行 2018 年每股分红 0.94 元,如果现价买入招商银行,2019 年不考虑盈利增长,每股仍然分红 0.94 元,对应现在股价 25.59 元股息率达 3.7％左右,大于各银行间一年期定期存款利息。这就告诉我们,按 25.59 元投资招商银行长期收益不但超过一年期定期存款利息,而且股利分红就会超越一年期定期存款利息。

投资招商银行与五年期国债投资收益比较:五年期无风险国债利率 4.42％,对应市盈率是 22.62 倍,不考虑 2019 年招商银行的盈利增长,招商银行市盈率 8.07 倍,与五年期定期存款比较,投资招商银行成本收回时间与性价比明显优于投资五年期国债。

招商银行自成立以来,除 2008 年金融危机使 2009 年盈利出现负增长外,其余年份净利润持续增长,由上市之初的 2002 年净利润 17.34 亿元,增加到 2018 年净利润 805.60 亿元,近 10 年招商银行净利润与增长如图 3-14 所示:

如图 3-14 所示,2008—2018 年加权平均增长率 17.78％。我们保守起见,留足安全边际,给招商银行未来平均增长率 10％,招商银行未来 6.3 年左右创造的净利润合计就可以到达现在的总市值 6378 亿元,这就是说,招商银行的真实市盈率是 6.3 倍左右。招商银行作为我国的第五大行,且是我国第一家股份

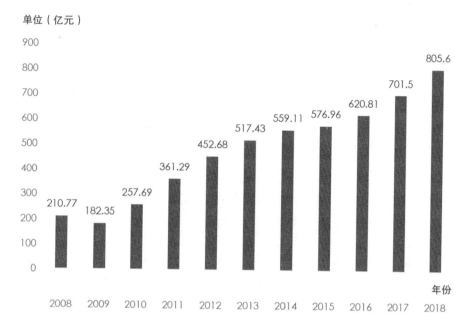

图 3-14 招商银行近 10 年净利润增长图

制商业银行,它作为国家重器具有特许经营权,持续盈利能力强,具有良好的客户基础,其他股份制银行很难逾越,这样的企业就是"赚钱的机器",与这样的国宝型优质企业共成长,获取企业成长带来的持续盈利增长,心里踏实。如果巴菲特在中国,我想他同样会喜欢招商银行。

投资规则:再看市净率 资产辨分明

2018 年 12 月 28 日,招商银行收盘价 25.29 元,三季报显示每股净资产 19.49 元,对应市净率是 1.3 倍。我们分析了招商银行近 10 年来股东权益变化,由 2008 年的股东权益 797.81 亿元增长到 2018 年的5436.06亿元,股东权益增长 6.81 倍,这再次告诉我们,招商银行就是在金融危机的 2008 年与盈利的股东权益是增长的,招商银行除每年利润部分分红外,留存的利润又再次给股东创造了新的利润。10 年 6.8 倍的股东权益增长,远远超过同期日常生活用品物价的涨幅,甚至超过了二三线城市的房价涨幅,这就是说,用合理的价格买入招商银行,长期投资,是一笔能带来净资产持续增长的投资,是一笔能持续为你创造财富的投资。招商银行 2008 年至 2018 年股东权益变化图,如图 3-15。

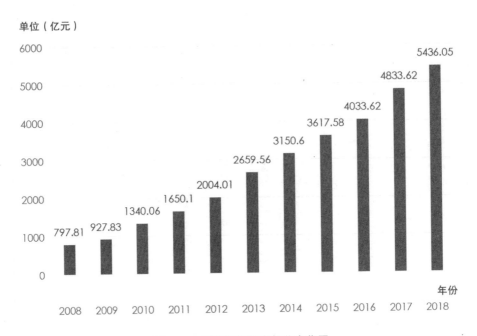

图 3-15 招商银行股东权益变化图

现在招商银行股价对应 1.25 倍的市净率,我们是否应该进行投资呢?"历史是一面镜子,历史是一本教科书",我们参照具有几十年成功投资史的股神巴菲特的投资逻辑进行对比分析,巴菲特 1990 年投资富国银行时市净率 1.1 倍,1991年投资 MAT 银行时市净率 1 倍,2006 年投资合众银行时市净率 2.9 倍,他投资的这三家银行都获得了很好的收益。像招商银行具有悠久历史又有特许经营权的,持续盈利能力强,在众多上市银行中资产质量、客户认同度,独占鳌头的优质银行与巴菲特投资的三家银行平均市净率比,具有比较优势,对于 1.25 倍市净率的招商银行,巴菲特如果在中国,是不是会说"棒球落到了好的击打位置"?

投资规则:资产收益率 持续很重要

招商银行近 10 年净资产收益率,如图 3-16。

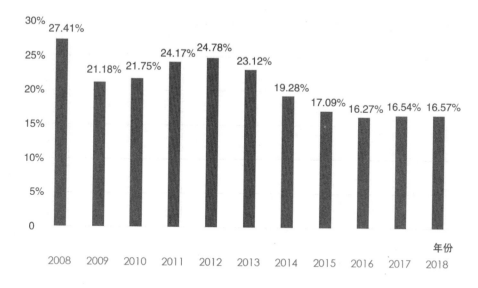

图 3-16 招商银行净资产收益率图

从图 3-16 可以看出,招商银行 2008—2018 年净资产收益率都在 15% 以上,近 10 年平均净资产收益率达到 20.07%,这样持续高的净资产收益率在上市数十家银行中是绝无仅有、鹤立鸡群的。

巴菲特认为,净资产收益率是衡量企业长期业绩的最佳指标,他说:"我宁愿要一家资本规模只有 1000 万美元而净资产收益率为 15% 的小公司,也不愿要一个资本规模高达 1 亿美元而净资产收益率只有 5% 的大公司。"可见巴菲特喜欢的公司是净资产收益持续保持在 15% 及其以上的公司,招商银行自上市以来,净资产收益率持续保持在 15% 以上,符合巴菲特的投资标准,这样具有行业领先优势的公司,巴菲特如果在中国,也许同样会喜欢上。

投资规则:无债一身轻 盈利是王道

招商银行上市之初,2002 年负债率是 95.69%,2018 年负债率是 91.57%,这说明招商银行的负债率在小幅减少,自有资金在慢慢增多。但招商银行的负债率总是在 90% 以上,由于银行业属于有特殊经营权的金融类公司,银行的负债都是客户存款,银行的盈利模式说白了就是低息吸收客户存款,然后高息贷款给用户,获得利息差价,赢得利润,客户的存款是银行基础,没有存款,银行就无法生存。所以,不能单纯以银行的负债率决定能不能投资,投资银行除关注前面谈的几个指标外,最主要的还应该关注存款是否增长,存款与贷款的息差,贷款能不能顺利收回,我们将在下面叙述这些。

对于银行来说,存款就是负债,存款的增加负债也在同步增长,但存款是银行盈利的前提与基础,存款的持续增加,说明了具有持续盈利的基础。招商银行自上市之初 2002 年存款总额的 3003.95 亿元,连续增加到 2017 存款总额 4.4万亿元,存款总额增长 14.66 倍。这证明招商银行有广泛的客户信誉度与群众基础。招商银行 2008—2018 年存款增长如图 3-17 所示。

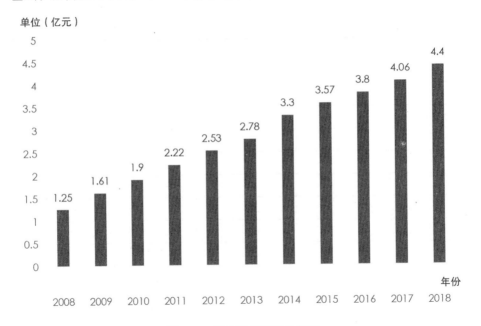

图 3-17　招商银行存款总额图

从图 3-17 可以看出,现在支付宝与微信支付的兴起并没有使招商银行存款减少,并不像人们说的"银行不行了,支付宝和微信将颠覆银行"。银行作为百业之母,银行业的安全稳定是政府的执政基础,假如银行业受到威胁,政府绝不会袖手旁观。招商银行存款总额自上市十几年来持续增长,这也说明招商银行的盈利基础没有动摇。

自 2008 年以来,招商银行每年都在为股东创造利润,除 2008 年全球经济危机后的 2009 年利润略有下降外,其他年份利润都有不同幅度的增长,招商银行的净利润由 2008 年的 210.77 亿元,增加到 2018 年的 805.6 亿元,10 年间利润增长

3.83 倍。招商银行的盈利情况如图 3-18 所示。

单位（亿元）

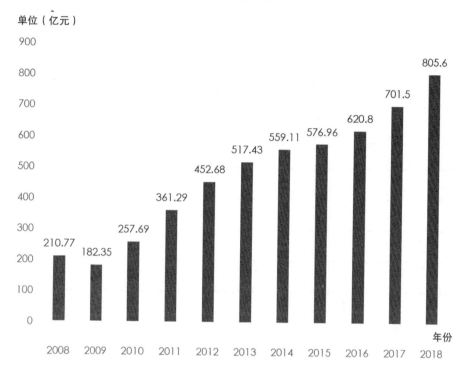

图 3-18　招商银行净利润增长图

从图 3-18 可以看出，招商银行是一个抗风险能力强、具有持续盈利能力的优质银行。像这样优质的银行，市场受到噪声的干扰，情绪极其不稳定，使股价不理智地下跌。这给价值投资者提供了比较理想的进场时机，作为价值投资者股神的巴菲特，如果在中国看到招商银行现在的股价，也许会欣喜若狂。

投资规则：不良贷款率　增减要明辨

因银行盈利是在一个高杠杆经营模式下获得的，银行的杠杆常常达到数倍于自有资金数量。银行的经营稍有不慎，就会遭受巨大的损失，把股东的权益蚕食殆尽。

对投资银行的投资者来说，一定要关注银行的不良贷款率。不良贷款率指金融机构不良贷款占总贷款余额的比重。

金融机构不良贷款率是评价金融机构信贷资产安全状况的重要指标之一。不良贷款率高，说明可能无法收回的贷款占总贷款的比例越大；不良贷款率低，说明金融机构不能收回贷款占总贷款的比例越少。

不良贷款率计算公式如下:不良贷款率=(次级类贷款+可疑类贷款+损失类贷款)/各项贷款×100%。

投资银行必须了解所投资的银行的不良贷款与不良贷款率,由于银行主要的收入来源是发放贷款的利息收入,贷款质量的高低严重影响着银行本金的安全。最近几年的高利贷,存款月息在20%左右。部分客户将钱存在小额贷款公司那里,小额贷款再40%左右发放给需要用钱的企业和个人,到最后的结局大多数是颗粒无归,本金全飞。因为你放款时看的是高额的利息,人家高利息用钱人看的是你的本金,本来就没有想还你的钱,也没有能力还你的钱。小额贷款公司倒闭后,又出现了网上的PTP公司,同样是一边高息吸收存款,一边以更高的利息放出,最后的结局同样颗粒无归,本金全飞。

由于银行发放的贷款利息低,大多数发放给信誉良好的企业,并且大多数贷款有抵押、质押或担保,绝大多数是能顺利收回本息的,但有少数或者个别的企业,由于经营不善或市场环境的原因致使其无法按时偿还贷款,这就形成无法偿还不良贷款。

不良贷款率的高低直接影响着银行的资产质量,招商银行近10年不良贷款率如图3-19所示。

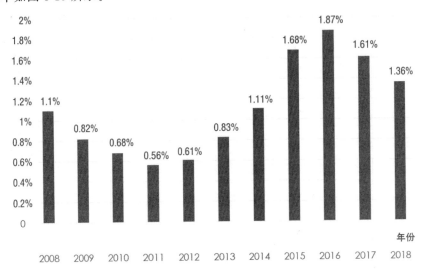

图 3-19　招商银行近 10 年不良贷款率图

从图 3-19 可以看出,招商银行无论是在全球金融危机的 2008 年,还是在 4 万亿宽松信贷的经济政策刺激下,都能牢牢把握信贷质量,控制不良贷款,把不良贷款率控制在可控的范围内。

投资规则:拨备覆盖率 利润调节器

拨备覆盖率(也称为"拨备充足率")是实际上银行贷款可能发生的呆、坏账准备金的使用比率。不良贷款拨备覆盖率是衡量商业银行贷款损失准备金计提是否充足的一个重要指标,这个指标考察的是银行财务是否稳健,风险是否可控。该项指标从宏观上反映银行贷款的风险程度及社会经济环境、诚信等方面的情况。依据《股份制商业银行风险评级体系(暂行)》,拨备覆盖率是实际计提贷款损失准备对不良贷款的比率,该比率最佳状态为 100%。

拨备覆盖率=(一般准备+专项准备+特种准备)/(次级类贷款+可疑类贷款+损失类贷款)×100%

不良贷款拨备率是衡量商业银行贷款损失准备金计提是否充足的一个重要指标。

2018 年 3 月 6 日,银监会下发《关于调整商业银行贷款损失准备监管要求的通知》。

为有效服务供给侧结构性改革,督促商业银行加大不良贷款处置力度,真实反映资产质量,腾出更多信贷资源提升服务实体经济能力,银监会要求按照"同质同类""一行一策"原则,拨备覆盖率监管要求由 150% 调整为 120%～150%,贷款拨备率监管要求由 2.5% 调整为 1.5%～2.5%。调整贷款拨备覆盖率后可以更真实地反映银行资产质量,提高了银行资产利用率,将更有利于银行经营业绩的提升。

我们分析近 10 年招商银行的不良贷款拨备覆盖率可以看出,招商银行拨备覆盖率均大于 150%,2011 年最高达到 400.13%,2015 年最低 178.95%,但也超过银监会的要求,这就是说招商银行可以根据不同的市场环境,调节不良贷款拨备覆盖率达到长期生存、持续盈利目的。招商银行 2008—2018 年不良贷款拨备覆盖率如图 3-20 所示。

从图 3-20 可以看出,招商银行 2018 年的不良贷款拨备覆盖率是358.18%,远远超过银监会的 120%～150% 的要求,招商银行 2017 年的不良贷款是

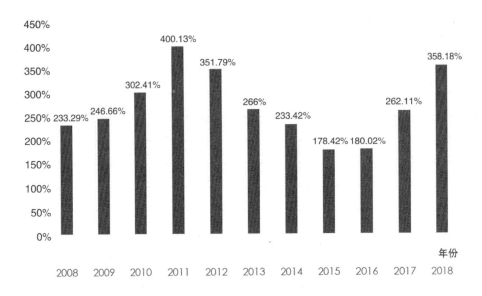

图 3-20　招商银行拨备覆盖率图

536.05亿元,如果招商银行把不良贷款率下调到158.18％,就释放出 1072 亿元的利润。这就是说招商银行通过不良拨备覆盖率来调整利润,从不断增长的拨备覆盖率可以看出,招商银行为应对各种无法预测的风险做好了充足的准备。我想,巴菲特会喜欢上招商银行这样高拨备覆盖率的公司,而不喜欢造假虚增利润的公司。

投资规则:看看能力圈　综合来评估

对银行的了解,应该用"模糊的正确好于精确的错误"这句话来概况,我们不可能知道银行的每一个经营环节。作为"百业之母""国之重器",具有悠久历史的招商银行,更是在银行业中鹤立鸡群,各项指标遥遥领先,风控能力强,贷款质量高,持续盈利能力强,无疑是一个国宝型的长寿企业。

我生长在一个不大的县城,10 年前,我们这里只有工商银行和农业银行两家银行,近几年我县新增了邮政储蓄银行、邯郸银行、建设银行、中国银行、张家口银行、村镇银行等,还有几家银行在筹备开业中。从我县不断增加的银行数量就能看出,银行业是一个能挣钱的行业。资本是趋利的,如果银行总是亏钱,就不会这么快的扩张。这也是我想到为什么证券公司不在下面县城设立营业部的原因,这就说明证券公司盈利模式没有银行盈利模式好,证券公司几乎是靠天吃饭,靠行情吃饭,证券公司的持续盈利能力明显不如银行。

招商银行自 2002 年 4 月 9 日上市,到 2018 年 12 月 28 日,上市 16 年给股东分红合计达到 1335.25 亿元,留存收益合计 3239.08 亿元,净利润合计达到 4574.33 亿元。市值由上市之初 2002 年 12 月 31 日的 464.53 亿元,增加到 2018 年 12 月 28 日的 6352.97 亿元,每 1 元留存收益创造了 1.96 元的市场价值,仅分红就是上市之初的总市值的 2.87 倍,净利润合计是上市之初 2002 年 12 月 31 日市值的 9.84 倍。从以上数据可以看出,招商银行是一家具有持续盈利能力的银行,用合理的价格买入招商银行无疑是一笔正确的投资。

根据银行综合评估模型,我们给招商银行作如下评估,见表 3-4。

表 3-4　招商银行估值评分模型表

招商银行估值评分模型				
评估指标	指标实施细则	评估分值	指标值	评估结果
市盈率	小于等于 8 倍	2 分		
	大于 8 倍小于 15 倍	1.5 分	8 倍	1.5 分
	大于 15 倍小于 22 倍	1 分		
	大于 23 倍小于 30 倍	0.5 分		
	大于 30 倍	0 分		
市净率	小于等于 1	2 分		
	大于 1 倍小于 3 倍	1.5 分	1.25 倍	1.5 分
	大于 4 倍小于 7 倍	1 分		
	大于 7 倍小于 9 倍	0.5 分		
	大于 9 倍	0 分		

招商银行估值评分模型				
评估指标	指标实施细则	评估分值	指标值	评估结果
净资产收益率	连续 10 年≥20％	2 分	20.06％	2 分
	连续 10 年≥15％	1.5 分		
	连续 10 年≥10％	1 分		
	连续 3 年≥5％	0.5 分		
	连续 3 年<5％	0 分		
吸收存款增减	存款增加>3％	1 分	8.30％	1 分
	吸收存款增加或减少±3％	0.5 分	0.06％	0.5 分
	存款减少 3％	0 分		
不良贷款率	不良贷款率减少 2％以上	1 分		
	不良贷款率增减 2％之间	0.5 分	0.06％	0.5 分
	不良贷款率增加 2％以上	0.25 分		
不良贷款拨备覆盖率	拨备覆盖率增加	1 分	358.18％	1 分
	拨备覆盖率减少	0 分		
股东权益增长	连续 5 年增长≥5％	1 分	15.38％	1 分
	连续 3 年增长≥5％	0.5 分		
	增长率<5％	0 分		
净利差	净利差增加	1 分	2.57％	1 分
	净利差减少	0 分		
净息差	净息差增加	1 分	2.44％	1 分
	净息差减少	0 分		
得分合计				11 分

注：本评估系统满分 12 分，按"严重低估、低估、合理、不关注"4 个评分等级进行评估。8 分以下不关注，得分大于 8 分小于 9 分评估为"合理"；得分大于 9 分小于 10.5 分评估为"低估"；得分大于 10.5 分小于 12 分评估为"严重低估"。

根据招商银行评估模型表 3-4 可以看出，招商银行的综合评分为 11 分，这无疑告诉我们，现在的价格是严重低估的，买入招商银行具有投资价值。

投资规则：人弃时我取　人取时我予

"人弃时我取，人取时我予"，也就是成语"人弃我取，人取我予"。它出自西汉司马迁《史记·货殖列传》，原指商人廉价收买滞销物品，待涨价卖出以获取厚利。古代的商人是这样，现在的商人同样是这样，因为商业的前提都是以盈利为目的，说白了就是"低买高卖"以获取差价，赢得利润。而到了股市，人们的情绪受到市场先生的干扰，不考虑企业的经营状况，变成了"追涨杀跌""高买低卖"，使亏损成为必然。

近来，由于国内外投资机构及其普通投资者担心我国的银行业因政府的管制会隐瞒大量的不良贷款，奇高的不良贷款率将压垮我国的整个金融体系，致使"百业之母""国之重器"银行股票价格大幅下跌。2018 年的中美贸易摩擦、宏观经济政策调整等因素的影响，致使人们对未来更加担忧，纷纷抛售银行股，具有优秀业绩与持续盈利能力的招商银行同样受到"冷遇"，股价长期萎靡不振。

2018 年 12 月有消息说："银监部门对部分银行进行了窗口指导，要求银行'适度控制'利润增速，让 2018 年的业绩增速'不要放太高'。在这种情况下，银行可行的路径与手段就是大幅提高不良贷款拨备，'隐藏利润'。"

对提拨备压低利润，还是少提拨备提高利润，对银行而言就是把挣到的钱放到左面口袋还是右面口袋的事情，盈利不会消失，并不影响银行的内在投资价值，可是证券市场的市场先生把这个消息作为利空，以优质银行招商银行为代表的银行股恐慌下跌，短短几个交易日跌幅达 10％以上。

这使我们想起成语"朝三暮四"的故事：

战国时候，宋国有个老人，很喜欢猴子，养了一大群猴子，大家都称他为狙公。

狙公能理解猴子的心理，猴子也懂得主人的话，相处得十分融洽。

猴子每天要吃上好多粮食，狙公宁愿省下家里的口粮，也要满足猴子的要求。

没有多久，家里的粮食不够吃了。狙公想减少猴子的用粮，似又怕猴子们不听话，就先骗它们说："以后给你们吃橡栗，早上三颗，晚上四颗，够吃了吗？"

猴子们听说要减少粮食，都恼怒地乱蹦乱跳。

隔了一会，狙公又改口说："以后给你们吃橡栗，早上四颗，晚上三颗，这样，该够吃了吧！"

猴子们一听，早上加了一颗，都高兴得伏在地上，表示满意。

这个故事说明，无论是早上三个晚上四个，还是早上四个晚上三个橡栗，总数七个是不会变的，猴子每天吃的还是七个。现在因为"适度控制"利润，提高拨备，银行创造的总盈利不会减少，只是本应放进净利润口袋的钱放进了拨备覆盖率的口袋，于是市场先生就变成了朝三暮四的猴子，情绪大乱，致使招商银行等银行股短期大跌。

巴菲特在金融危机的2008年年底的《纽约时报》发表的文章说："我开始购买美国的股票，因为我奉行一条简单的信条——即他人贪婪时我恐惧，他人恐惧时我贪婪。"

现在人们对于我国银行股的恐惧还在蔓延，但有一点是确定的，现代银行业诞生距今已有300多年，很多行业已经沧海桑田，面目全非，但银行业的主要业务和商业模式，历经沧桑并没有太多的变化，经济只要在发展，产业就永远需要资金，资金的所有者也总需要管理和安放自己积累的财富，这就为银行业永久生存提供了广阔的空间。

我国的银行业以国家信用为担保，保证了资金拥有着存款的安全，同时也保证了银行吸收存款的低成本，银行业具有其他所有行业都没有的优势，如果我国的大型银行遭遇到了流动性危机，几乎可以肯定的是，国家一定可以从央行手中拿到低于市场利率的资金，来保证大型银行的流动性，这是任何行业都无法享受到的优势与特权。另外，银行业还具有天然的进入壁垒，具有特殊经营权，有证监会银监会的监管，这保证了产业内部不会演化成恶性竞争。

而现在具有特殊经营权、护城河宽广、持续盈利能力强、不良贷款率低的优质银行招商银行在价格被人严重低估而抛出时，我们是不是应该"人弃时我取"呢？

综上所述,招商银行作为银行业的佼佼者,具有市盈率低、市净率低、净资产收益率高、持续盈利能力强、资产质量高、不良贷款与不良贷款率低、拨备覆盖率高、轻资产等优点,而且具有良好的信誉基础,拥有自己独特的竞争优势,具有特殊经营权与金融行业壁垒,护城河宽,银行业作为百业之母,有央行和银监会来帮我们免费监督与看管,不会出现财务造假。

资金的长期稀缺属性,形成了银行长寿的基因,具有优秀管理能力和创新能力的招商银行能够在众多银行中名列前茅,已经成为长寿的国宝型银行。我们认为招商银行是个值得关注的"赚钱机器"。你说巴菲特如果在中国,会不会青睐招商银行呢?

中国的五粮液，世界的五粮液

四川省宜宾五粮液股份有限公司以五粮液及其系列酒的生产、销售为主要产业，同时生产精密塑胶制品、大中小高精尖注射和冲压模具等，经营现代制造产业以及生物工程、药业工业、印刷业、电子器件产业、物流运输和相关服务业，是一家具有深厚企业文化的现代化企业集团，公司的核心产品是五粮液酒，五粮液酒有"中国酒王"之称。

宜宾五粮液股份有限公司办公地址位于四川省宜宾市翠屏区岷江西路150号，1998年4月27日在深圳A股上市，代码为000858。

蜚声中外的五粮液酒，具有悠久的历史文化。其前身是"荔枝绿"御用"杂粮酒"，在中国浓香型酒中独树一帜，为四川省的六朵金花之一。它以"香气悠久、滋味醇厚、进口甘美、入喉净爽、各味谐调、恰到好处"的风格享誉世界。它由晚清举人杨惠泉命名，而此前，它被老百姓叫作"杂粮酒"，在文人雅士中被称为"姚子雪曲"。

投资五粮液，人们会不由地想起五粮液的传人邓子均。邓子均，名举安，1876年生于南溪县仙临镇一个贫苦农民家庭，早年父母双亡，16岁时，邓子均变卖家产离开家乡，来到叙府一家叫"大吉祥"的杂货店打工。1896年，20岁的邓子均拜"温德丰"店主赵铭盛为师，正式涉足酒业，从此与五粮液结下了不解之缘。

很久以前，创办于明初的"温德丰"烤酒名师陈三，凭借家传酿酒经验，酿出醇厚甘美的"杂粮酒"，并总结出具有传奇色彩的"陈氏秘方"。陈氏家族为了防止秘方泄露，曾立下规矩：配方传男不传女，只在族内传承。但作为陈氏第六代传人的陈三，却因后继无人而将秘方传给了爱徒赵氏。赵氏后人中最有出息的当属赵铭盛，他在民国初年被宜宾酿酒界公推为各酒作坊酿造总技师，也是"陈氏秘方"的光大者，在他的经营下，"温德丰"更是声名远扬。最后，赵铭盛也因膝下无子而将秘方传给了门下一位技艺精湛的酿酒工,这位酿酒工就是邓子均。①

五粮液酒名称的由来,源于 1909 年,宜宾众多社会名流、文人墨客汇聚一堂。席间,"杂粮酒"一开,顿时满屋喷香,令人陶醉。这时,晚清举人杨惠泉忽然间问道:"这酒叫什么名字?""杂粮酒。"邓子均回答。"为何取此名?"杨惠泉又问。"因为它是由大米、糯米、小麦、玉米、高粱五种粮食之精华酿造的。"邓子均说。"如此佳酿,名为杂粮酒,似嫌似俗。此酒既然集五粮之精华而成玉液,何不更名为五粮液?"杨惠泉胸有成竹地说。"好,这个名字取得好。"众人纷纷拍案叫绝,五粮液就此诞生。

五粮液股份有限公司的前身是在长发升、利川永、张万和、钟三和、刘鼎兴、万利源长、听月楼、全恒昌等 8 家酿酒作坊组成的宜宾市大曲酒酿造工业联营社的基础上,于 1952 年联合组建的川南行署区专卖事业公司宜宾专区专卖事业处国营二十四酒厂;1959 年更名为四川省地方国营宜宾五粮液酒厂;1964 年,正式更名为四川省宜宾五粮液酒厂;1998 年,改制为四川省宜宾五粮液集团有限公司。

五粮液酒是在传统工艺的基础上,大胆创新形成的一整套独特酿造工艺酿造而成的,具有"香气悠久、滋味醇厚、进口甘美、入喉净爽、各味谐调、恰到好处"的独特风格,它还兼备"荔枝绿""清而不薄,厚而不蚀,甘而不哕,辛而不螫"的优点,在大曲酒中以酒味全面而著称。

五粮液酒厂所在地宜宾,属南亚热带到暖湿带的立体气候,山水交错,昼夜温差小,湿度大,土壤肥沃,特别适合糯、稻、玉米、小麦、高粱等作物的生长。宜宾紫色土上种植的高粱,属糯高粱种,所含淀粉大多为支链淀粉,是五粮液独有的酿酒原料。而五粮液筑窖和喷窖用的弱酸性黄黏土,黏性强,富含磷、铁、镍、钴等多种矿物质,尤其是镍、钴这两种矿物质只有五粮液培养泥中才有微弱量。五粮液的生产需要 150 多种空气和土壤中的微生物参与发酵,如果没有这些环境,其酒醇味就没有这么全面,独特的自然生态环境与独有的明代老窖池非常有利于酿酒中微生物的生存与发酵。自然的天成给予了五粮液独一无二的天时地利之美,这使得五粮液更具独特性。

---

① 摘自于五粮液官方网站邓子均大义献方(www.wuliangye.com.cn)。

建厂于新中国成立之初的五粮液股份有限公司,不断发展壮大,经过五次扩建,公司拥有全国最大的窖房和世界最大的酿酒车间,最先进的全自动包装生产线,先进的质量分析检测仪器。公司生产能力已达45万吨,成为世界最大的酿酒生产基地,现已经形成占地7万公里的"十里酒城",成为千年"酒都"宜宾的象征。

蕴涵着厚重中国传统文化的五粮液酒,品质卓越,长期稳定,受到了国人的厚爱,销售量持续增长在浓香型白酒中独占鳌头,成为中华民族酒文化的典型代表。

具有悠久历史文化的五粮液酒,具有不可替代的重要属性,无论是现在还是将来,五粮液在人们心中的地位都很难撼动,已经成为人们心目中高贵名酒的代名词。五粮液酒独有的自然环境优势与规模优势形成的既宽又深的护城河是其他浓香型白酒无法逾越的。随着改革开放的进一步深入,已经富裕起来的中国人在招待重要客人时都会拿出好酒招待,五粮液酒具有高贵名酒的身份,在人们心中有重要的地位,成为招待尊贵客人不可或缺的尊贵酒。

投资规则:先看市盈率　一票定乾坤

五粮液总股本38.82亿股,2018年12月28日,五粮液收盘价50.88元,对应五粮液股份总市值1975.16亿元,2018年五粮液净利润133.84亿元,对应市盈率14.66倍。我们分析,随着人们物质文化生活的不断提高,富裕起来的人们喜欢喝名酒和好酒以彰显自己的身份,作为中国名酒的重要象征,五粮液酒会受到越来越多的人的青睐,五粮液的盈利能力同样会随着消费能力的不断提高而提高。如果五粮液未来的年净利润持续稳定增长在15%,那么五粮液的真实市盈率就在10.3倍左右。

投资五粮液与一年期定期存款利息比较:一年期定期存款法定利率1.5%,由于各银行间市场竞争,为吸引更多的存款客户,存款利率都进行了不同幅度的上调,我们仍然取多数银行存款的中位数年利率2.5%,这样计算,一年期定期存款的市盈率就是40倍,而五粮液的市盈率才14.66倍,都远远低于40倍市盈率一年期定期存款。这就是说投资五粮液要优于一年期定期存款。

投资五粮液股份与五年期国债投资收益比较,五年期无风险国债利率4.42%,对应市盈率是22.62倍,而五粮液的市盈率才14.66倍,与五年期定期存款比较,投资五粮液股份成本收回时间与性价比略优于投资五年期国债。

五粮液股份市盈率与一年期定期存款和五年期国债市盈率及其收益比较分析,可以发现现在五粮液股份的股价合理但不低估,至于现在投资与否,我们引用巴菲特在1979年致股东的信中所述,巴菲特明确提出了那句出自查理·芒格的重要投资思想:"我们在生意运营和股票投资上的双重经历让我们得出如下结论:所谓有'转机'的公司最后鲜有成功的案例;以低廉的价格购买一家正在惨淡经营的企业,不如以合理的价格购买一家优异的企业,因为后者更能发挥管理人的才干。"芒格这次解决方案的核心就是"长期来看,以不是贵得离谱的价格买入优秀的公司远远胜过以半价买入普通公司"。请投资者三思,作为国宝的五粮液该不该现在用合理的价格买入呢?

投资规则:再看市净率　资产辨分明

五粮液股份2018年12月28日收盘价50.88元,每股净资产16.36元,对应的市净率是3.11倍,这就是说实际每股净资产16.36元的五粮液,在以每股50.88元卖给投资者,高出34.52元是溢价,而这样的价格合理吗?

作为国宝名牌白酒具有广泛客户认知度与强大的客户黏性的五粮液按净资产卖给投资者,显然是不现实的,持续盈利的五粮液老股东,无论如何也不会做出这样的傻事,因为五粮液酒与贵州茅台酒一样无疑就是赚钱的机器。

对于像五粮液股份有限公司这样优质的企业,现在价格投资还是不投资,同样根据巴菲特投资可口可乐公司时5倍市净率比较分析相应部分内容进行分析,这里不再赘述。

投资规则:资产收益率　持续很重要

10年来,五粮液净资产收益率除2015年低于15%以外,其他年份均超过巴菲特喜欢的净资产收益率不低于15%的标准,五粮液近10年平均净资产收益率达22.42%,远远超过巴菲特的标准。

五粮液近10年净资产收益率如图3-21所示。

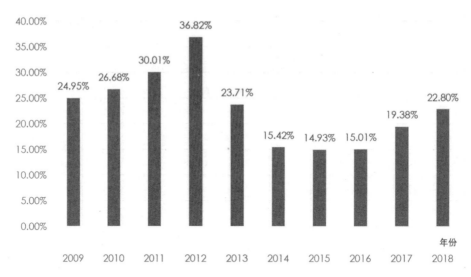

图 3-21　五粮液净资产收益率图

投资规则:无债一身轻　盈利是王道

五粮液具有较强的持续盈利能力,股东权益由 2009 年的 145.8 亿元,增加到 2018 年的 651.19 亿元,2009—2018 年股东权益年均增长 16.96％,见图 3-22。

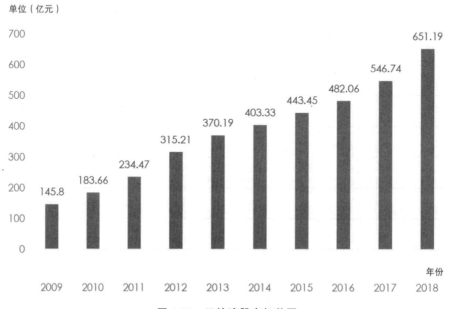

图 3-22　五粮液股东权益图

五粮液具有悠久的历史,现已经成为当之无愧的中国白酒龙头之一。五粮液近10年来负债率是2011年的36.47％,后负债率逐渐下降,最低是2014年负债率13.09％,2018年底的负债率是24.36％,这说明五粮液的固定资产投资已经基本完成,现在已经到了稳定收获期。五粮液的负债率走势见图3-23。

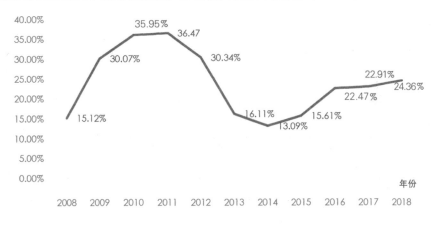

图 3-23　五粮液负债率图

五粮液近10年扣非净利润,由2009年的32.32亿元,增加到2018年的133.99亿元,平均年增长14.3％,由此看出,五粮液的盈利能力是非常强的。见图3-24。

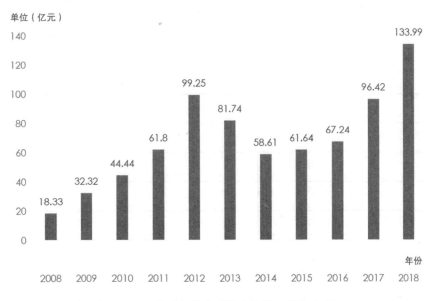

图 3-24　五粮液扣非净利润变化图　单位:亿元

投资规则:长寿皆国宝　消费与垄断

五粮液酒作为快速消费品,与茅台酒一样成为我国高端白酒的典型代表,产销量均在中国浓香型白酒中独占鳌头,持续盈利能力强,五粮液无疑成为我国白酒中的国宝。

多少年来,具有悠久历史传统的白酒行业,对于崇尚酒文化的国人作为情感交流的载体,始终没有改变,今后也不会改变;白酒作为国人偏爱的消费品始终没有变,今后也不会变;人们对享受美好生活,拥有与品尝名贵商品的向往始终没有变。五粮液作为名贵白酒,始终是富裕起来的中国人心中的向往。这无疑形成了五粮液持续盈利增长的长寿基因。

投资规则:看看能力圈　综合来评估

对五粮液的了解与贵州茅台一样,我知道随着人们物质文化生活水平的提高,喝好酒的人越来越多。富裕起来又爱面子的中国人,请客送礼招待客人,都喜欢用好酒。我们知道,五粮液是一个盈利能力很强的公司,且它具有既宽又深的护城河,其他浓香型白酒很难替代五粮液在人们心中的地位。现在五粮液与茅台酒的市场零售价相差 1000 元左右,打开了五粮液的价格上涨空间,无疑又加宽了五粮液的护城河,增加了五粮液的安全边际,为五粮液未来的盈利能力持续增强奠定了坚实的基础。

根据综合评估模型,我们对五粮液作如下综合评估,见表 3-5。

表 3-5　五粮液综合评估模型表

五粮液综合评估模型				
评估指标	指标实施细则	评估分值	指标值	评估结果
市盈率	小于等于 8 倍	2 分		
	大于 8 倍小于 15 倍	1.5 分		
	大于 15 倍小于 23 倍	1 分	23 倍	1 分
	大于 23 倍小于 30 倍	0.5 分		
	大于 30 倍	0 分		

五粮液综合评估模型				
评估指标	指标实施细则	评估分值	指标值	评估结果
市净率	小于等于1	2分		
	大于1倍小于3倍	1.5分		
	大于3倍小于6倍	1分	5.03倍	1分
	大于6倍小于9倍	0.5分		
	大于9倍	0分		
净资产收益率	连续10年≥20%	2分	22.40%	2分
	连续10年≥15%	1.5分		
	连续10年≥10%	1分		
	连续3年≥10%	0.5分		
	小于5%	0分		
负债率	连续3年≤30%	1分	20.30%	1分
	连续3年大于30%小于50%	0.5分		
	大于50%	0分		
毛利率	连续5年≥30%	1分	70.30%	1分
	连续5年≤30%	0.5分		
	连续5年≤10%	0分		
营业总收入增长率	增长率≥8%	0.5分		0.5分
	增长率≥3%	0.25分		
	增长率小于3%	0分		
应收款	较上年度减少10%以上	0.5分		
	增加30%以内	0.25分	1.70%	0.25分
	增加30%以上	0分		

五粮液综合评估模型				
评估指标	指标实施细则	评估分值	指标值	评估结果
存货	较上年度减少10%以上	0.5分		
	较上年度增加小于20%	0.25分	12.30%	0.25分
	较上年度增加大于20%	0分		
股东权益增长	连续3年增长≥5%	1分		1分
	连续5年增长≥5%	0.5分		
	增长率<5%	0分		
长寿国宝	知名品牌,生命力强,同行难入侵	0.5分		0.5分
稀缺垄断	产品供不应求,市场占有率不断提高	0.5分		0.5分
消费、医药（轻资产）	食品饮料,行业壁垒强,护城河宽,一次投资永久获得的赚钱机器	0.5分		0.5分
得分合计				9.5分

注:本评估系统满分12分,按"严重低估、低估、合理、不关注"四个评分等级进行评估。8分以下不关注,得分大于8分小于9分评估为"合理";得分大于9分小于10.5分评估为"低估";得分大于10.5分到12分评估为"严重低估";

从五粮液综合评估表可以看出,五粮液的综合评估得分是9.5分,按照我们的评估模型,五粮液具有合理的投资价值。在这里需要说明的是五粮液酒的库存不同于一般商品的库存,这是因为作为中国名酒的五粮液酒,它的酒越放越升值,不像服装、化妆品、手机等商品那样越放越贬值。高达70.3%的毛利率说明五粮液对上下游拥有话语权,它的核心产品有独门绝技,在市场上有广泛的认知度,具有很强的客户粘性,具有很强的竞争力,其他酒无法替代。

从五粮液 2018 年资产负债表可以看出,五粮液的无形资产 4.13 亿元,对于一个股东权益 651.19 亿元的国家名酒企业,无形资产不到百分之一,商誉 162.16 万元这说明五粮液一个稳健经营的企业,它没有盲目高价收购扩张。五粮液的应收款项目中,应收票据大多是银行间各种汇票,具有安全顺利到账的保证,而应收账款我们分析十年来,应收账款少时几千万元,多时才一个亿,这说明它的酒从来不愁销路,不用赊销各客户。

综上所述,五粮液是一个具有长寿基因的国宝与优质消费型企业,它有宽又深的护城河,具有行业垄断属性,具有稳定的持续盈利能力,未来广阔的盈利前景。巴菲特与它的合作伙伴查理.芒格都说过:"用合理的价格买入优质的企业胜于用低廉的价格买入平庸的企业",现在应该投资还不应该投资五粮液,还是哪句话"请大家三思吧"。

亚洲乳业巨头
——伊利股份

敕勒歌

敕勒川,阴山下。

天似穹庐,笼盖四野。

天苍苍,野茫茫。

风吹草低见牛羊。

这首脍炙人口、妇孺皆知的草原民歌,歌唱了内蒙古大草原的景色和游牧民族的生活。这首诗歌大气磅礴、粗犷雄放、刚劲有力,描绘了在一望无垠的大草原上,满眼的青翠,无边无际的天宇,如同毡帐一般笼盖草原,微风吹拂,健硕的牛羊从丰茂的草丛中显露出来,充满了蓬勃的生机。这首诗歌读来让人心胸开阔,情绪酣畅,油然涌出一股豪迈之气。乳业巨头——内蒙古伊利实业集团股份有限公司乳业生产基地就位于"天苍苍,野茫茫,风吹草低见牛羊"的阴山脚下蒙古草原的腹地,伊利股份办公地址在内蒙古自治区呼和浩特市土默特左旗金山开发区金山大道 1 号,1996 年 3 月 12 日在上交所挂牌上市,成为全国乳品行业首家 A 股上市公司,证券名称为伊利股份,证券代码为 600887。

内蒙古伊利实业集团股份有限公司是一家主要经营液体乳、冷饮系列及乳业制品和混合饲料制造的业务公司,公司生产"伊利"牌雪糕、冰淇淋、奶粉、酸奶等产品,均通过了国家绿色食品发展中心的绿色食品认证。伊利雪糕、冰淇淋连续 10 年产销量全国第一,伊利超高温灭菌奶连续 7 年产销量居全国第一。

伊利的发展历程可以说是中国乳业从小到大、从弱到强的发展史。1956 年,呼和浩特回民区成立养牛合作小组,1958 年改名为"呼市回民区合作奶牛场",当时的牛奶场是一个拥有 117 名职工、1160 头奶牛的小厂,日产牛奶仅

700公斤。

1993年2月,呼市回民奶食品加工厂改制,后更名为"内蒙古伊利实业股份有限公司",1996年在上海证券交易所上市。

2005年11月16日,伊利通过全球最高标准的检验后,2008年正式牵手北京奥运会,2010年携手上海世博会,高品质牛奶和高质量服务赢得了来自世界各国的政要、媒体、运动员及游客的青睐,得到了来自世界各国朋友的广泛赞誉与认可,彰显了中国乳业的实力。它还加速了中国乳品质量向国际一流标准看齐的步伐,借助奥运、世博国际大事的契机,不仅将中国乳业的质量管理体系标准升级到一个新高度,同时也让伊利这个中国乳业品牌走向世界。

伊利集团以"滋养生命活力"为新的品牌主张,致力于向"成为世界一流的健康食品集团"的愿景迈进,不断进取,倡导健康生活方式,引领行业健康发展,坚持以世界领先的标准要求自己,以全球化视野、国际化胸怀竭诚满足不同区域消费者的健康需求。

在"全球织网"的战略下,伊利已经实现在亚洲、欧洲、美洲、大洋洲等乳业发达地区的产业布局,建立了一个覆盖资源体系、创新体系以及市场体系的全球大网。伊利在欧洲的荷兰设立了欧洲研发中心;在大洋洲,成立了全球最大的一体化乳业生产基地;在美洲,主导实施全球农业食品领域高端智慧集群——中美食品智慧谷……依托这张全球大网,伊利探索了一个全新的国际化模式:即优先整合全球最顶尖的创新资源,让全球乳业发达地区顶尖的高校、科研院所和机构为中国企业所用,服务中国企业提升自身核心竞争力,成就拳头产品,让更多的人了解伊利,让伊利乳业走向世界。

投资规则:对伊利股份的了解

我对伊利股份的了解,源于父母喝牛奶。父母都年纪大了,为了让父母身体更健康,我们姊妹几个十几年前就开始让父母喝牛奶,刚开始喝的是本地奶农送的鲜奶,三聚氰胺事件后,为了安全起见,改成了让父母喝袋装的纯奶,主要喝伊利和蒙牛液体奶,但随着时间的变化,箱子的包装也在变化,后来突然发现蒙牛枕奶的包装重量由240克变成了200克,虽然袋数未变,但每箱的总重量减少了许多,价格名义上比240克时低了些,但按克数计算实际上比原来贵了,再说,喝惯了 240 克液体奶的父母,少了 40 克,总让我感觉营养上有所欠缺。同时,我也发现伊利的枕奶每箱包装克数和袋数没有变,我觉得伊利股份对消费者是诚实与厚道的,从此我就坚持让父母喝伊利枕奶了。

在给父母买牛奶的同时,经常与超市的老板聊天,逐渐了解到,现在喝牛奶的人不断增加,销量也在增加。在走访了很多超市后,发现牛奶确实每年都有新的消费群体,50 岁左右的中年人,及其老年人逐渐喝起了牛奶,由原来的间断喝,逐渐养成习惯,每天都喝。在走访了最基层的小超市后,得出的结论是相同的。农村喝牛奶的人也渐渐多了起来。通过与大小超市的营销人员交流还了解到,现在人们走亲访友送的礼物,大多是买一箱伊利牛奶、一箱康师傅方便面、一壶金龙鱼油,或者一箱露露、六个核桃等。随着人们物质生活水平的提高,买食品已经由原来一味追求低价逐渐变成了追求安全放心的名牌食品。

伊利股份作为中国乳业乃至亚洲乳业的龙头企业,在消费者中具有很强的认知度与客户黏性,作为快消品,人们每天早上都会想起应该喝伊利牛奶了,牛奶已经与人们的生活息息相关。随着人们物质文化生活水平的不断提高,未来喝牛奶的人会持续增加。伊利股份的未来盈利持续增长将是大概率的。

投资规则:先看市盈率　一票定乾坤

伊利股份总股本 60.97 亿股,2018 年 12 月 28 日,伊利股份收盘价 22.88元,对应伊利股份总市值 1394.99 亿元,市盈率 21.58 倍。伊利股份近 10 年来除 2018 年因三聚氰胺事件影响造成亏损 16.87 亿外,其他年份扣非净利润均为增长。我们分析,随着人们物质文化生活的不断提高,喝牛奶的消费群体不断增加。如果未来伊利股份扣非净利润增长率在 10%,那么伊利股份的真实市盈率将在 13 倍左右。

投资伊利股份与一年期定期存款利息比较:一年期定期存款法定利率 1.5%,由于各银行间市场竞争,为吸引更多的存款客户,存款利率都进行了不同幅度的上调,我们仍然取多数银行存款的中位数年利率 2.5%,这样计算一年期定期存款的市盈率就是 40 倍,而持续盈利稳定的伊利股份市盈率

21.58 倍,低于 40 倍市盈率一年期定期存款。另外,伊利股份 2018 年每股分红 0.70 元,如果现价买入伊利股份,2019 年不考虑盈利增长,每股仍然可以分红 0.70 元,对应 2019 年 2 月 1 日收盘价 24.54 元,股息率达 2.85％左右,略低于各银行间一年期定期存款利息。

伊利股份市盈率与一年期定期存款和五年期国债市盈率及其收益比较分析,可以发现在伊利股份的股价合理但不低估,至于现在投资与否,我们引用巴菲特在 1979 年致股东的信中所述,巴菲特明确提出了那句出自查理·芒格的重要投资思想:"我们在生意运营和股票投资上的双重经历让我们得出如下结论:所谓有'转机'的公司最后鲜有成功的案例;以低廉的价格购买一家正在惨淡经营的企业,不如以合理的价格购买一家优异的企业,因为后者更能发挥管理人的才干。"芒格这种解决方案的核心就是"长期来看,以不是贵得离谱的价格买入优秀的公司远远胜过以半价买入普通公司"。请投资者三思作为乳业巨头的优秀企业伊利股份现在的股价该不该投资。

投资规则:再看市净率　资产辨分明

伊利股份 2018 年 12 月 28 日收盘价 22.88 元,每股净资产 4.59 元,对应的市净率 4.98 倍,这就是说,实际每股净资产 4.59 元,投资者以每股22.88元的价格进行买卖中间的差价就是投资者支付的溢价。

现在的伊利股份股价与市净率使我们想起 1989 年春天巴菲特动用10.2亿美元购买可口可乐的股票,占到可口可乐公司股本的 7％,也是伯克希尔投资组合的三分之一。这是时至今日,伯克希尔最大的单笔投资,令华尔街都挠头。对这家卖汽水的百年老店,巴菲特的出价是 5 倍市净率和超过 15 倍的市盈率,均较市场有溢价。

1989 年,在伯克希尔宣布它持有 6.3％的可口可乐公司股权后,巴菲特接受了《塔特兰大宪章》的商业记者梅利莎·特纳的采访。巴菲特被问了一个经常被提及的问题:为什么没有更早买入可口可乐的股票?巴菲特谈了他在做最终决定时的想法:"让我们假设你将外出去一个地方 10 年,出发之前,你打算安排一笔投资,并且你了解到,一旦做出投资,在你不在的这 10 年中,不可以更改。你怎么想?"当然,不用多说,这笔生意必须简单、易懂,这笔生意必须被证明具有多年的可持续性,并且必须具有良好的前景。"如果我能确定,我确定市场会成长,我确定领先者依然会是领先者——我指的是世界范围内,我确定销售会有极大的增长,这样的对象,除了可口可乐之外,我不知道还有其他公司可以做得到。"巴菲特解释道,"我相对可以肯定的是,当我回来的时候,他们会干得比今天更好。"

巴菲特说,最好的生意是那些长期而言,无须更多大规模的资本投入,却能保持稳定高回报率的公司。在他心目中,可口可乐是对这个标准的完美诠释。在伯克希尔买入10年之后,可口可乐公司的市值从258亿美元上升到1430亿美元。在此期间,公司产生了269亿美元利润,向股东支付了105亿美元分红,留存了164亿美元用于扩大再生产。公司留存的每一美元,创造了7.20美元的市场价值。到1999年年底,伯克希尔最初投资10.23亿美元持有的可口可乐公司股票市场价值116亿美元,同样的投资,如果放在标普500指数上只能变成30亿美元。

伊利股份作为中国乳业乃至亚洲乳业的巨头,同样具有间断、易懂、未来具有盈利的可持续性,能不能成为中国未来的"可口可乐",我们只有拭目以待。

投资规则:资产收益率 持续很重要

由图3-25可以看出,伊利股份近10年净资产收益率。伊利股份除2008年

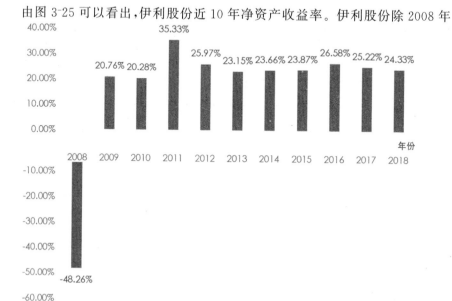

图 3-25 伊利股份净资产收益率图

三聚氰胺事件净资产收益是－48.26％外,2009 年至 2017 年 9 年平均净资产收益率是 22.48％。

　　伊利股份具有较强的盈利持续性,股东权益由 2007 年的 37.1 亿元,增加到 2018 年的 280.37 亿元。2009—2018 年,股东权益年均增加22.83％。见图 3-26。

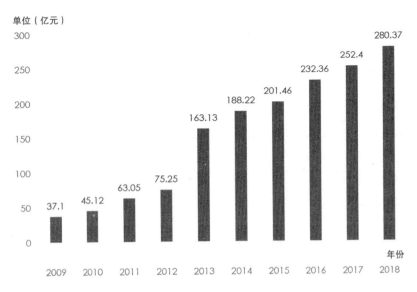

图 3-26　伊利股份股东权益图

　　由伊利股份图 3-25 和图 3-26 可以看出,无论是年净资产收益率还是股东权益回报率都在 22％以上,完全超过了巴菲特喜欢的净资产收益率 15％的标准。

投资规则:无债一身轻　盈利是王道

　　我们分析近 10 年来伊利股份行业竞争中胜出成为中国乳业乃至亚洲乳业的龙头。伊利股份负债率由 2008 年的 72.6％,到 2018 年的 41.11％,负债率有逐渐下降趋势。负债率的下降意味着伊利股份固定资产投资基本完善,不用再大量投入固定资产,就可以持续获得利润的增长。伊利股份近 10 年负债率如图 3-27。

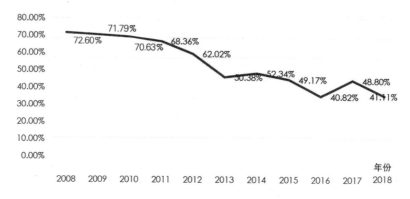

图 3-27　伊利股份负债率图

伊利股份近 10 年除 2008 年三聚氰胺事件造成亏损外,其他年份盈利持续增长,年盈利由 2009 年的扣非净利润 5.34 亿元增加到 2017 年的扣非净利润 53.28 亿元。近 9 年利润增长率平均达 29.12%。伊利股份近 10 年扣非净利润如图 3-28 所示:

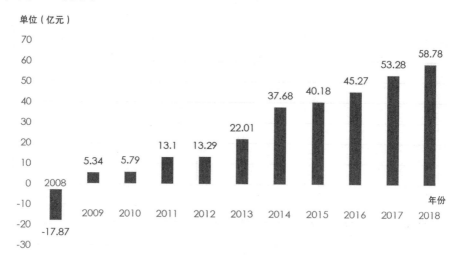

图 3-28　伊利股份近 10 年扣非净利润变化图

投资规则:长寿皆国宝　消费与垄断

伊利股份作为我国乳制品行业的龙头企业,当之无愧地成为国宝型企业。现在伊利品牌的奶制品已经深入人心,成为放心食品、安全食品的代名词,具有广泛的客户认知度与客户黏性。当今,社会科技发展日新月异,但无论社会如何发展,都无法改变人们喝牛奶的习惯,这就是伊利股份能够长寿的基因。

牛奶是最古老的饮料之一,被誉为"白色血液",对人体的重要性可想而知。牛奶的营养十分丰富,是人类"最接近完善的食物",与人们的生活和身体健康息息相关。人类喝牛奶的最早记录出现在6000年前古巴比伦一座神庙中的壁画上。在那个时期,古埃及人已经使用牛奶作为祭品,埃及神话中象征丰产和爱情的神哈索尔就长着一颗奶牛的头。

奶牛和乳制品的生产,在我国具有悠久的历史,远比外国早,起码在2000多年前已载入《礼记》和《周礼》等古书中。到秦汉时代,马奶和奶酒就成了高级的饮品。北魏的中国古代农学家贾思勰的《齐民要术》第五卷里还详细介绍了乳牛饲养、挤牛奶以及制造各种乳酪产品的方法。从唐、宋的《本草经》一直到李时珍的《本草纲目》,都把牛奶及其乳制品当作滋补的食品。李时珍在《本草纲目》中指出:"奶汁主治补五脏,令人肥白悦泽、益气、治瘦翠、悦皮肤、润毛发。"李时珍还著有《服乳歌》一首:"仙家酒,仙家酒,两个壶芦盛一斗;五行酿出真醍醐,不离人间处处有。丹田若是干涸时,咽下重楼润枯朽;清晨能饮一升余,返老还童天地久。"

最早记述我国古代奶粉的,是意大利人马可·波罗。他在游记中曾描述过我国元代蒙古骑兵携带的一种食品奶粉:当时骑兵远征亚非欧时,每个骑兵的马背上都有一个皮袋,用来放奶粉和水,行军途中,袋内奶粉和水被搅拌成一种耐饥解渴的美味饮料。

牛奶含有钙、磷、铁、锌、铜、锰、钼等丰富的矿物质。最难得的是,牛奶是人体钙的最佳来源,而且钙、磷比例非常适当,利于人体的吸收。牛奶内至少有100多种物质,主要成分有水、脂肪、磷脂、蛋白质、乳糖、无机盐等。

组成人体蛋白质的氨基酸有20种,其中有8种是人体本身不能合成的(婴儿为9种,比成人多的是组氨酸),这些氨基酸称为必需氨基酸。我们进食的蛋白质中如果包含了所有的必需氨基酸,这种蛋白质叫全蛋白,牛奶中的蛋白质便是全蛋白。

青少年是人生健康生长的重要时期,在这个时期,合理的饮食和充足的营养必将为以后的体质、体能和智力发育打下良好的基础。因此,牛奶对青少年来说是必需品。

对于中老年人来说,牛奶还有一大好处,就是与许多动物性蛋白胆固醇较高相比,牛奶中胆固醇的含量较低,牛奶中某些成分还能抑制肝脏制造胆固醇的数量,这样牛奶就具有了降低胆固醇的作用。对于年轻爱美的女性来说,饮用牛奶还具有改善肤质、美白肌肤的作用。

1903年,国际牛奶业联合会在布鲁塞尔成立。为鼓励人们多喝牛奶,宣传牛奶对人体健康的重要性,2000年,中国乳制品工业协会向联合国粮农组织建议,经征求其他国家的意见,联合国粮农组织(FAO)倡导,将每年的6月1日定为"世界牛奶日"。

我国从1999年开始宣传鼓励人们多喝牛奶,通过对牛奶的宣传促进和启动消费市场,进而带动牛奶的生产,形成一个良性循环,最终达到提高全民族身体素质的目的。

乳制品已成为西方等发达国家人民生活的当家食品,而我国的人均乳品消费量还不到发达国家的10%。可喜的是,我们的调查结果显示,随着人们生活水平的提高和对健康认识的加深,在各种媒体的宣传作用下,人们已开始逐渐认识到牛奶的营养价值,越来越多的家庭,开始有意识地把牛奶列入日常食谱中。为了健康,全家每人每日一杯奶的习惯正在形成。我们还特意走访了几家超市,询问了有关乳制品的销售情况。工作人员也都说,这一两年来,乳制品尤其是鲜奶的销量一直在上升。下午刚到的鲜奶通常第二天中午便销售一空。据中国乳制品工业协会有关专家预测,未来5年,我国乳类产品消费将大幅度上升,预计年增长率可达15%以上。随着人们生活水平的逐步提高,乳制品消费市场会不断扩大并趋于成熟,中国将成为世界上乳制品消费最大的潜在市场,伊利股份作为亚洲最大的乳制品企业一定会分享这块蛋糕,这无疑使伊利股份具有了更加广阔的成长空间,为伊利股份成为长寿企业奠定了坚实的基础。

投资规则:看看能力圈 综合来评估

伊利股份作为中国乃至亚洲乳业的巨头,市场占用率与客户认知度不断提高,在广大消费者心中形成了良好的口碑。根据走访,我们了解到,富裕起来的人们已经认识到每天喝奶对健康长寿的重要意义,喝伊利牛奶的人越来越多,伊利牛奶、奶粉及其奶制品年销售额不断增加,伊利股份未来的成长空间与盈利能力及其护城河将更加宽广。

根据综合评估模型,我们对伊利股份进行了综合评估,如表3-6所示。

表 3-6 伊利评估模型表

评估指标	指标实施细则	评估分值	指标值	评估结果
伊利股份综合评估模型				
市盈率	小于等于 8 倍	2 分		
	大于 8 倍小于 15 倍	1.5 分		
	大于 15 倍小于 23 倍	1 分	21.58 倍	1 分
	大于 23 倍小于 30 倍	0.5 分		
	大于 30 倍	0 分		
市净率	小于等于 1	2 分		
	大于 1 倍小于 4 倍	1.5 分		
	大于 4 倍小于 7 倍	1 分	4.98 倍	1 分
	大于 7 倍小于 9 倍	0.5 分		
	大于 9 倍	0 分		
净资产收益率	连续 10 年≥20%	2 分	24.90%	2 分
	连续 10 年≥15%	1.5 分		
	连续 10 年≥10%	1 分		
	连续 3 年≥10%	0.5 分		
	小于 5%	0 分		
负债率	连续 3 年≤30%	1 分	23.74%	1 分
	连续 3 年大于 30%小于 50%	0.5 分		
	大于 50%	0 分		
毛利率	连续 5 年≥30%	1 分	36.29%	1 分
	连续 5 年≤30%	0.5 分		
	连续 5 年≤10%	0 分		

伊利股份综合评估模型				
评估指标	指标实施细则	评估分值	指标值	评估结果
营业总收入增长率	增长率≥8％	0.5 分	14％	0.5 分
	增长率≥3％	0.25 分		
	增长率小于 3％	0 分		
应收款	较上年度减少 10％以上	0.5 分		
	增加 30％以内	0.25 分	25％	0.25 分
	增加 30％以上	0 分		
存货	较上年度减少 10％以上	0.5 分		
	较上年度增加小于 20％	0.25 分	15.70％	0.25 分
	较上年度增加大于 20％	0 分		
股东权益增长	连续 3 年增长≥5％	1 分	12％	1 分
	连续 5 年增长≥5％	0.5 分		
	增长率＜5％	0 分		
长寿国宝	知名品牌,生命力强,同行难入侵	0.5 分		0.5 分
稀缺垄断	产品供不应求,市场占有率不断提高	0.5 分		0.5 分
消费、医药(轻资产)	食品饮料,行业壁垒强,护城河宽,一次投资永久获得的赚钱机器	0.5 分		0.5 分
得分合计				9.5 分

　　注:本评估系统满分12分,按"严重低估、低估、合理、不关注"4个评分等级进行评估。8分以下不关注,得分大于8分小于9分评估为"合理";得分大于9分小于10.5分评估为"低估";得分大于10.5分小于12分评估为"严重低估"。

　　根据以上综合评估模型,我们发现伊利股份的综合评估结果是 9.5 分,进入我们的关注范围。伊利股份是具有强大的行业壁垒、护城河宽的快销品,与人们的生活息息相关。随着人们生活水平的提高,人们对食品安全越来越重视。伊利股份在客户心中的认知度高,客户黏性强,只要买奶制品第一个就想到的就是伊利。

　　伊利股份无形资产 6.39 亿元,商誉 1067.86 万元,与伊利股份年盈利133.84 亿元、股东权益 280.37 亿元比较都不算高,这说明伊利股份没有盲目扩张。应收款与库存增加幅度均没有大的变化。伊利股份的负债率是 41.11%,看样子不算太低,但伊利股份的长期借款只有 28.90 万元,借款中有 91.16 亿元是应付票据和应付账款,这说明伊利股份像格力电器一样靠良好的信誉欠供应商的款,这同样属于"周瑜打黄盖——一个愿打一个愿挨",伊利股份在享受着短期的无息用款,且负责率呈下降趋势。伊利股份的固定资产 146.88 亿元,与股东权益 280.37 亿元相比较,说明伊利股份目前利润与营收比还不是一个轻资产的企业,也许伊利股份还处在扩张期。

　　对于伊利股份的投资风险,我们认为食品安全是伊利股份需要防范的首要风险,同业的竞争与市场占用率的上升下降也是我们在投资中需要关注的。

　　综上所述,根据伊利股份综合评估模型得分与商誉、无形资产及其投资中需要防范的主要风险进行系统分析,我们给伊利股份现阶段估值分析结论为合理,但并不低估。

让世界爱上格力造

——格力电器

　　格力电器的前身为珠海市海利冷气工程股份有限公司,格力电器股份有限公司成立于 1991 年,是一家集研发、生产、销售、服务于一体的国际化家电企业,拥有格力、TOSOT、晶弘三大品牌,主营家用空调、中央空调、空气能热水器、手机、生活电器、冰箱等产品及其相关零配件的进出口业务。1996 年 11 月 18 日,经中国证券监督管理委员会批准在深圳证券交易所上市。证券名称为格力电器,证券代码为 000651。

　　经过几十年的发展,格力电器旗下的"格力"品牌空调,成为中国空调业走向世界的一张名片。格力空调加速了国际化进程,从 2005 年开始进入巴基斯坦、越南、印度尼西亚等亚洲国家市场后,不断开拓进军俄罗斯、加拿大、美国等欧美市场,业务遍及全球 100 多个国家和地区,海外销售量持续增长。

　　作为一家专注空调产品的大型电器制造商,格力电器致力于为全球消费者提供技术领先、品质卓越的空调产品,在国内外拥有珠海、重庆、合肥、郑州、武汉、石家庄、芜湖以及巴西、巴基斯坦等 9 大生产基地。

　　格力电器自主研发的超低温数码多联机组、高效直流变频离心式冷水机组、多功能地暖户式中央空调、1 赫兹变频空调、R290 环保冷媒空调、超高效定速压缩机等一系列"国际领先"产品,填补了行业空白,成为从"中国制造"走向"中国创造"的典范,在国际舞台上赢得了广泛的知名度和影响力。

　　2010 年,格力电器股份有限公司自主研发的 R290 天然环保制冷剂空调,得到了国际权威机构德国 VED 认证的认可,获得德国国家电气安全认证标志 VED 证书。公司离心式冷水机组和螺杆式冷水机组共 29 款水冷冷水机组全部通过了美国空调供热制冷协会 AHRI 认证,由此,公司成为国内首家获得水冷冷水机组 AHRI 认证的中国空调生产商,公司被科技部火炬中心认定为"国家火炬计划重点高新技术企业",连续 9 年上榜美国《财富》杂志"中国上市公司 100 强",成为家电业内率先通过国家级重点高新技术企业认定的企业。

2017 年 11 月,格力成为美国、加拿大空调国家标准制定者,获得 UL 全球唯一认证。2018 年 1 月,荣获 SGS 全球首张北美认证授权实验室证书,为北美市场拓展奠定了基础。

要了解格力电器,不能不说被誉为"格力之父"的朱江洪。

很多人都知道格力电器的董明珠,其实在董明珠身后还站着一个人——朱江洪。他一手创办了格力,并将它带到千亿级别。

朱江洪 1945 年出生在珠海,华南工学院毕业后,本想通过知识改变命运,却遇上"文革",被"发配"到广西百色矿山机械厂,当了一名工人。巨大的落差没有击倒朱江洪,反而让他越挫越勇。在那个远离家乡的边陲小镇,朱江洪发扬"工科男"的实干精神,任劳任怨,勤习各种机床的操作,用娴熟的技能换来职位的不断升迁。1982 年,广西百色矿山机械厂进行民主选举,朱江洪全票当选厂长。自此,他带领大家做产品、搞销售,不出几年就把一个山区小厂变成广西先进企业。"少说空话,多干实事"是朱江洪的人生格言,从他的人生格言中可以看到他脚踏实地的工作作风。

1988 年,正当企业红火时,朱江洪却突然辞职回到老家珠海。回珠海后,朱江洪出任冠雄塑胶厂总经理。冠雄塑胶厂隶属珠海经济特区工业发展总公司。在朱江洪去之前,冠雄塑胶厂是一个账上没钱、产品没销路、问题成堆的企业。朱江洪上任后,通过市场调研,拜访大客户,求助银行贷款,开拓进取,挖掘市场潜力,使塑胶厂起死回生,有了活力。

走上正轨的冠雄,有了钱,产品有了销路,但朱江洪还不放心,心想,作为一家塑料加工厂,没有自己完整的产品,靠什么长期在激烈的市场竞争中永久生存,是他渴望解决的问题。他四处调研,最后发现,电风扇这东西销量大,结构简单,大部分是塑料件,冠雄完全可以做。于是,他买来设备,组建了简易的生产线。不久,第一批电风扇就应运而生,卖到了全国,销量很大。在电风扇生产销售产生较高盈利的情况下,冠雄在第二年就扭亏为盈,赚了 400 多万。产品火了,朱江洪想,好产品没有名字不行,找来几个人,苦想半天,当兴奋中的朱江洪大笔一挥,写下"格力"两个字时,他做梦也不会想到,这两个字日后会值千亿。

正当冠雄乘风破浪时,1991 年,总公司旗下另一企业——生产空调的海利,却因经营不善陷入困境。总公司决定,将冠雄和海利合并,成立格力电器,朱江洪临危受命出任总经理。当时的海利,设备落后,管理不到位,质量一般,与风头正劲的春兰、华宝不可同日而语。

面对出现的质量问题,朱江洪毫不客气地说:"质量不好,等于图财害命……对质量不负责行为的仁慈,就是对消费者的残忍。"他宣布停产整顿,颁布 12 条禁令。抓质量从小事做起,一抓到底,毫不松懈。针对生产中容易忽视的问题,朱江洪为所有人画出红线。禁令一出,大部分人都小心翼翼,但还是有个别人心存侥幸,麻痹大意。朱江洪不顾情面,一连开除了 5 名工作中有严重失误的员工。自此,员工们在质量上再也不敢疏忽大意。朱江洪给格力定下最严格的质量标准,现在格力空调的噪声还不到国家标准的一半。朱江洪不惜成本,将室外机改用镀锌板,当其他品牌的空调锈迹斑斑时,格力空调还崭新如初。狠抓质量后的格力空调,质量得到很大的提升。口碑好了,空调销售量显著增长,市场占有率不断提高。

面对销售和技术哪个重要这个难以抉择的问题,朱江洪把技术放在了第一位,他说:"一个没有脊梁的人永远挺不起腰,一个没有核心技术的企业永远没有脊梁。"在他看来,一个企业可以没钱、没厂房,但不能没技术。这种对重视技术的执着深刻改变了格力。在朱江洪执掌格力的 24 年,他持续加大研发经费的投入,建成技术一流、全球领先、规模最大的空调研发中心。

面对技术人员与销售员比例工资悬殊、技术人员人心不稳,纷纷要求转岗的问题,朱江洪大幅调低销售提成比例,但大批销售员跳槽。陷入迷茫与困惑的朱江洪,分析利弊后,毫不退缩、坚持到底,他坚信好产品总会有人要。事实证明,他是正确的。调整销售提成后,技术人员人心稳定,安心搞科研、做产品,为格力空调质量的不断提高夯实了坚实的基础。

朱江洪如此重视技术,源于一次尴尬的经历。2001 年,重庆福特汽车公司采购 100 多套多联机空调,格力中标了,但没有多联机的技术,便从日本三菱购买了多联机空调,换个包装交货,这笔生意不但没有赚到钱,反而赔了几十万,让朱江洪很痛心。他立刻决定带上几个人到日本买技术。可谁知,无论多少钱,人家整机和散件的技术都不卖。乘兴而去、沮丧而归的朱江洪深受刺激,觉得受了奇耻大辱。回国后,他火速召集技术人员,下达任务,要钱给钱,要人给人,要求必须研制出该技术。克服重重困难后,技术人员不到一年就研制出"一拖四"多联机。随着研发费用加码投入,又研制出一拖六、一拖八。

此前,离心机始终是美国人的天下,朱江洪再次投重金研制,最终研发成功。自此,格力拥有了低频控制、超高效定速压缩机、离心式冷水机等三大核心科技。

朱江洪最早关注董明珠,源于董明珠敢闯敢干,一个人在安徽的空调销售量达到 1600 万元。董明珠有独立见解,主张与经销商建立稳固诚信的合作共赢的关系,这与朱江洪不谋而合。不久,董明珠就被朱江洪调回总部,负责销售。

格力对经销商的掌控以及自建渠道的销售模式,从而取得的非凡业绩,在业界是有目共睹的。销售模式的创新来自董明珠,更离不开朱江洪的支持,奠定格力行业霸主地位的"返利补贴"政策,就出自朱江洪之手。为帮助经销商走出困境,格力公司拿出 1 亿元资金,按提货额的 2% 返还给经销商。渡过了难关的经销商欢欣鼓舞,投桃报李,格力空调的销售量猛增。自此,格力空调弯道超车,销量超过春兰,成为行业老大。

格力取得的非凡成功,与朱江洪和董明珠的最佳搭配是分不开的。朱江洪性格低调,他喜欢待在工厂,和技术人员一起并肩作战,不愿在经销商和媒体前抛头露面。而董明珠则性格高调强势,她斗国美,自建渠道;战大金,强势拿下控股权……他俩性格虽有差异,因工作上的事情免不了争吵,但他们对格力有着共同的责任感与使命感,为格力的共同目标而努力。

朱江洪非常欣赏董明珠的能力,从业务员到大区经理、经营部部长,再到总裁,一手将她提拔上来。董明珠过生日时,朱江洪送了她一幅字,上面写着:"献身企业忘自我，棋行天下女豪杰。"而董明珠也知恩图报，数次在关键时刻力挺朱江洪。2012年，在格力电器的董事会换届选举中，董明珠接过朱江洪的大权，出任格力集团董事长。

董明珠出生在南京，毕业于安徽省芜湖干部教育学院统计学专业，大学毕业后在南京一家化工研究所做行政管理工作。1990年，董明珠决定南下闯荡，要做命运的主人。她从南京南下到广东珠海，进入格力公司，从最基层的业务员做起。由于之前在南京从事的是行政管理工作，根本不懂营销，只能靠着她的能吃苦和一股不服输的倔劲与真诚去展开业务。1992年，董明珠在安徽的销售量突破1600万元，并攻下没有一丝裂缝的南京空调市场，一年内销售额度达到3650万元。

强悍与强硬一直贯串于董明珠的格力生涯，在业界叱咤风云的能力使董明珠获得"营销女王"的称号。

1994年，格力内部出现了一次严重危机，部分骨干业务员突然"集体辞职"。董明珠在格力电器最困难的时候，经受住了诱惑，坚持留在格力，被全票推选为公司经营部部长。此后，格力电器空调产销量、销售收入、市场占有率均居全国首位。

董明珠是一个与"格力空调"画等号的女强人，她无论做空调，还是卖空调，都崇尚极致，在自主研发方面不惜投入巨额资金。功夫不负有心人，现在，格力已经掌握了空调生产的核心技术。

投资规则：对格力的了解

我对格力的了解源于2000年。我从太原回来，自家重新装修后，按照计划安装空调，到家电门市看到的空调品牌有春兰、格力、华宝、科龙、澳柯玛等多种。朋友推荐最多的是格力空调，他们说格力性能稳定、噪声低、制冷效果好，于是我就安装了格力空调。格力空调制冷效果确实让我满意，现在每当我走进宾馆、饭店或者朋友家里，看到的空调大多是格力空调。

我在与一个做格力空调代理的朋友闲聊中听说，由于格力空调质量好，性能稳定，格力空调的市场占有率不断提高。在我们这个不大的县城，一个家电门市每年就能卖出几千台格力空调，朋友说格力的销量早已超过了当年的春兰空调,华宝空调、科龙空调几乎退出了市场,格力空调已经成为中国空调的行业龙头。

投资规则:一票定乾坤　先看市盈率

格力电器总股本 60.16 亿元,2018 年 12 月 28 日收盘价 35.69 元,按此计算,格力电器的总市值是 2147.11 亿元,市盈率 8.18 倍。投资格力电器收益与一年期定期存款比较:一年期定期存款法定利率 1.75%,由于市场竞争,各银行存款利率都进行了不同程度的上浮,我们取一年定期存款的中位数年利率 2.5%,也就是说,定期一年存款市盈率是 40 倍,而格力电器的市盈率 8.18 倍,二者比较,格力电器的市盈率明显低于一年期存款的市盈率。通过比较,可以说,格力电器以现在的股价进行投资具有投资价值,长期投资收益远远超过一年期定期存款收益。

投资格力电器收益与五年期国债投资收益比较:五年期无风险国债年利率4.42%,五年期国债的市盈率是 22.62 倍,格力电器市盈率 8.18 倍与五年期国债市盈率 22.62 倍进行比较,格力电器投资性价比现阶段要明显优于投资五年期国债。

格力电器自 1996 年 11 月 18 日上市以来,盈利能力不断增强,由 1996年上市之初的年利润 1.86 亿增长到 2018 年的净利润 262.03 亿元,年复合增长率达到 25.2%。考虑到未来的房地产市场的不确定性,空调市场盈利增长率将可能逐渐减弱,为留足充足的安全边际,我们预计格力电器未来10 年 13% 的年复合增长率,格力电器未来 8 年产生的利润总计就可以达到2834 亿元,超过现在 2147.11 亿元的市值,这就是说,格力电器的真实市盈率不到 8 倍,像这样具有垄断地位的国宝名牌,具有持续盈利能力的优质企业,可以理解为"赚钱机器",具有长长的坡、厚厚的雪。巴菲特如果在中国也许会现价投资格力电器,长期持有,与企业共成长,获取企业成长带来的持续盈利增长。

投资规则:再看市净率　资产辨分明

格力电器 2018 年 12 月 28 日收盘价 35.69 元,对应市净率 2.35 倍。对于一个在行业内具有龙头地位持续盈利能力强与创新能力强的优质企业,我们认为格力电器2.35倍的市净率是低估的,现在投资格力电器具有投资价值。

格力电器秉承"追求完美质量,创立国际品牌,打造百年企业"的方针,市场占有率常年位居国内领先地位。格力坚持技术创新,近年来,格力在空调市场表现出来的"高科技"优势越来越明显,如今,在制冷行业,格力已经是引领者。格力攻破行业技术瓶颈,自主研发的"三缸双级变容压缩技术"的格力太阳式空调,提高了严寒环境下的制热能力,使空气泵在室外低温至−35℃时稳定制热,再次展示了格力自主研发的核心技术,改变了北方地区传统燃煤取暖不安全不环保的取暖模式,为我国的环保事业做出了贡献,也为格力电器的未来盈利持续增长奠定了坚实的基础。

董明珠在接受记者采访时表示:"格力坚持自主研发,自主培养人才,让我们有了一个优秀的研发团队。在空调领域,格力的技术已经领先于世界,但我们还要继续努力,继续推动空调产业升级。我们的创造目标是满足人类对美好生活的诉求,所以我们在空调领域是当之无愧的世界老大,而且这个老大不是表现在空调产品的数量上,而是表现在产品的技术含量上的。"

投资规则:资产收益率 持续很重要

格力电器近10年资产收益率如图3-29所示。

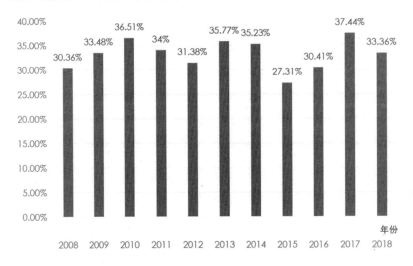

图 3-29 格力电器净资产收益率图

从图 3-29 可以看出,格力电器 2009—2018 年净资产收益率平均都在 30％ 以上,仅 10 年平均净资产收益率达到了 33.48％,即使在全球经济危机的 2008 年,格力电器的净资产收益率也达到 30.36％。格力电器的市场地位没有企业可以颠覆,这样高的净资产收益率在制造业企业中是极其罕见的。

格力电器近 10 年股东权益变化如图 3-30 所示。

单位（亿元）

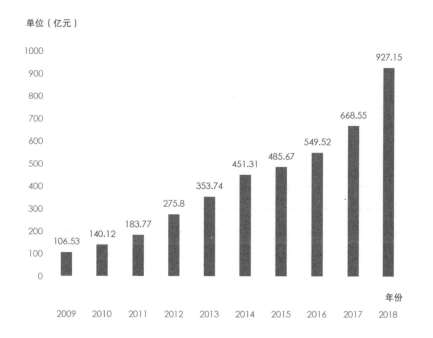

图 3-30　格力电器近 10 年股东权益增长图净资产收益率图

从图 3-30 可以看出,格力电器的股东权益由 2009 年年底的 106.53 亿元,增加到 2018 年年底的 927.15 亿元,年复合增长达到 24.15％。

投资规则：无债一身轻　盈利是王道

格力电器 2009—2018 的负债率如下：

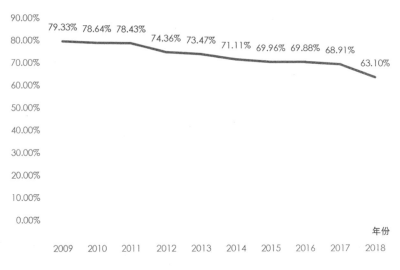

图 3-31　格力电器负债比率图

由图 3-31 可以看出，格力电器近 10 年负债率都在 60％以上，甚至超过了 70％，但细心地研究资产负债表可以发现，格力电器的货币资金充裕，那为什么它有那么多现金，而不减少负债呢？

我们再次研究分析格力电器的资产负债表，可以发现，格力电器一年内到期的非流动负债、长期借款、长期应付款均为零。格力电器负债率由 2013 年的 73.47％降至 2017 年的 68.91％，降低了大约 4.5 个百分点，负债率呈现下降趋势，债务风险在降低。分析其资产负债表可以发现，格力电器高负债率并非是因为长期负债所造成的，反而是占有上游企业供货商的资金，从而造成源源不断的短期负债现象，其债务成本为零。由于格力电器的超强的持续盈利能力和良好的信誉，零部件生产企业乐意将格力电器需要的部件提供给格力电器，同意格力电器推迟几个月付款，这真成了"周瑜打黄盖——一个愿打一个愿挨"，无息的债务反而降低企业运营成本，给格力电器增加了额外的财富。

单位（亿元）

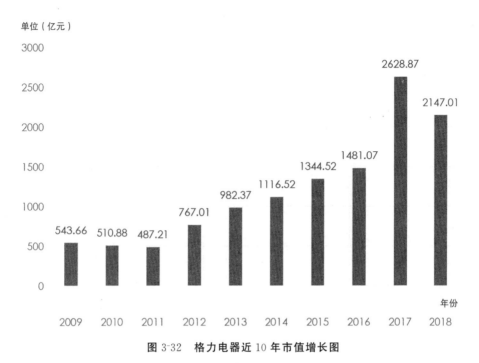

图 3-32　格力电器近 10 年市值增长图

从图 3-32 可以看出,格力电器在 2009—2018 年 10 年间,市值从 543.66 亿元增长到了 2147.01 亿元,增长了 3.94 倍,年化复合增长率为 14.7%。这再次说明市值(股价)是围绕内在价值波动的。

投资规则:长寿皆国宝　消费与垄断

格力电器作为一家专注空调生产的大型电器制造商,致力于为全球消费者提供技术领先、品质卓越的空调产品。连续多产销量及市场占有率稳居行业第一,盈利能力持续增长。

空调从无到有,具有相当长的发展史,它的普及大大提高了人们的生活质量。伴随着人们物质文化生活的提高,未来将从高耗能空调转变成变频的节能空调,格力电器作为空调行业龙头企业,随着产品质量的不断提高,客户认知度与客户黏性的持续增强,盈利能力仍将持续增长。

空调又叫空气调节器,起源于公元前 1000 年左右,波斯人在屋顶上装置风杆,利用外面的自然风穿过凉水并吹入室内,使室内的温度降低,让人感到凉快,这就是空调的雏形。

1755 年爱丁堡的化学教师库仑利用乙醚蒸发使水结冰来调节空气温度,他的学生布莱克从本质上解释了融化和气化现象,提出了潜热的概念,并发明了冰量热器,这标志着现代制冷技术的开始。

19世纪,英国科学家麦可·法拉第发现压缩及液化某种气体可以将空气冷冻,此现象出现在液化氨气蒸发时,当时其意念仍停留于理论化。

20世纪,制冷技术有了更大发展。全封闭制冷压缩机的研制成功(美国通用电器公司),米里杰发现氟里昂制冷剂并用于蒸气压缩式制冷循环以及混合制冷剂的应用,伯宁顿发明回热式除湿器循环以及热泵的出现,均推动了制冷技术的发展。

首个现代化、电力推动的空气调节系统由威利斯·开利(1876—1950)发明。其设计与Wolff的设计区别在于并非只控制气温,亦控制空气的湿度以改善纽约布克林一间印刷厂的工作环境。此技术提供了低热度及湿度的环境,令印刷质量得到提高。其后,开利的技术开始用于工作间以提升生产效率,开利工程公司亦在1915年成立以提供激增的需求。在其逐渐发展下,空气调节开始用于提升家居及汽车的舒适度。

1910年左右,马利斯·莱兰克发明了蒸气喷射式制冷系统。

空调发明后的20年,享受的并不是人,而是用在纺织和印刷过程中,用来控制室内的温度与湿度。直到1924年,底特律的一家商场常因天气闷热而有不少人晕倒,而首先安装了三台中央空调,此举大大成功。凉爽的环境使得人们的消费意欲大增,自此,空调成为商家吸引顾客的有力工具,空调为人类服务的时代正式来临了。住宅空调系统的销量到20世纪50年代才真正起飞。

近期的制冷技术发展主要用于世界范围内的食品和健康方面,以及在空间技术、国防建设和科学实验方面的需要,从而使这门技术在20世纪的后半期得到飞速发展。受微电子、计算机、新型原材料和其他相关工业领域的技术进步的渗透和促进,制冷技术取得了一些突破性的进展,同时也面临一场新的挑战。

现在空调已经成为人们生活中不可或缺的重要组成部分,虽会受到各种技术的调整,但是格力电器有强大的科研创新团队,有雄厚的经济后盾,在董事长董明珠的领导下,格力电器在空调领域的市场地位将更加突出。

从核心技术上说,格力电器自主研发的"三缸双级变容压缩技术"的格力太阳式空调大幅提高了严寒环境下的制热能力,使空气热泵在室外环境温度低至－35℃时仍然能稳定制热,展示了格力电器的核心技术,解决了北方地区冬天取暖的难点,改变了传统燃煤供暖排放大量二氧化碳、氮氧化物、烟尘等污染物的现状。

我国幅员辽阔,冬季供暖面积较大,格力电器根据南北方不同温度段的用户,"量身制作"各种供暖方案,推进新型、健康、环保、安全、可靠的供暖方式,这也体现了政府提供良好公共服务的诉求。

格力太阳式空调及其空气能制暖技术的应用与推广,成为格力电器新的盈利增长点,格力电器作为我国空调业的一颗璀璨明珠,充分享受着消费垄断"护城河"的保护,将继续引领空调业向前发展,成为具有持续盈利能力的长寿型国宝企业。

投资规则:看看能力圈　综合来评估

了解自己的能力极限非常重要,只有在极限范围内尽力去使用自己的能力才能感受到它的存在。巴菲特一直建议投资者要了解自己的能力极限,了解自己懂得什么,不懂得什么。只有真正了解自己投资的行业和公司才能够抓住大的机会。通过研究分析,我们发现,身边的朋友、同学,无论是新房还是旧房,装修后格力空调的使用量占有相当大的比重。格力空调的销量与房地产销售面积具有较大的正相关关系。

格力电器的营业收入与中国房地产行业的景气周期是紧密相关的。我们判断,2017年中国房地产全国销售面积与销售价格很有可能是一个长期的顶部,未来10年中国房地产销售面积难以维持以往的增速。人口红利将逐渐消逝,老龄化也是我国不得不面对现实的一个严峻问题。所以格力电器的营业收入和净利润在未来10年降速是大概率事件。但由于空调行业换机周期和未来科技智能化的进步,随着格力太阳式空调与空气能取暖技术的提高,整个空调行业的销量远比房地产市场要更加乐观。而且,格力电器由于其出色的管理能力和品牌护城河,大概率会跑赢大市。

根据建立在财务报表基础上的综合评估模型,我们对格力电器综合评估如下:

股票名称:格力电器(000651)

表 3-7　格力电器综合评估模型表

格力电器综合评估模型				
评估指标	指标实施细则	评估分值	指标值	评估结果
市盈率	小于等于 8 倍	2 分		
	大于 8 倍小于 15 倍	1.5 分	8.18 倍	1.5 分
	大于 15 倍小于 23 倍	1 分		
	大于 23 倍小于 30 倍	0.5 分		
	大于 30 倍	0 分		
市净率	小于等于 1	2 分		
	大于 1 倍小于 4 倍	1.5 分	2.35 倍	1.5 分
	大于 4 倍小于 7 倍	1 分		
	大于 7 倍小于 9 倍	0.5 分		
	大于 9 倍	0 分		
净资产收益率	连续 10 年≥20%	2 分	33.48%	2 分
	连续 10 年≥15%	1.5 分		
	连续 10 年≥10%	1 分		
	连续 3 年≥10%	0.5 分		
	小于 5%	0 分		
负债率	连续 3 年≤30%	1 分		
	连续 3 年大于 30%小于 50%	0.5 分		
	大于 50%	0 分	67.29%	0 分
毛利率	连续 5 年≥30%	1 分	32.87%	1 分
	连续 5 年≤30%	0.5 分		
	连续 5 年≤10%	0 分		

续表

格力电器综合评估模型				
评估指标	指标实施细则	评估分值	指标值	评估结果
营业总收入增长率	增长率≥8%	0.5分	25%	0.5分
	增长率≥3%	0.25分		
	增长率小于3%	0分		
应收款	较上年度减少10%以上	0.5分		
	增加30%以内	0.25分	12.80%	0.25分
	增加30%以上	0分		
存货	较上年度减少10%以上	0.5分		
	较上年度增加小于20%	0.25分	17.50%	0.25分
	较上年度增加大于20%	0分		
股东权益增长	连续3年增长≥5%	1分	24%	1分
	连续5年增长≥5%	0.5分		
	增长率<5%	0分		
长寿国宝	知名品牌,生命力强,同行难入侵	0.5分		0.5分
稀缺垄断	产品供不应求,市场占有率不断提高	0.5分		0.5分
消费、医药(轻资产)	食品饮料,行业壁垒强,护城河宽,一次投资永久获得的赚钱机器	0.5分		0.5分
得分合计				9.5分

注:本评估系统满分12分,按"严重低估、低估、合理、不关注"4个评分等级进行评估。8分以下不关注,得分大于8分小于9分评估为"合理";得分大于9分小于10.5分评估为"低估";得分大于10.5分小于12分评估为"严重低估"。

总结:格力电器的综合得分9.5分,无疑是低估的。格力电器是一家优秀的公司毋庸置疑。证券市场需要有一些优秀的企业作为标杆,而格力电器一直保持良好的国有企业形象,国家会在政策上有所保护和支持的,这点是不言而喻的。格力电器的品牌价值是巨大的,这在中国同样是无须质疑的,这条护城河是很深很宽的。无论在中国还是世界,空调的使用是会长期存在的,这是人们生活水平提升后的必然,加之稳定的持续盈利能力、稳定持续增长的企业发展,再加之消费升级,格力空调的前景是乐观的。

2018年以来,受中美贸易战的影响,家电终端零售市场受到了一系列的影响,格力电器股票价格下跌39%,而前三季度,格力电器营业收入1500.58亿元与净利润211.18亿元,不降反升,逆流直上,与2018年同期相比增长分别达到33.94%和36.59%。这无疑为价值投资者提供了难得的投资机会。

根据综合评估模型,格力电器综合得分9.5分,持续盈利能力强,未来前景广阔,价值低估,现阶段投资格力电器,长期投资收益将会超过一年期定期存款与五年期国债,投资者身处当下,正是埋下财富种子的良好机会,只有在股市的冬天和春天里面提前做了资产配置的布局工作,才能够在秋天到来的时候,实现财富阶层的再次跨越。设想,如果巴菲特在中国,是否乐意投资格力电器呢?

黑驴王子

——东阿阿胶

东阿阿胶股份有限公司隶属央企华润集团,前身为山东东阿阿胶厂,1952 年建厂,1993 年由国有企业改组为股份制企业,1996 年 7 月 29 日在深交所挂牌上市,股票名称为东阿阿胶,A 股股票代码为 000423,拥有中成药、保健品、生物药等产业门类,系全国最大的阿胶系列产品生产企业,产品远销欧美及东南亚各国。

东阿阿胶股份有限公司位于山东省聊城市东阿县。阿胶因出自东阿县,故名阿胶。东阿阿胶从汉唐至明清一直都是作为贡品。据史料考证,阿胶的应用迄今已有 3000 年的历史,被誉为"补血圣药""滋补国宝""上品""圣药",我国首部药物学专著《神农本草经》称其"久服,轻身益气"。

阿胶,为马科动物驴之皮经漂泡去毛后熬制而成的胶质块,故《千金食治》称其为驴皮胶;晋唐时期,"岁常煮胶以贡天府",又称其为贡胶;昔谓以山东东阿阿井之水熬制而成,故传统有阿胶之名。阿胶与人参、鹿茸并称"中药三宝"。

关于东阿阿胶,有这样一个美丽的传说。很久以前,阿城镇上住着一对年轻的夫妻,丈夫叫张铭(阿铭),妻子叫阿娇,夫妻靠贩驴过日子。阿铭和阿娇成亲五年后,阿娇有了身孕。不料,阿娇分娩后因气血损耗,身体十分虚弱,整日卧病在床,吃了许多益气补血的药,均不见好转。阿铭十分疼爱妻子,听人说驴肉能滋补气血,心想,让阿娇吃些驴肉,也许她的身体会慢慢好起来。于是,他就叫伙计宰了一头小毛驴,把肉放在锅里煮。谁知煮肉的伙计嘴馋,肉煮熟了,便从锅里捞出来吃。其他伙计闻到肉香,也围拢来吃,这个吃一块,那个尝一块,一锅驴肉不大一会儿全进了伙计们的肚里。这下,煮肉的伙计着了慌,拿什么给女主人吃?无奈,伙计只好把剩下的驴皮切碎放进锅里,倒满水,升起大火煮起来,熬了足有半天工夫才把皮熬化了。伙计把它从锅里舀出来倒进瓦盆里,变成了一盆浓浓的驴皮汤,汤冷后竟凝固成黏糊糊的胶块。伙计尝了一块,倒也可口,于是把这驴皮胶块送给阿娇吃。阿娇平时喜吃素食,不曾吃过驴肉,尝了一口,直觉得喷香可口,竟然不几餐便把一瓦盆儿驴皮胶全吃光了。数日后,奇迹出现了,阿娇食欲大增,气血充沛,脸色红润,有了精神。事隔年余,一位伙计的妻子又要分娩了,由于家境贫寒,怀胎期间营养不足,生产时几次昏倒,分娩后气血大衰,身体十分虚弱。伙计找来了郎中开了许多补药,吃了也不管用。伙计忽然想起上次阿娇分娩后吃驴皮胶滋补气血的事儿来,于是,便将头年煮驴肉熬驴皮的事儿向阿铭阿娇夫妻细说了一遍,要求向他们夫妻借头毛驴,熬驴皮医治妻子之病。阿娇见伙计为妻子重病着急的样子,便给了他一头让他试试。伙计牵了匹毛驴回家宰了,把驴皮熬成胶块给妻子吃。果然不过几日,妻子便气血回升,肤肌红润,大有起色了。自此之后,驴皮胶是滋补产妇气血良药的消息便在百姓中间传开了,来找阿铭阿娇要胶的人逐渐增多,阿铭阿娇从此便开始雇伙计收购驴皮熬胶出卖,生意十分兴隆。有些庄户人,见熬驴皮胶有利可图,也相继模仿熬胶出售。可只有阿铭阿娇熬制的胶滋补效果最好,原来他俩采用的是上等驴皮,配上阿井好水,才熬制出上等好胶。随着用阿胶滋补气血的人逐渐增多,其神奇功效也被世人渐渐知晓。

　　阿胶是天地的造化,更是人创造温暖的奇迹。阿胶人传承着炼胶古法,秉承寿人济世的使命,用匠心传承,将滋补传世,用匠心打造每一块地道好胶。3000 年来,阿胶滋补气血、扶正固本、延年益寿的神奇功效受到世人的称颂与赞誉。

　　曹植赞阿胶:"授我仙药,神皇所造;教我服食,还精补脑。寿同金石,永世难老。"杨贵妃暗服阿胶:"铅华洗尽依丰盛,雨落荷叶珠难停。暗服阿胶不肯道,却说生来为君容。"[1] 虢国夫人与阿胶:"虢国夫人娥眉长,酥胸如兔裹衣裳。东莱阿胶日三盏,蓄足冶眉误君王。"[2]

　　李世民感叹阿胶之神奇,派亲信大臣尉迟恭封禁阿胶井,从此阿井只有冬至时节为皇家炼制贡胶时才得以开启井封取水炼胶,至此阿胶也成为皇

---

① 摘自《全唐诗宫词补遗》。
② 摘自朱克生《莞尔唐史》。

家专享。

明代名士何良俊在《清森阁集》中所附的一首《思生》诗"万病皆由气血生,将相不和非敌攻。一盏阿胶常左右,扶元固本享太平"被引为经典,诗中赞誉的就是阿胶益气补血、扶正固本、养生益寿、强身健体的神奇功效。

东阿阿胶基本情况

东阿阿胶总股本 6.54 亿元,2018 年净利润 20.85 亿元,2018 年 12 月28 日收盘价 39.55 元,市值 258.66 亿元。

2015－2018 年分红情况:

2015 年,净利润 16.25 亿,每 10 股派 8 元(含税),分红金额 5.23 亿,分红率 32.19％。

2016 年,净利润 18.52 亿,每 10 股派 9 元(含税),分红金额 5.23 亿,分红率 28.2％。

2017 年,净利润 20.44 亿,每 10 股派 9 元(含税),分红金额 5.89 亿,分红率 28.81％。

2018 年,净利润 20.85 亿,每 10 股派 10 元(含税),分红金额 6.54 亿,分红率 31.36％。

投资规则:简单易懂轻资产

对东阿阿胶的了解源于几年前,在北京参加董宝珍的价值投资股市沙龙聚会时,认识了一位女性朋友。由于那时参加沙龙聚会的女性朋友不多,我对她特别留意。记得第一次见她时,她的身体虚弱,面色苍白。一年后第二次见她时,她像换了个人似的,气血充沛,脸色红润,有了精气神。我问是什么让她身体恢复得如此强健,她说现在长期吃东阿阿胶,也许是阿胶的益气补血的滋补功效吧。等我第三次见她时,国家已经放开了生育二胎限制,她说她的身体很好,计划生二胎了。这就是我对阿胶的最初了解,也通过这个实例,活生生地证明全盘否定中医是错误的。

怀着对东阿阿胶的好奇与向往,我们连续多次参加东阿阿胶股东大会,并参观了种驴繁殖基地和阿胶现代化的生产流水线。

东阿阿胶股份有限公司生意模式简单易懂,主要产品为东阿阿胶、复方阿胶浆、真颜小分子阿胶糕、桃花姬阿胶糕等阿胶系列产品,产品产量、销量以及收入连续多年名列行业第一,产品远销欧美及东南亚各国。东阿阿胶现已经成为享誉世界的知名品牌,具有广泛的客户认知度、较强的客户黏性,公司持续盈利能力强。经过几十年的发展,东阿阿胶成为全国阿胶行业唯一国家保密工艺和唯一地道药材保护规范生产示范基地,11次入选"中国500最具价值品牌"。

东阿阿胶的产品质量市场抽检合格率100%,公司构建了全产业链追溯体系,从上游源头控制原料质量,内控标准也比国家药典规定的指标多122项,技术、标准居行业领先地位。

投资规则:一票定乾坤　先看市盈率

东阿阿胶2018年12月28日收盘价格为39.55元,每股盈利3.18元,对应市盈率为12.44倍;一年期定期存款利率暂按年息2.5%,定期一年存款的市盈率为100除以2.5等于40倍市盈率,也就是说,资金存到银行按2.5%的年化收益率,靠利息收入需要40年收回成本。通过对比发现,东阿阿胶这个企业12.44年的盈利就可以与本金持平,投资东阿阿胶优于一年期定期存款。

五年期国债的利率为4.42%,买入国债的市盈率100除以4.42等于22.62倍,与12.44倍市盈率的东阿阿胶对比发现,投资东阿阿胶同样优于五年期国债收益。

投资规则:再看市净率　资产辨分明

市净率指的是每股股价与每股净资产之间的比率,一般来说,市净率较低的股票,投资价值较高,相反,则投资价值较低。

2018年12月28日,收盘的东阿阿胶股价为39.55元,每股净资产为17.28元,对应市净率为2.29倍。

2018年东阿阿胶股东权益113.29亿元,无形资产4.27亿元,商誉0.00915亿元,这说明东阿阿胶资产质量是真实的,没有虚假,没有盲目收购。

投资规则:资产收益率　持续很重要

东阿阿胶净资产收益率持续保持在20%以上,2008—2018年的净资产收益率均保持在 20％以上的增长，这在沪深 3000 多家上市公司中是少见的。正像巴菲特说的："最好的生意是那些长期而言，无须更多资本的投入，却能保持稳定的回报率的公司。"东阿阿胶近年净资产收益率变化见图 3-33。

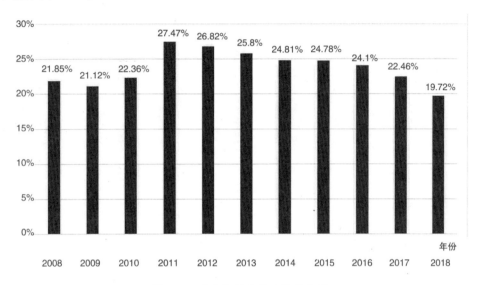

图 3-33　东阿阿胶净资产收益率图

投资规则：无债一身轻　盈利是王道

负债率又称举债经营比率，它是衡量企业利用债权人提供资金进行经营活动的能力，在财务上称为财务杠杆，一个高负债企业若盈利支撑不了支付的财务利息费用，那么整个企业运营将非常艰难。东阿阿胶这家公司负债率相对较低，10 年来负债率均保持在 20％左右，并且从公司的财务报表上可以看到公司买的保本型的银行理财产品金额在 25 亿左右，每年收回的利息就有 1 个亿左右，这说明东阿阿胶的现金流充沛，有较强的偿还债务能力与抗风险能力。东阿阿胶股份有限公司在秦玉峰总裁上任之后，启动东阿阿胶文化营销，重建阿胶体系，实现价值回归。从 2006 年东阿阿胶净利润 1.49 亿元增长到 2018 年的净利润 20.85 亿元，年复合增长 22.5％。

单位（亿元）

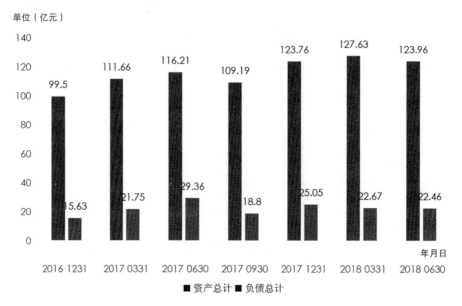

图 3-34 东阿阿胶资产与负债柱形图

东阿阿胶的股东权益随着利润的增长而同步增长,股东权益从 2006 年的净利润 11.324 亿元增长到 2018 年的 113.02 亿元,增长 10 倍,年复合增长 19.2%,东阿阿胶股东权益增长见图 3-35。

单位（亿元）

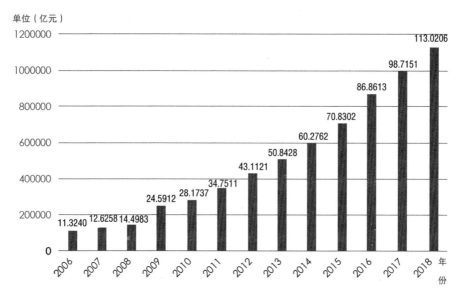

图 3-35 东阿阿胶股东权益增长图

投资规则：长寿皆国宝消费与垄断

东阿阿胶股份有限公司自 1996 年登陆深圳证券交易所，由上市之初的年盈利 2332.23 万元增长到 2018 年末的 20.85 亿元，较上市之初盈利增长近 86 倍。随着社会的发展，科技的进步，消费水平不断的升级，人们对美容养生保健更加重视，而作为美容养生滋补国宝的东阿阿胶具有非常广阔的市场，未来企业的盈利前景将更加宽广。

投资规则：看看能力圈　综合来评估

对东阿阿胶的认识与了解前面已经论述，这里不再赘述。

根据综合评估模型对东阿阿胶进行综合评估如下：

表 3-8　东阿阿胶综合评估模型表

东阿阿胶综合评估模型				
评估指标	指标实施细则	评估分值	指标值	评估结果
市盈率	小于等于 8 倍	2 分		
	大于 8 倍小于 15 倍	1.5 分	12.39 倍	1.5 分
	大于 15 倍小于 23 倍	1 分		
	大于 23 倍小于 30 倍	0.5 分		
	大于 30 倍	0 分		
市净率	小于等于 1	2 分		
	大于 1 倍小于 4 倍	1.5 分	2.28 倍	1.5 分
	大于 4 倍小于 7 倍	1 分		
	大于 7 倍小于 9 倍	0.5		
	大于 9 倍	0 分		

东阿阿胶综合评估模型				
评估指标	指标实施细则	评估分值	指标值	评估结果
净资产收益率	连续 10 年≥20%	2 分	22.05%	2 分
	连续 10 年≥15%	1.5 分		
	连续 10 年≥10%	1 分		
	连续 3 年≥10%	0.5 分		
	小于 5%	0 分		
负债率	连续 3 年≤30%	1 分	18.00%	1 分
	连续 3 年大于 30%小于 50%	0.5 分		
	大于 50%	0 分		
毛利率	连续 5 年≥30%	1 分	65.50%	1 分
	连续 5 年≤30%	0.5 分		
	连续 5 年≤10%	0 分		
营业总收入增长率	增长率≥8%	0.5 分		
	增长率≥3%	0.25 分		
	增长率小于 3%	0 分	0.46%	0 分
应收款	较上年度减少 10%以上	0.5 分		
	增加 30%以内	0.25 分		
	增加 30%以上	0 分	44%	0 分
存货	较上年度减少 10%以上	0.5 分		
	较上年度增加小于 20%	0.25 分	7.10%	0.25 分
	较上年度增加大于 20%	0 分		

东阿阿胶综合评估模型				
评估指标	指标实施细则	评估分值	指标值	评估结果
股东权益增长	连续3年增长≥5%	1分	14%	1分
	连续5年增长≥5%	0.5分		
	增长率<5%	0分		
长寿国宝	知名品牌,生命力强,同行难入侵	0.5分		0.5分
稀缺垄断	产品供不应求,市场占有率不断提高	0.5分		0.5分
消费、医药（轻资产）	食品饮料,行业壁垒强,护城河宽,一次投资永久获得的赚钱机器	0.5分		0.5分
得分合计				9.75分

注:本评估系统满分12分,按"严重低估、低估、合理、不关注"4个评分等级进行评估。8分以下不关注,得分大于8分小于9分评估为"合理";得分大于9分小于10.5分评估为"低估";得分大于10.5分小于12分评估为"严重低估"。

结论:东阿阿胶综合得分为9.75分,价值低估。东阿阿胶库存较上年度减少,公司财务健康,固定资产占比不高,属于轻资产企业,无形资产与商誉占比不到股东权益的1%,公司盈利能力和抗风险能力比较强。由此可以看出,东阿阿胶是一家比较优秀的公司,但由于主要产品最近几年的连续提价,市场占有率逐年走低,2018年营业收入与净利润增长均远远低于2017年同期增长,请投资者静观其变,认真研究后再做出现阶段投资与否的决策。

房地产龙头
——万科 A

谈起万科,大家应该比较熟悉,它是国内规模较大的房地产开发商,成立于 1984 年,经过多年的发展,已成为国内领先的城乡建设与生活服务商,公司业务聚焦全国经济最具活力的三大经济圈及中西部重点城市。2016 年,公司首次跻身《财富》"世界 500 强",位列榜单第 356 位,2017 年、2018 年接连上榜,分别位列榜单第 307 位、第 332 位。

2014 年,万科第四个十年发展规划,已经把"三好住宅供应商"的定位延展为"城市配套服务商"。2018 年,万科将这一定位进一步迭代升级为"城乡建设与生活服务商",并具体细化为四个角色:美好生活场景师、实体经济生力军、创新探索试验田、和谐生态建设者。

2017 年,深圳地铁集团成为本集团第一大股东后,始终支持万科的混合所有制结构,支持万科城乡建设与生活服务商战略和事业合伙人机制,支持万科管理团队按照既定战略目标,实施运营和管理,支持深化"轨道＋物业"发展模式。

万科始终坚持为普通人提供好产品、好服务,通过自身努力,为满足人民对美好生活的各方面需求,做出力所能及的贡献。2018 年,公司将自身定位进一步迭代升级为"城乡建设与生活服务商",所搭建的生态体系已初具规模。在住房领域,公司始终坚持住房的居住属性,坚持"为普通人盖好房子,盖有人用的房子",在巩固住宅开发和物业服务固有优势的基础上,业务已延伸至商业、长租公寓、物流仓储、冰雪度假、教育等领域,为更好地服务人民美好生活需要、实现可持续发展奠定了良好基础。未来,公司将始终坚持"大道当然,合伙奋斗",以"人民的美好生活需要"为中心,以现金流为基础,深入践行"城乡建设与生活服务商"战略,持续创造真实价值,力争成为无愧于伟大新时代的好企业。

投资规则:先看市盈率 一票定乾坤

万科总股本113亿股,截至2018年12月28日,收盘价23.82元,对应万科总市值为2691.66亿元,同时对应的市盈率为7.97倍。

投资万科与一年期定期存款利息比较:一年期定期存款法定利率1.5%,由于各银行间市场竞争,为吸引更多的存款客户,存款利率都进行了不同幅度的上调,我们仍然取多数银行存款的中位数年利率2.5%,这样计算一年期定期存款的市盈率就是40倍,而持续盈利稳定的万科市盈率7.97倍,低于40倍市盈率一年期定期存款。

下面我们再来看一下万科A真实的市盈率。万科A在过去10年保持平均18%的利润增长,基于过往净利润的增长率,我们预测未来几年万科增长率会在14%~18%左右,我们取最低值14%来计算,2018年净利润337.73亿元,预测2019年利润385.01亿元,2020年438.91亿元,2021年500.36亿元,2022年570.41亿元,2023年650.27亿元。这5年创造的净利润之和:385.01+438.91+500.36+570.41+650.27=2544.76亿元。也就是说用5年多一点的时间创造的净利润能覆盖目前的市值,所以说目前万科真实的市盈率只有5倍。

投资规则:再看市净率 资产辨分明

市净率就是市价与净资产的比值,这个数值越低越好,按照格雷厄姆的投资思路,市净率越低,安全边际越高,那我们来看一下,当前万科A的市净率,截至2018年12月28日,收盘价23.82元,对应的每股净资产为14.11元,那对应的市净率为23.82/14.11=1.68倍。

投资规则:资产收益率 持续很重要

资产收益率反映总资产的盈利能力,它的计算公式为:净利润/平均资产总额×100%,它是广泛衡量一个企业盈利能力的指标之一,该项指标数值越高,说明盈利能力越强,反之就越差。那么,我们看一下近10年万科A的净资产收益率。

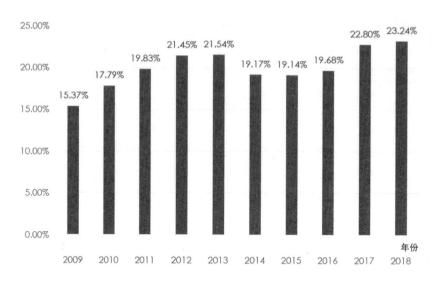

图 3-36　万科 A 资产收益率图

从图 3-36 可以看出,近 10 年万科 A 资产收益率保持在平均 20％的增长率,这样的增长率超过了巴菲特的净资产收益率在 15％以上的企业。

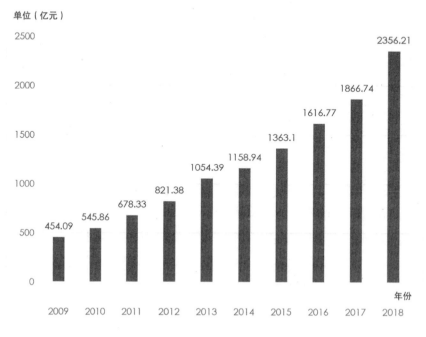

图 3-37　万科 A 股东权益图

毋庸置疑,万科是一家非常优秀的公司,是房地产行业龙头企业,从以上股东权益的增长图就可以看出,近 10 年来,随着国内经济的高速增长,万科也给股东带来了丰厚的投资回报。

投资规则:无债一身轻 盈利是王道

企业持续经营就需要大量现金流,现金流不充足就会借债,债分两种,一种良性债,一种恶性债。当投入产出的利润不足以偿付借债的利息,久而久之,就会形成恶性债。

房地产企业属于一个高负债的行业,因为在国内房地产销售都是实行预售制,所以负债里有一部分是预收款。以万科上海的某一个楼盘为例,销售房总价总计 100 亿的楼盘,购房者连夜排队开盘,5 分钟就售罄了,这些预收款就进了万科的负债中,而楼盘竣工后这些预收款才会转到收入,这么来看,预收款越高负债越重。从负债率上可以看出,近 10 年来负债都是保持平稳,没有发生较大的浮动,且在同行业中属于较低的水平。

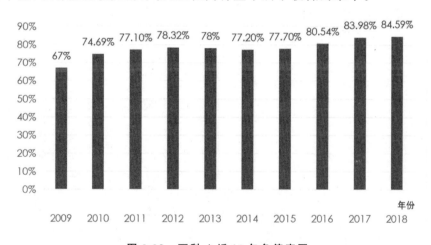

图 3-38 万科 A 近 10 年负债率图

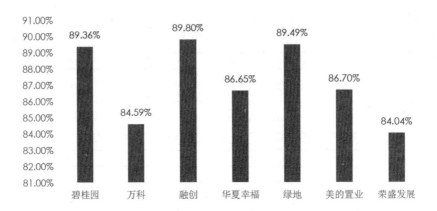

图 3-39　2018 年各个房企负债率图

投资规则：长寿皆国宝　消费与垄断

万科成立 30 多年了，也正好赶上改革开放的东风，见证了中国经济高速发展的 30 年，这期间也经历过亚洲金融危机、房地产政策调控等，但始终没有改变其盈利增长的走向。

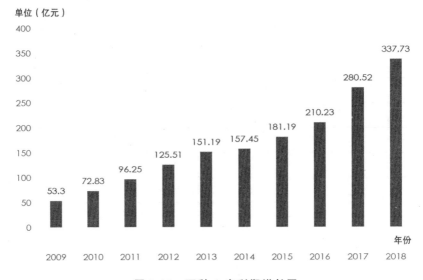

图 3-40　万科 A 净利润增长图

投资规则：看看能力圈　综合来评估

万科经营模式比较简单，就是开发楼盘卖房子，我们可以从当地万科楼盘的售楼部或者网上一些楼盘价格、销售面积等来调研。不难发现,同等地段的房子还是万科的楼盘销售得比较好一些。万科综合评估模型如下:

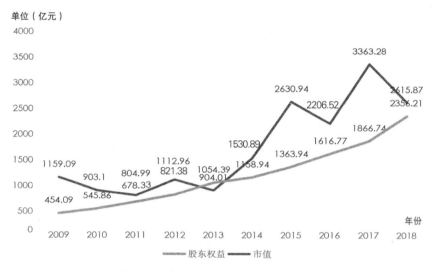

图 3-41 万科 A 股东权益与市值图

表 3-9 万科综合评估模型表

综合评估模型				
评估指标	指标实施细则	评估分值	指标值	评估结果
市盈率	小于等于 8 倍	2 分	7.97 倍	2 分
	大于 8 倍小于 15 倍	1.5 分		
	大于 15 倍小于 23 倍	1 分		
	大于 23 倍小于 30 倍	0.5 分		
	大于 30 倍	0 分		
市净率	小于等于 1	2 分		
	大于 1 倍小于 4 倍	1.5 分	1.68 倍	1.5 分
	大于 4 倍小于 7 倍	1 分		
	大于 7 倍小于 9 倍	0.5 分		
	大于 9 倍	0 分		

综合评估模型				
评估指标	指标实施细则	评估分值	指标值	评估结果
净资产收益率	连续 10 年≥20％	2 分	21.90％	2 分
	连续 10 年≥15％	1.5 分		
	连续 10 年≥10％	1 分		
	连续 3 年≥10％	0.5 分		
	小于 5％	0 分		
负债率	连续 3 年≤30％	1 分		
	连续 3 年大于 30％小于 50％	0.5 分		
	大于 50％	0 分	83.03％	0 分
毛利率	连续 5 年≥30％	1 分	33.66％	1 分
	连续 5 年≤30％	0.5 分		
	连续 5 年≤10％	0 分		
营业总收入增长率	增长率≥8％	0.5 分	18％	0.5 分
	增长率≥3％	0.25 分		
	增长率小于 3％	0 分		
应收款	较上年度减少 10％以上	0.5 分		
	增加 30％以内	0.25 分	8.60％	0.25 分
	增加 30％以上	0 分		
存货	较上年度减少 10％以上	0.5 分		
	较上年度增加小于 20％	0.25 分		
	较上年度增加大于 20％	0 分	20.20％	0 分

综合评估模型				
评估指标	指标实施细则	评估分值	指标值	评估结果
股东权益增长	连续 3 年增长≥5%	1 分	17%	1 分
	连续 5 年增长≥5%	0.5 分		
	增长率<5%	0 分		
长寿国宝	知名品牌，生命力强，同行难入侵	0.5 分		0.5 分
稀缺垄断	产品供不应求，市场占有率不断提高	0.5 分		0.5 分
消费、医药（轻资产）	食品饮料，行业壁垒强，护城河宽，一次投资永久获得的赚钱机器	0.5 分		0.5 分
得分合计				9.75 分

注：本评估系统满分 12 分，按"严重低估、低估、合理、不关注"4 个评分等级进行评估。8分以下不关注，得分大于 8 分小于 9 分评估为"合理"；得分大于 9 分小于 10.5 分评估为"低估"；得分大于 10.5 分到 12 分评估为"严重低估"。

总结：万科上市 20 多年以来，给企业、股东和社会带来了丰厚的回报，从各项经营指标来看，表现都不错，根据综合评估模型得分 9.75 分，目前来看属于低估区间，考虑到未来发展的不确定性，比如房地产市场继续调控、房产税等对房地产发展不利的因素，对此，投资需要谨慎考虑。

第四章

部分具有垄断性的优质企业

学而时习之，不亦说乎？

——《论语》

　　看了前面的三章,你也许对巴菲特如何选择优质股票进行投资初见端倪,也许你认为前面的三章还有欠缺,需要补充与完善,毕竟我国的优质企业还有很多,如:宇宙中最大银行——工商银行,中国首家赤道银行——兴业银行,一笑值百万——美的电器,世界汽车玻璃龙头——福耀玻璃,高峡出平湖、当今世界殊的——长江电力,东方之珠——上海机场,房地产龙头——万科,中药国宝——云南白药,百年老店——同仁堂,让中国男人更自信——白云山,国窖1573——泸州老窖,中国梦、梦之蓝——洋河股份,经常用脑、多喝六个核桃——养元饮品,一包咸菜走天下的——涪陵榨菜,国宝名药——片仔癀,天然植物提取物龙头企业——晨光生物,亚太地区最大的 MDI 制造业龙头企业——万化化学等具有垄断性与持续盈利能力的优质企业。

　　孔子曰:"学而时习之,不亦说乎?"

　　如果你刚刚感悟到价值投资才是真正的赢家之道,那么,请你按照前面第三章的股票选择逻辑及其规则来自我逐一完成以上个股的评估,并应用综合评估模型,自己答出估值参与与否的综合得分。

　　如果这些优质企业你很了解,且正好在你的能力圈,你又是一个成功的价值投资者,那么,请你在此书的基础上将本书更加完善,以"传道,授业,解惑"。

　　下面的股票综合评估请读者参照第三章的评估原则,由自己来完成,对你的价值投资晋级之路会有所帮助。

赤道银行

——兴业银行

　　兴业银行成立于 1988 年 8 月,是经国务院、中国人民银行批准成立的大陆首批股份制商业银行之一,总行设在福建省福州市,2007 年 2 月 5 日在上海证券交易所挂牌上市(股票代码:601166)。

　　开业 30 多年来,兴业银行始终坚持"真诚服务、相伴成长"的经营理念,致力于为客户提供全面、优质、高效的金融服务。旗下拥有兴业国际信托、兴业金融租赁、兴业基金、兴业消费金融、兴业财富和兴业国信资产管理等子公司,形成以银行为主体,涵盖信托、租赁、基金、证券、消费金融、期货、资产管理等在内的现代金融服务集团。

　　作为中国首家也是目前唯一一家"赤道银行",兴业银行始终秉持"科学、可持续"的发展理念,依法、稳健、文明经营,兼顾维护股东、客户、银行、员工以及社会环境等各方利益,积极践行企业社会责任,深受国际国内各界广泛认可和好评。

　　近年来,先后被国内外权威机构或组织授予最佳股份制商业银行、最具创新力银行、最具投资价值上市公司、亚洲最佳股东回报银行、亚洲最佳盈利银行、中国最佳企业公民、最具社会责任上市公司、最佳绿色银行、亚洲可持续银行奖冠军、全国减排先进集体金融机构最佳公司治理奖、最具投资价值上市公司、世界环保大会"碳金社会公民"等荣誉。根据英国《银行家》、美国《财富》《福布斯》等国际权威机构最新评定,兴业银行稳居国内银行 10 强,中国品牌价值百强榜第 24 位,全球银行 50 强和世界企业 500 强行列,2018 年《财富》世界 500 强排行榜排名第 237 名。

投资规则:先看市盈率　一票定乾坤

分析:_____

_____

_____

投资规则:再看市净率　资产辨分明

分析:＿＿＿＿＿＿＿＿＿＿＿＿＿＿＿＿＿＿＿＿＿＿

＿＿＿＿＿＿＿＿＿＿＿＿＿＿＿＿＿＿＿＿＿＿＿＿＿＿

＿＿＿＿＿＿＿＿＿＿＿＿＿＿＿＿＿＿＿＿＿＿＿＿＿＿

投资规则:资产收益率　持续很重要

分析:＿＿＿＿＿＿＿＿＿＿＿＿＿＿＿＿＿＿＿＿＿＿

＿＿＿＿＿＿＿＿＿＿＿＿＿＿＿＿＿＿＿＿＿＿＿＿＿＿

＿＿＿＿＿＿＿＿＿＿＿＿＿＿＿＿＿＿＿＿＿＿＿＿＿＿

投资规则:无债一身轻　盈利是王道

分析:＿＿＿＿＿＿＿＿＿＿＿＿＿＿＿＿＿＿＿＿＿＿

＿＿＿＿＿＿＿＿＿＿＿＿＿＿＿＿＿＿＿＿＿＿＿＿＿＿

＿＿＿＿＿＿＿＿＿＿＿＿＿＿＿＿＿＿＿＿＿＿＿＿＿＿

＿＿＿＿＿＿＿＿＿＿＿＿＿＿＿＿＿＿＿＿＿＿＿＿＿＿

投资规则:长寿皆国宝　消费与垄断

分析:＿＿＿＿＿＿＿＿＿＿＿＿＿＿＿＿＿＿＿＿＿＿

＿＿＿＿＿＿＿＿＿＿＿＿＿＿＿＿＿＿＿＿＿＿＿＿＿＿

＿＿＿＿＿＿＿＿＿＿＿＿＿＿＿＿＿＿＿＿＿＿＿＿＿＿

投资规则:看看能力圈　综合来评估

分析:＿＿＿＿＿＿＿＿＿＿＿＿＿＿＿＿＿＿＿＿＿＿

＿＿＿＿＿＿＿＿＿＿＿＿＿＿＿＿＿＿＿＿＿＿＿＿＿＿

＿＿＿＿＿＿＿＿＿＿＿＿＿＿＿＿＿＿＿＿＿＿＿＿＿＿

表 4-1　兴业银行综合评估模型表

银行业估值评分模型				
评估指标	指标实施细则	评估分值	指标值	评估结果
市盈率	小于等于 8 倍	2 分		
	大于 8 倍小于 15 倍	1.5 分		
	大于 15 倍小于 22 倍	1 分		
	大于 22 倍小于 30 倍	0.5 分		
	大于 30 倍	0 分		
市净率	小于等于 1	2 分		
	大于 1 倍小于 3 倍	1.5 分		
	大于 4 倍小于 7 倍	1 分		
	大于 7 倍小于 9 倍	0.5 分		
	大于 9 倍	0 分		
净资产收益率	连续 10 年≥20%	2 分		
	连续 10 年≥15%	1.5 分		
	连续 10 年≥10%	1 分		
	连续 3 年≥5%	0.5 分		
	连续 3 年＜5%	0 分		
吸收存款增减	存款增加＞3%	1 分		
	吸收存款增减 3%	0.5 分		
	存款减少 3%	0 分		
不良贷款率	不良贷款率减少 2% 以上	1 分		
	不良贷款率增减 2%	0.5 分		
	不良贷款率增加 2% 以上	0.25 分		
不良贷款拨备覆盖率	拨备覆盖率增加	1 分		
	拨备覆盖率减少	0 分		

银行业估值评分模型				
评估指标	指标实施细则	评估分值	指标值	评估结果
股东权益增长	连续5年增长≥5%	1分		
	连续3年增长≥5%	0.5分		
	增长率<5%	0分		
净利差	净利差增加	1分		
	净利差减少	0分		
净息差	净息差增加	1分		
	净息差减少	0分		
得分合计				

注:本评估系统满分12分,按"严重低估、低估、合理、不关注"4个评分等级进行评估。8分以下不关注,得分大于8分小于9分评估为"合理";得分大于9分小于10.5分评估为"低估";得分大于10.5分到12分评估为"严重低估"。

总结:

_____

_____

_____

_____

_____

_____

宇宙第一大行

——工商银行

2019 年显示,"宇宙第一大行"中国工商银行 2018 年实现净利润 2987 亿元,同比增长 3.9%,平均日赚 8.18 亿元,稳坐全球最赚钱银行宝座。中国工商银行股份有限公司是一家主要从事公司个人金融业务、投资银行业务,并提供资产管理、信托、金融租赁及其他金融服务的商业银行,是目前中国最大的商业银行,本外币合计存贷款市场份额国内市场最大,公司是全球市值最大、客户存款第一和盈利最多的银行。

中国工商银行成立于 1984 年 1 月 1 日,总行位于北京复兴门内大街 55 号,是中央管理的大型国有银行,国家副部级单位。中国工商银行的基本任务是依据国家的法律和法规,通过国内外开展融资活动筹集社会资金,加强信贷资金管理,支持企业生产和技术改造,为我国经济建设服务。

工商银行于 2006 年 10 月 27 日在上海证券交易所和香港联交所同步上市,证券代码分别为 600139 和 01398。

作为百业之母的银行业在我国经济发展中占有重要的地位,银行稳则经济稳,银行稳则国家稳。中国工商银行现有 2.1 万多家境内机构、100 多家境外分支机构和遍布全球的上千家代理行。2018 年 6 月 20 日,《中国 500 最具价值品牌》分析报告发布,"宇宙第一大行"中国工商银行排名第 4 位,品牌价值3345.61 亿元。2018 年 7 月,英国《银行家》杂志发布 2018 年全球银行 1000 强排名榜单,中国工商银行排名第 1 位。2018 年《财富》世界 500 强,中国工商银行排名第 26 位。2018 年 12 月 18 日,世界品牌实验室编制的《2018 世界品牌 500 强》揭晓,中国工商银行排名第 43 位。

表 4-2 工商银行基本财务数据

报告日期	2018/12/31	2017/12/31	2016/12/31	2015/12/31	2014/12/31
基本每股收益(元)	0.82	0.79	0.77	0.77	0.78
每股净资产(元)	6.3	5.73	5.29	4.8	4.33
主营业务收入(万元)	77378900	72650200	67589100	69764700	65889200
主营业务利润(万元)	37118700	36184200	36031500	35953500	35961200
营业利润(万元)	37118700	36184200	36031500	35953500	35961200
投资收益(万元)	1882100	1192700	1002000	1040900	492000
营业外收支额(万元)	122600	279900	296400	370000	200000
利润总额(万元)	37241300	36464100	36327900	36323500	36161200
净利润(万元)	29767600	28604900	27824900	27713100	27581110
总资产(万元)	2769954000	2608704300	2413726500	2220978000	2060995300
总负债(万元)	2535465700	2394598700	2215610200	2040926100	1907264900
股东权益(万元)	233000100	212749100	196975100	178947400	153085900
净资产收益率(%)	13.79	14.35	15.24	17.1	19.96

投资规则:先看市盈率　一票定乾坤

分析：

投资规则:再看市净率　资产辨分明

分析：

投资规则:资产收益率　持续很重要

分析：

投资规则:无债一身轻　盈利是王道

分析：

投资规则:长寿皆国宝　消费与垄断

分析：

投资规则:看看能力圈　综合来评估

分析：

表 4-3　中国工商银行的综合评估模型表

银行业估值评分模型				
评估指标	指标实施细则	评估分值	指标值	评估结果
市盈率	小于等于 8 倍	2 分		
	大于 8 倍小于 15 倍	1.5 分		
	大于 15 倍小于 22 倍	1 分		
	大于 22 倍小于 30 倍	0.5 分		
	大于 30 倍	0 分		
市净率	小于等于 1	2 分		
	大于 1 倍小于 3 倍	1.5 分		
	大于 4 倍小于 7 倍	1 分		
	大于 7 倍小于 9 倍	0.5 分		
	大于 9 倍	0 分		
净资产收益率	连续 10 年≥20%	2 分		
	连续 10 年≥15%	1.5 分		
	连续 10 年≥10%	1 分		
	连续 3 年≥5%	0.5 分		
	连续 3 年＜5%	0 分		
吸收存款增减	存款增加＞3%	1 分		
	吸收存款增减 3%	0.5 分		
	存款减少 3%	0 分		
不良贷款率	不良贷款率减少 2% 以上	1 分		
	不良贷款率增减 2%	0.5 分		
	不良贷款率增加 2% 以上	0.25 分		
不良贷款拨备覆盖率	拨备覆盖率增加	1 分		
	拨备覆盖率减少	0 分		

银行业估值评分模型				
评估指标	指标实施细则	评估分值	指标值	评估结果
股东权益增长	连续 5 年增长≥5%	1 分		
	连续 3 年增长≥5%	0.5 分		
	增长率<5%	0 分		
净利差	净利差增加	1 分		
	净利差减少	0 分		
净息差	净息差增加	1 分		
	净息差减少	0 分		
得分合计				

注：本评估系统满分 12 分，按"严重低估、低估、合理、不关注"4 个评分等级进行评估。8 分以下不关注，得分大于 8 分小于 9 分评估为"合理"；得分大于 9 分小于 10.5 分评估为"低估"；得分大于 10.5 分到 12 分评估为"严重低估"。

总结：_____

_____

_____

_____

_____

一笑值百万
——美的电器

在我印象中，电影演员巩俐为美的电器做的广告，因为动人的一抹微笑获得百万酬金。视频中，美人婀娜身影从远处走来，一尊优雅的坐姿、一抹妩媚的微笑，打出美的电器的广告词"原来生活可以更美的"。美的电器也因巩俐的一个微笑，从此更加深入人心，从珠三角走向大江南北、长城内外。

美的集团是一家覆盖消费电器、暖通空调、机器人与自动化系统、智能供应链（物流）的科技集团，也是一家以家电制造为主的大型综合性企业集团。现总部位于广东佛山市顺德区北滘镇美的大道 6 号美的总部大楼，2013 年 9 月 18 日在深圳证券交易所上市交易，证券名称为美的电器，证券代码为 000333。

1968 年，美的创业，1980 年，美的正式进入家电业，1981 年注册美的品牌。旗下拥有美的、小天鹅、威灵、华凌、安得、美芝等 10 多个品牌。集团在国内建有广东顺德、广州、中山，安徽合肥及芜湖，湖北武汉及荆州，江苏无锡、淮安、苏州及常州，重庆，山西临汾，江西贵溪，河北邯郸等 15 个生产基地，辐射华南、华东、华中、西南、华北五大区域；在越南、白俄罗斯、埃及、巴西、阿根廷、印度等 6 个国家建有生产基地。

美的集团从家电起步，逐步转型装备制造并进行全球研发生产布局。美的将不断深化转型，勇于改变，紧抓机遇，追求新的增长，通过"一个美的、一个体系、一个标准"的践行，围绕业务战略、互联网战略、全球化战略三条战略主线，由单一产品的制造商转向提供系统集成服务方案商，实现商业模式创新。

美的集团主要家电产品有家用空调、商用空调、大型中央空调、冰箱、吸尘器、取暖器、电水壶、烤箱、抽油烟机、净水设备、空气清新机、加湿器、灶具、消毒柜、照明等和空调压缩机、冰箱压缩机、电机、磁控管、变压器等家电配件产品。集团现拥有中国最完整的空调产业链、冰箱产业链、洗衣机产业链、微波炉产业链和洗碗机产业链,中国最完整的小家电产品群和厨房家电产品群,以及以德国库卡集团、美的机器人公司等为核心的机器人及工业自动化系统和以安得智联为集成解决方案服务平台的智能供应链。在全球设有 60 多个海外分支机构及 10 个战略业务单位,同时为德国库卡集团最主要股东(约 95%),产品远销200 多个国家和地区。

美的集团以"科技尽善,生活尽美"为企业愿景,将"联动人与万物,启迪美的世界"作为使命,致力创造美好生活。

2016 年 7 月 20 日,美的集团以 221.73 亿美元的营业收入首次进入《财富》世界 500 强名单,位列第 481 位。

2017 年 5 月 25 日,福布斯 2017 全球企业 2000 强榜单正式出炉,美的位列第 335 名。

2017 年 1 月 5 日,腾讯 QQ 和美的集团在深圳正式签署战略合作协议,双方将共同构建基于 IP 授权与物联云技术的深度合作,实现家电产品的连接、对话和远程控制。2017 年天猫双十一"亿元俱乐部"榜单显示,美的位列第二名。

2018 年 7 月 19 日,《财富》公布世界 500 强企业排行榜,美的位列第323 位。

表 4-4　美的电器基本财务数据表

报告日期	2018/12/31	2017/12/31	2016/12/31	2015/12/31	2014/12/31
基本每股收益(元)	3.08	2.66	2.29	2.99	2.49
主营业务收入(万元)	25966482	24071230	15904404	13844123	14166818
主营业务利润(万元)	7184760	5979098	4270129	3520573	3541689
营业利润(万元)	2556411	2162785	1743598	1491687	1345050
投资收益(万元)	90733	183022	128596	201127	151112

续表

报告日期	2018/12/31	2017/12/31	2016/12/31	2015/12/31	2014/12/31
营业外收支净额（万元）	20895	22692	147863	113448	54018
利润总额（万元）	2577306	2185477	1891460	1605135	1399068
净利润（万元）	2023078	1728369	1468436	1270673	1050222
总资产（万元）	26370115	24810686	17060071	12884194	12029209
流动资产（万元）	18268944	16981068	12062132	9336771	8642707
总负债（万元）	17124663	16518169	10162402	7281031	7456063
流动负债（万元）	13023109	11909186	8918400	7200385	7314285
股东权益（万元）	8307212	7373744	6112692	4920185	3947050
净资产收益率（%）	25.66	25.88	26.88	29.06	29.49

投资规则:先看市盈率　一票定乾坤

　分析:_____

_____

_____

投资规则:再看市净率　资产辨分明

　分析:_____

_____

_____

投资规则:资产收益率　持续很重要

分析:
_____

_____

_____

投资规则:无债一身轻　盈利是王道

分析:
_____

_____

_____

投资规则:长寿皆国宝　消费与垄断

分析:
_____

_____

_____

投资规则:看看能力圈　综合来评估

分析:
_____

_____

_____

表 4-5　美的集团综合评估模型表

综合评估模型				
评估指标	指标实施细则	评估分值	指标值	评估结果
市盈率	小于等于 8 倍	2 分		
	大于 8 倍小于 15 倍	1.5 分		
	大于 15 倍小于 23 倍	1 分		
	大于 23 倍小于 30 倍	0.5 分		
	大于 30 倍	0 分		

续表

综合评估模型				
评估指标	指标实施细则	评估分值	指标值	评估结果
市净率	小于等于 1	2 分		
	大于 1 倍小于 4 倍	1.5 分		
	大于 4 倍小于 7 倍	1 分		
	大于 7 倍小于 9 倍	0.5 分		
	大于 9 倍	0 分		
净资产收益率	连续 10 年≥20%	2 分		
	连续 10 年≥15%	1.5 分		
	连续 10 年≥10%	1 分		
	连续 3 年≥10%	0.5 分		
	小于 5%	0 分		
负债率	连续 3 年≤30%	1 分		
	连续 3 年大于 30%小于 50%	0.5 分		
	大于 50%	0 分		
毛利率	连续 5 年≥30%	1 分		
	连续 5 年≤30%	0.5 分		
	连续 5 年≤10%	0 分		
营业总收入增长率	增长率≥8%	0.5 分		
	增长率≥3%	0.25 分		
	增长率小于 3%	0 分		
应收款	较上年度减少 10%以上	0.5 分		
	增加 30%以内	0.25 分		
	增加 30%以上	0 分		

综合评估模型				
评估指标	指标实施细则	评估分值	指标值	评估结果
存货	较上年度减少10%以上	0.5分		
	较上年度增加小于20%	0.25分		
	较上年度增加大于20%	0分		
股东权益增长	连续3年增长≥5%	1分		
	连续5年增长≥5%	0.5分		
	增长率<5%	0分		
长寿国宝	知名品牌,生命力强,同行难入侵	0.5分		
稀缺垄断	产品供不应求,市场占有率不断提高	0.5分		
消费、医药(轻资产)	食品饮料,行业壁垒强,护城河宽,一次投资永久获得的赚钱机器	0.5分		
得分合计				

注:本评估系统满分12分,按"严重低估、低估、合理、不关注"4个评分等级进行评估。8分以下不关注,得分大于8分小于9分评估为"合理";得分大于9分小于10.5分评估为"低估";得分大于10.5分到12分评估为"严重低估"。

总结:＿＿＿＿＿＿＿＿＿＿＿＿＿＿＿＿＿＿＿＿＿＿＿＿＿＿＿＿

＿＿＿＿＿＿＿＿＿＿＿＿＿＿＿＿＿＿＿＿＿＿＿＿＿＿＿＿＿＿＿＿

＿＿＿＿＿＿＿＿＿＿＿＿＿＿＿＿＿＿＿＿＿＿＿＿＿＿＿＿＿＿＿＿

＿＿＿＿＿＿＿＿＿＿＿＿＿＿＿＿＿＿＿＿＿＿＿＿＿＿＿＿＿＿＿＿

＿＿＿＿＿＿＿＿＿＿＿＿＿＿＿＿＿＿＿＿＿＿＿＿＿＿＿＿＿＿＿＿

高峡出平湖，当惊世界殊

——长江电力

谈到长江电力，我们应了解一下三峡大坝的历史。

1918年，孙中山在《建国方略》一文中提出了建立三峡工程的原始设想："当以水闸堰其水，使舟得溯流以行，而又可资其水力。"

新中国成立后，1950年2月，长江水利委员会成立，着手开展长江的综合治理。

1956年2月，三峡工程规划设计和长江流域规划工作正在全面开展时，毛泽东在武汉畅游长江并乘兴写下《水调歌头·游泳》，使"更立西江石壁，截断巫山云雨，高峡出平湖。神女应无恙，当惊世界殊"成为人们对三峡工程的美好向往。

1955年开始，全面开展长江流域规划和三峡工程勘测、科研与计划工作，1957年底基本完成。

1970年12月26日，长江葛洲坝工程批准兴建，这是有计划、有步骤地为建设三峡工程作实战准备。

1992年4月3日，七届全国人大五次会议通过《关于兴建三峡工程的决议》，完成三峡工程的立法程序并进入实施阶段。

1993年9月27日，中国长江三峡工程开发总公司在宜昌市正式成立。

1994年12月14日，国务院总理在宜昌三斗坪向全世界宣布当今世界第一大的水电工程——三峡工程正式开工。

2003年7月10日，长江三峡左岸电站2号机组投产发电并移交三峡电厂，这是三峡工程第一个投产的机组。2008年10月29日，右岸15号机组投产发电，是三峡水电站右岸电厂最后一台发电的机组。

建成后的三峡大坝，抬高了长江水位，有效地改善了三峡天然航道。"朝辞白帝彩云间，千里江陵一日还。两岸猿声啼不住，轻舟已过万重山"已不再是诗人的美好幻想,如今已成为活生生的现实。

中国长江电力股份有限公司(股票简称:长江电力,股票代码:600900)是由中国长江三峡集团公司作为主发起人,联合华能国际电力股份有限公司、中国核工业集团公司、中国石油天然气集团公司、中国葛洲坝集团股份有限公司和长江水利委员会长江勘测规划设计研究院等五家发起设立的股份有限公司。

经中国证券监督管理委员会批准,公司以募集方式向社会公开发行股票并于 2003 年 11 月 18 日在上海证券交易所上市交易。

长江电力上市以来,业绩持续增长,2018 年 12 月 5 日荣获"第八届香港国际金融论坛暨中国证券金紫荆奖最具投资价值上市公司"。

长江电力上市以来,给股东创造了丰厚的利润,由上市之初的年净利润14.38亿元,增加到2018年的净利润226.30亿元。长江电力作为世界最大的水电工程,现在几乎不用每年增加新的投资就可以源源不断地为股东创造丰厚的利润,一天 24 小时运转的水发电机机组,已经成为为股东"赚钱的机器",长江电力现在的股价是否适合投资呢?请你按照第三章讲的投资逻辑,根据你自己综合评判,慢慢感悟投资与否。

表 4-6　长江电力基本财务数据表

报告日期	2018/12/31	2017/12/31	2016/12/31	2015/12/31	2014/12/31
基本每股收益(元)	1.03	1.01	0.94	0.7	0.72
主营业务收入(万元)	5121397	5014685	4893939	2423907	2689779
主营业务利润(万元)	3092031	2693710	2862773	1392475	1647081
营业利润(万元)	2739207	2707691	2227670	1289438	1354887
投资收益(万元)	270705	231170	133419	221100	106588

续表

报告日期	2018/12/31	2017/12/31	2016/12/31	2015/12/31	2014/12/31
利润总额（万元）	2700711	2665439	2515394	1492756	1540654
净利润（万元）	2261094	2226091	2078118	1151998	1182999
总资产（万元）	29549699	29939822	29889493	14199790	14699412
流动资产（万元）	948495	1018718	907507	609458	585532
总负债（万元）	15281244	16387938	17036857	5064253	6085763
流动负债（万元）	568719	5970299	6211060	1864818	2088017
股东权益（万元）	14220341	13510145	12819918	9132313	8613417
净资产收益率（%）	16.31	16.91	16.88	13.58	14.47

投资规则:先看市盈率　一票定乾坤

分析:＿＿＿＿＿＿＿＿＿＿＿＿＿＿＿＿＿＿＿＿＿＿＿＿＿

＿＿＿＿＿＿＿＿＿＿＿＿＿＿＿＿＿＿＿＿＿＿＿＿＿＿＿＿＿＿

投资规则:再看市净率　资产辨分明

分析:＿＿＿＿＿＿＿＿＿＿＿＿＿＿＿＿＿＿＿＿＿＿＿＿＿

＿＿＿＿＿＿＿＿＿＿＿＿＿＿＿＿＿＿＿＿＿＿＿＿＿＿＿＿＿＿

投资规则:资产收益率　持续很重要

分析:

_____

_____

投资规则:无债一身轻　盈利是王道

分析:

_____

_____

投资规则:长寿皆国宝　消费与垄断

分析:

_____

_____

投资规则:看看能力圈　综合来评估

分析:

_____

_____

表 4-7　长江电力综合评估模型表

综合评估模型				
评估指标	指标实施细则	评估分值	指标值	评估结果
市盈率	小于等于 8 倍	2 分		
	大于 8 倍小于 15 倍	1.5 分		
	大于 15 倍小于 23 倍	1 分		
	大于 23 倍小于 30 倍	0.5 分		
	大于 30 倍	0 分		

续表

综合评估模型				
评估指标	指标实施细则	评估分值	指标值	评估结果
市净率	小于等于 1	2 分		
	大于 1 倍小于 4 倍	1.5 分		
	大于 4 倍小于 7 倍	1 分		
	大于 7 倍小于 9 倍	0.5 分		
	大于 9 倍	0 分		
净资产收益率	连续 10 年≥20%	2 分		
	连续 10 年≥15%	1.5 分		
	连续 10 年≥10%	1 分		
	连续 3 年≥10%	0.5 分		
	小于 5%	0 分		
负债率	连续 3 年≤30%	1 分		
	连续 3 年大于 30%小于 50%	0.5 分		
	大于 50%	0 分		
毛利率	连续 5 年≥30%	1 分		
	连续 5 年≤30%	0.5 分		
	连续 5 年≤10%	0 分		
营业总收入增长率	增长率≥8%	0.5 分		
	增长率≥3%	0.25 分		
	增长率小于 3%	0 分		
应收款	较上年度减少 10%以上	0.5 分		
	增加 30%以内	0.25 分		
	增加 30%以上	0 分		

续表

综合评估模型				
评估指标	指标实施细则	评估分值	指标值	评估结果
存货	较上年度减少10%以上	0.5分		
	较上年度增加小于20%	0.25分		
	较上年度增加大于20%	0分		
股东权益增长	连续3年增长≥5%	1分		
	连续5年增长≥5%	0.5分		
	增长率<5%	0分		
长寿国宝	知名品牌,生命力强,同行难入侵	0.5分		
稀缺垄断	产品供不应求,市场占有率不断提高	0.5分		
消费、医药(轻资产)	食品饮料,行业壁垒强,护城河宽,一次投资永久获得的赚钱机器	0.5分		
得分合计				

注:本评估系统满分12分,按"严重低估、低估、合理、不关注"4个评分等级进行评估。8分以下不关注,得分大于8分小于9分评估为"合理";得分大于9分小于10.5分评估为"低估";得分大于10.5分到12分评估为"严重低估"。

总结:_____

_____

_____

_____

_____

_____

经常用脑，多喝六个核桃
——养元饮品

河北养元智汇饮品股份有限公司始建于1997年，专注植物蛋白饮料核桃乳的研发、生产和销售业务。在河北衡水、安徽滁州、江西鹰潭、河南漯河、四川简阳设有生产加工基地，是国内产销规模领先的核桃乳企业。公司总部位于河北省衡水市桃城区经济开发区北区新区六路南、滏阳四路以西，2018年2月12日在上海证券交易所上市，证券名称为养元饮品，证券代码为603156。公司主营以核桃仁为主要原料的植物蛋白饮料、罐头食品的研发、生产与销售。产品有核桃乳、核桃杏仁露、核桃花生露、果仁露、杏仁露、核桃奶等。

公司自成立以来，心怀"专注于提供优质的健脑核桃饮品，致力于提高人生智慧"的企业使命，秉持"先机而作、创新品类"的发展战略。

谈到以核桃为主要原料的养元饮品主要产品六个核桃，就使我想起了上学时学到的明代文学家魏学洢脍炙人口的文章《核舟记》："明有奇巧人曰王叔远，能以径寸之木，为宫室、器皿、人物，以至鸟兽、木石，罔不因势象形，各具情态。尝贻余核舟一，盖大苏泛赤壁云。"那栩栩如生的精巧核舟仿佛就在眼前。

核桃又名胡桃、羌桃，是国内外栽培最为广泛的一种落叶乔木，一般树高10～20米，最高有30米以上，主干直径1米左右，寿命长达一二百年，最长可达500年以上。

核桃营养价值丰富，有"万岁子""长寿果""养生之宝"的美誉。核桃中86%的脂肪是不饱和脂肪酸，核桃富含铜、镁、钾、维生素 B_6、叶酸和维生素 B_1，也含有纤维、磷、烟酸、铁、维生素 B_2 和泛酸。每50克核桃中，水分占3.6%，另含蛋白质7.2克、脂肪31克和碳水化合物9.2克。胡桃仁含粗蛋白22.18%，其中可溶性蛋白的组成以谷氨酸为主，其次为精氨酸和核桃仁天冬氨酸。

核桃的食疗价值极高。核桃中富含丰富的 ω-3 脂肪酸，每天食用可以减少患抑郁症、注意力缺失多动症、癌症和老年痴呆症等的概率。每天食用2盎司约 60 克的核桃,患乳腺癌和肿瘤的概率要小。核桃中的核桃油具有减除血液静压的作用,可以帮助我们的身体应对外界压力。核桃坚果中的不饱和脂肪有益于胰岛素分解,降低患糖尿病的风险。常吃核桃还具有保护心脏,头发变黑的功效。

核桃同样具有极高的药用价值,用于肾虚腰痛,两脚痿弱,小便频数,遗精阳痿;肺气虚弱或肺肾两虚,喘咳短气,肠燥便秘,大便干涩,石淋,小便不利等。

"六个核桃"核桃乳作为公司的主导产品,采用独创的"5328"生产工艺、创新的全核桃 CET 冷萃技术,在完美解决核桃乳"涩、腻"口感的同时,充分保留了核桃仁的营养,连续多年在核桃乳饮料全国市场销量领先。

《礼记·郊特牲》记载:"凡饮,养阳气也;凡食,养阴气也。"

元:首脑、万物之本、根源、元气。"养元"二字完美地诠释了它的品牌内涵,"养智慧之元,享幸福人生"。

二十余年如一日专注核桃乳饮料的产品研发、市场培育和消费引导,通过技术创新、品牌创新及产业链协同建设实现了跨越发展,并推动核桃乳由风味型边缘饮料变身成为"南北通喝、全国同饮"的主流饮料。

公司科研和技术实力雄厚。主导、参与起草了核桃乳行业标准和国家标准,2004 年,通过 ISO9001 质量管理体系认证。2009 年,公司通过 ISO22000 食品安全管理体系认证,以顾客需求为出发点,确立"经常用脑,多喝六个核桃"品牌定位,获得了诚信管理体系认证、欧盟"BRC 食品安全全球标准"A 级认证。公司拥有中国轻工业核桃饮品重点实验室、院士工作站、博士后科研工作站、河北省植物蛋白饮品发酵工程实验室、河北省核桃饮品工程技术研究中心等多个技术创新平台,公司检测中心通过了 CNAS 国家实验室认可,具备国际互认资质。

2009 年 7 月,河北养元智汇饮品股份有限公司提出《植物蛋白饮料核桃露(乳)》国家标准,同年 11 月,国家标准委员会批准立项。

2010 年,六个核桃商标被国家工商总局依法认定为"中国驰名商标"。

2014 年 12 月 10 日,经过权威主管部门多番验证审查,由中国饮料工业协会牵头,中国轻工业联合会主管,全国饮料标准化技术委员会归口,河北养元智汇饮品股份有限公司等生产企业参与的 GB/T31325－2014《植物蛋白饮料核桃露(乳)》国家标准正式对外公布。

2017年,公司品牌"六个核桃"被中国保护消费者基金会、中国食品报社联合评为"最受消费者信赖的十大饮料品牌"。

公司在20余年的自强发展中,先后获得农业产业化国家重点龙头企业、全国农产品加工业示范企业、全国食品工业优秀龙头食品企业、中国食品产业(植物蛋白饮料行业)标杆品牌、中国驰名商标、中国饮料工业二十强、河北省重点龙头企业、燕赵楷模·时代新人等殊荣。

面向未来,公司将继续秉持"以核桃饮品为主业"的发展战略,恪守"憨厚、务实、创新、自强"的核心价值观,全心致力于技术、产品、品牌及行业的提质升级,持续引领核桃产品行业发展,努力成为大众景仰的优秀企业,在引领核桃乳饮料稳健发展的同时,打造卓越民族品牌。

2018年养元饮品年报显示:养元饮品营业收入81.44亿元,同比增长5.22%,净利润28.37亿元,同比增长22.82%。每股收益3.80元,分红预案每10股转4股派30元(含税),分红率达到79.66%,在A股上市公司中是极其少见的,这充分说明,养元饮品是一个盈利能力极强的公司,如此高的分红率也充分说明养元饮品的管理层是如此敦厚与务实。

对养元饮品的投资分析还是交给投资者,按照投资规则与风险警示来综合评判现在的价格是否参与。

表 4-8　养元饮品基本财务数据表

报告日期	2018/12/31	2017/12/31	2016/12/31	2015/12/31	2014/12/31
基本每股收益(元)	3.59	4.67	5.54	5.29	3.7
主营业务收入(万元)	814424	774058	890035	911725	826175
主营业务利润(万元)	398123	362319	434756	413687	316310
营业利润(万元)	357303	307792	344771	332896	238777
投资收益(万元)	35047	33580	25039	18676	13231

续表

报告日期	2018/12/31	2017/12/31	2016/12/31	2015/12/31	2014/12/31
利润总额（万元）	355225	307992	365574	349686	244182
净利润（万元）	267753	230988	274069	261996	183054
总资产（万元）	1529280	1119011	976058	937806	751444
流动资产（万元）	1321553	913437	815275	789946	680216
总负债（万元）	348219	385320	378691	373939	387698
流动负债（万元）	339620	376441	368620	367254	383467
股东权益（万元）	1181061	733691	597367	563867	363746
净资产收益率（%）	25.67	38.77	46.73	57.77	62.51

投资规则：先看市盈率 一票定乾坤

分析：_____

_____

_____

投资规则：再看市净率 资产辨分明

分析：_____

_____

_____

投资规则:资产收益率 持续很重要

分析:＿＿＿＿＿＿＿＿＿＿＿＿＿＿＿＿＿＿＿

＿＿＿＿＿＿＿＿＿＿＿＿＿＿＿＿＿＿＿＿＿＿

＿＿＿＿＿＿＿＿＿＿＿＿＿＿＿＿＿＿＿＿＿＿

投资规则:无债一身轻,盈利是王道

分析:＿＿＿＿＿＿＿＿＿＿＿＿＿＿＿＿＿＿＿

＿＿＿＿＿＿＿＿＿＿＿＿＿＿＿＿＿＿＿＿＿＿

＿＿＿＿＿＿＿＿＿＿＿＿＿＿＿＿＿＿＿＿＿＿

投资规则:长寿皆国宝 消费与垄断

分析:＿＿＿＿＿＿＿＿＿＿＿＿＿＿＿＿＿＿＿

＿＿＿＿＿＿＿＿＿＿＿＿＿＿＿＿＿＿＿＿＿＿

＿＿＿＿＿＿＿＿＿＿＿＿＿＿＿＿＿＿＿＿＿＿

投资规则:看看能力圈 综合来评估

分析:＿＿＿＿＿＿＿＿＿＿＿＿＿＿＿＿＿＿＿

＿＿＿＿＿＿＿＿＿＿＿＿＿＿＿＿＿＿＿＿＿＿

＿＿＿＿＿＿＿＿＿＿＿＿＿＿＿＿＿＿＿＿＿＿

表 4-9 养元饮品的综合评估模型表

综合评估模型				
评估指标	指标实施细则	评估分值	指标值	评估结果
市盈率	小于等于 8 倍	2 分		
	大于 8 倍小于 15 倍	1.5 分		
	大于 15 倍小于 23 倍	1 分		
	大于 23 倍小于 30 倍	0.5 分		
	大于 30 倍	0 分		

综合评估模型				
评估指标	指标实施细则	评估分值	指标值	评估结果
市净率	小于等于 1	2 分		
	大于 1 倍小于 4 倍	1.5 分		
	大于 4 倍小于 7 倍	1 分		
	大于 7 倍小于 9 倍	0.5 分		
	大于 9 倍	0 分		
净资产收益率	连续 10 年≥20％	2 分		
	连续 10 年≥15％	1.5 分		
	连续 10 年≥10％	1 分		
	连续 3 年≥10％	0.5 分		
	小于 5％	0 分		
负债率	连续 3 年≤30％	1 分		
	连续 3 年大于 30％小于 50％	0.5 分		
	大于 50％	0 分		
毛利率	连续 5 年≥30％	1 分		
	连续 5 年≤30％	0.5 分		
	连续 5 年≤10％	0 分		
营业总收入增长率	增长率≥8％	0.5 分		
	增长率≥3％	0.25 分		
	增长率小于 3％	0 分		
应收款	较上年度减少 10％以上	0.5 分		
	增加 30％以内	0.25 分		
	增加 30％以上	0 分		

综合评估模型				
评估指标	指标实施细则	评估分值	指标值	评估结果
存货	较上年度减少10％以上	0.5分		
	较上年度增加小于20％	0.25分		
	较上年度增加大于20％	0分		
股东权益增长	连续3年增长≥5％	1分		
	连续5年增长≥5％	0.5分		
	增长率＜5％	0分		
长寿国宝	知名品牌,生命力强,同行难入侵	0.5分		
稀缺垄断	产品供不应求,市场占有率不断提高	0.5分		
消费、医药（轻资产）	食品饮料,行业壁垒强,护城河宽,一次投资永久获得的赚钱机器	0.5分		
得分合计				

注:本评估系统满分12分,按"严重低估、低估、合理、不关注"4个评分等级进行评估。8分以下不关注,得分大于8分小于9分评估为"合理";得分大于9分小于10.5分评估为"低估";得分大于10.5分到12分评估为"严重低估"。

总结:
_____

_____

_____

_____

_____

国宝名药

——片仔癀

说到片仔癀,可能大家很少听说过这个产品,今天让我们先来了解一下"片仔癀"这个神秘的"国宝名药"的来历。

据考证,明朝末年,有宫廷御医,因不满朝廷暴政,携片仔癀秘方出逃流落至漳,隐居璞山岩寺削发为僧。御医出身的寺僧,依据宫廷秘方,用上等麝香、牛黄、田七、蛇胆等名贵中药材,炼制成药锭,专治热毒肿痛,内服外敷均可。当时附近百姓患疾者甚众,寺僧广为施治,无不药到病除。宫廷秘方,就此落地生根。当时片仔癀切片分服,每次一片即可退癀,因此,民间俗称"片仔癀"("仔"为闽南方言中语气词,"癀"为热毒肿痛)。由此,片仔癀被誉为"佛门圣药"。寺僧临终前,将秘方和制作工艺传授给住持,并嘱咐,此秘方传内不传外。从此,片仔癀在寺内代代相传,秘不外泄,成为璞山岩寺的"传寺之宝"。清末民初,因璞山岩寺香火渐渐冷落、倒塌,最后一任住持也还了俗,并在漳州东门外馨苑茶庄继续制售片仔癀。由此,片仔癀由佛门传入民间,其独特疗效极受民间推崇,被闽南旧时风俗奉之为"镇宅之宝",当地人拜访长辈亲戚素有送片仔癀的习惯,并随着华侨流入南洋,救人无数,赞誉如潮,在东南亚享有崇高地位。

1956 年,政府对私营工商业进行社会主义改造,馨苑茶庄与同善堂等药店联合组建公私合营同善堂联合制药厂;1957 年 12 月,同善堂联合制药厂与公私合营存恒联合神粬厂合并,改名为公私合营漳州制药厂,片仔癀为漳州市制药厂主导产品。经过片仔癀人几十年的创业,企业由小变大,由弱变强,逐渐发展壮大,现在已经成为漳州市支柱企业。1993 年,以漳州市制药厂为核心企业成立漳州片仔癀集团公司。1999 年 12 月,以漳州片仔癀集团公司为主要发起人,联合其他法人单位共同发起设立漳州片仔癀药业股份有限公司。2003 年 6 月,公司股票在上海证券交易所上市,股票名称为片仔癀,股票代码为 600436。

表 4-10　**片仔癀基本财务数据表**

报告日期	2017/12/31	2016/12/31	2015/12/31	2014/12/31	2013/12/31
基本每股收益（元）	1.34	0.89	1.16	2.73	2.73
主营业务收入（万元）	371395	230895	188567	145387	139587
主营业务利润（万元）	156713	109957	86589	70754	74838
营业利润（万元）	94739	60848	54159	80815	49668
投资收益（万元）	4758	661	1151	6251	2148
营业外收支净额（万元）	−583	73	811	945	1285
利润总额（万元）	94156	60921	54970	51760	50953
净利润（万元）	80702	53613	46668	43883	42977
总资产（万元）	564828	503782	405492	364964	325929
流动资产（万元）	421817	341240	282372	237310	225030
总负债（万元）	122304	128707	75160	66234	66705
流动负债（万元）	115144	91004	36188	25359	28709
净资产收益率（%）	21.16	16.2	15.43	16.79	21.92

投资规则:先看市盈率　一票定乾坤

分析:
_____
_____

投资规则:再看市净率　资产辨分明

分析:
_____
_____

投资规则:资产收益率　持续很重要

分析:
_____
_____

投资规则:无债一身轻　盈利是王道

分析:
_____
_____

投资规则:长寿皆国宝　消费与垄断

分析:
_____
_____

投资规则:看看能力圈　综合来评估

分析:
_____
_____

表 4-11 片仔癀综合评估模型表

综合评估模型				
评估指标	指标实施细则	评估分值	指标值	评估结果
市盈率	小于等于 8 倍	2 分		
	大于 8 倍小于 15 倍	1.5 分		
	大于 15 倍小于 23 倍	1 分		
	大于 23 倍小于 30 倍	0.5 分		
	大于 30 倍	0 分		
市净率	小于等于 1	2 分		
	大于 1 倍小于 4 倍	1.5 分		
	大于 4 倍小于 7 倍	1 分		
	大于 7 倍小于 9 倍	0.5 分		
	大于 9 倍	0 分		
净资产收益率	连续 10 年≥20%	2 分		
	连续 10 年≥15%	1.5 分		
	连续 10 年≥10%	1 分		
	连续 3 年≥10%	0.5 分		
	小于 5%	0 分		
负债率	连续 3 年≤30%	1 分		
	连续 3 年大于 30%小于 50%	0.5 分		
	大于 50%	0 分		
毛利率	连续 5 年≥30%	1 分		
	连续 5 年≤30%	0.5 分		
	连续 5 年≤10%	0 分		

综合评估模型				
评估指标	指标实施细则	评估分值	指标值	评估结果
营业总收入增长率	增长率≥8％	0.5分		
	增长率≥3％	0.25分		
	增长率小于3％	0分		
应收款	较上年度减少10％以上	0.5分		
	增加30％以内	0.25分		
	增加30％以上	0分		
存货	较上年度减少10％以上	0.5分		
	较上年度增加小于20％	0.25分		
	较上年度增加大于20％	0分		
股东权益增长	连续3年增长≥5％	1分		
	连续5年增长≥5％	0.5分		
	增长率＜5％	0分		
长寿国宝	知名品牌,生命力强,同行难入侵	0.5分		
稀缺垄断	产品供不应求,市场占有率不断提高	0.5分		
消费、医药（轻资产）	食品饮料,行业壁垒强,护城河宽,一次投资永久获得的赚钱机器	0.5分		
得分合计				

注:本评估系统满分12分,按"严重低估、低估、合理、不关注"4个评分等级进行评估。8分以下不关注,得分大于8分小于9分评估为"合理";得分大于9分小于10.5分评估为"低估";得分大于10.5分到12分评估为"严重低估"。

总结：
_____

_____

_____

_____

_____

_____

植物提取龙头

——晨光生物

晨光生物科技集团股份有限公司(简称晨光生物,证券代码 300138),是以农产品为原料进行天然植物有效成分提取的出口创汇型企业,拥有 23 家子(分)公司,主要研制和生产天然色素、天然香辛料提取物和精油、天然营养及药用提取物、油脂和蛋白等四大系列 80 多种产品。

晨光生物是农业产业化国家重点龙头企业、国家高新技术企业、国家技术创新示范企业、制造业单项冠军示范企业、国家"守合同重信用"企业、全国工业品牌培育示范企业、全国工业企业知识产权运用标杆;建有国家认定企业技术中心、博士后科研工作站、农业部辣椒加工重点实验室、国家地方联合工程实验室、院士工作站、省级工程技术研究中心等科研平台;拥有 177 项国家专利技术、3 项国家重点新产品、35 项省部级科技成果;荣获 38 项省部级以上科技奖励,其中"辣椒红、辣椒素连续生产技术和装备研发及产业化"2011 年获中国轻工业联合会科技进步一等奖、"天然番茄红素生产关键技术开发与应用"2012 年获中国轻工业联合会技术发明一等奖、"棉籽综合利用关键技术创新及产业化"2013 年获河北省科技进步一等奖、"辣椒精深加工质量控制关键技术研究与产业化"2013 年获全国商业科技进步特等奖、"辣椒天然产物高值化提取分离关键技术与产业化"2014 年荣获国家科技进步二等奖、"番茄加工产业化关键技术创新与应用"2017 年荣获国家科技进步二等奖、2010—2013 年连续四年荣获省部级企业管理现代化创新成果一等奖、2012 年荣获国家级企业管理现代化创新成果一等奖、2013 年荣获河北省政府质量奖。

"人与企业共发展"是晨光生物的核心文化理念,以博士生、硕士生为核心,大学生为骨干,庞大专业人才为主体的开拓型、学习型队伍,在董事长卢庆国的带领下,生产模式从无到有,不断超越,现已步入国际最先进行列,依靠先进的工艺设备和科学高效的技术创新管理体系,提升了中国辣椒红色素生产在世界

上的地位,使中国一跃成为世界辣椒红色素生产强国。公司先后通过了 BRC
体系认证、cGMP 体系认证、国家实验室(CNAS)认可、ISO9001 认证、ISO22000
认证、ISO14001 认证、OHSAS18001 认证、KOSHER 认证、HALAL 认证、FA-
MI−QS 认证、CMS 认证、SEDEX 认证、美国 FDA 产品注册以及知识产权管理
体系认证。公司产品符合联合国粮农组织、世界卫生组织及国家标准要求,产
品远销欧洲、美洲、澳洲及日、韩、南亚、东南亚、非洲部分国家和地区。

　　由于晨光生物总部的办公地址就在我的家乡曲周,董事长卢庆国他那实干
求实的工作作风与对企业的高效管理能力以及超越创新的精神,使晨光生物成
为曲周一张靓丽的名片。虽然晨光生物是创业板股票,但它在成为垄断型国宝
的路上,作为曲周人有责任有义务让更多的人了解晨光生物,认识晨光生物。

表 4-12　晨光生物基本财务数据表

报告日期	2018/12/31	2017/12/31	2016/12/31	2015/12/31	2014/12/31
基本每股收益(元)	0.28	0.39	0.36	0.38	0.12
主营业务收入(万元)	306344	277214	214085	126763	120718
主营业务利润(万元)	42868	34524	30339	16672	13537
营业利润(万元)	14120	13120	9689	5748	1172
营业外收支净额(万元)	978	2157	1769	2176	1746
利润总额(万元)	15098	15277	11458	7924	2918
净利润(万元)	14528	14283	9247	6886	2238
总资产(万元)	335711	287280	249240	199127	150821

流动资产（万元）	233868	202429	176561	134775	90453

续表

报告日期	2018/12/31	2017/12/31	2016/12/31	2015/12/31	2014/12/31
总负债（万元）	161692	124888	96746	56412	49969
流动负债（万元）	155578	119602	91230	50692	44492
股东权益（万元）	174412	162500	150303	141650	100720
净资产收益率(％)	8.63	9.13	6.41	6.62	2.24

投资规则:先看市盈率　一票定乾坤

分析:＿＿＿＿＿＿＿＿＿＿＿＿＿＿＿＿＿＿＿

＿＿＿＿＿＿＿＿＿＿＿＿＿＿＿＿＿＿＿＿＿＿＿

投资规则:再看市净率　资产辨分明

分析:＿＿＿＿＿＿＿＿＿＿＿＿＿＿＿＿＿＿＿

＿＿＿＿＿＿＿＿＿＿＿＿＿＿＿＿＿＿＿＿＿＿＿

投资规则:资产收益率　持续很重要

分析:＿＿＿＿＿＿＿＿＿＿＿＿＿＿＿＿＿＿＿

＿＿＿＿＿＿＿＿＿＿＿＿＿＿＿＿＿＿＿＿＿＿＿

投资规则:无债一身轻　盈利是王道

分析:＿＿＿＿＿＿＿＿＿＿＿＿＿＿＿＿＿＿＿

投资规则：长寿皆国宝　消费与垄断

分析：_____

_____

_____

投资规则：看看能力圈　综合来评估

分析：_____

_____

_____

表 4-13　晨光生物综合评估模型表

综合评估模型				
评估指标	指标实施细则	评估分值	指标值	评估结果
市盈率	小于等于 8 倍	2 分		
	大于 8 倍小于 15 倍	1.5 分		
	大于 15 倍小于 23 倍	1 分		
	大于 23 倍小于 30 倍	0.5 分		
	大于 30 倍	0 分		
市净率	小于等于 1	2 分		
	大于 1 倍小于 4 倍	1.5 分		
	大于 4 倍小于 7 倍	1 分		
	大于 7 倍小于 9 倍	0.5 分		
	大于 9 倍	0 分		
净资产收益率	连续 10 年≥20%	2 分		
	连续 10 年≥15%	1.5 分		
	连续 10 年≥10%	1 分		
	连续 3 年≥10%	0.5 分		
	小于 5%	0 分		

综合评估模型				
评估指标	指标实施细则	评估分值	指标值	评估结果
负债率	连续 3 年≤30％	1 分		
	连续 3 年大于 30％小于 50％	0.5 分		
	大于 50％	0 分		
毛利率	连续 5 年≥30％	1 分		
	连续 5 年≤30％	0.5 分		
	连续 5 年≤10％	0 分		
营业总收入增长率	增长率≥8％	0.5 分		
	增长率≥3％	0.25 分		
	增长率小于 3％	0 分		
应收款	较上年度减少 10％以上	0.5 分		
	增加 30％以内	0.25 分		
	增加 30％以上	0 分		
存货	较上年度减少 10％以上	0.5 分		
	较上年度增加小于 20％	0.25 分		
	较上年度增加大于 20％	0 分		
股东权益增长	连续 3 年增长≥5％	1 分		
	连续 5 年增长≥5％	0.5 分		
	增长率＜5％	0 分		
长寿国宝	知名品牌,生命力强,同行难入侵	0.5 分		
稀缺垄断	产品供不应求,市场占有率不断提高	0.5 分		

综合评估模型				
评估指标	指标实施细则	评估分值	指标值	评估结果
消费、医药（轻资产）	食品饮料，行业壁垒强，护城河宽，一次投资永久获得的赚钱机器	0.5 分		
得分合计				

注：本评估系统满分 12 分，按"严重低估、低估、合理、不关注"4 个评分等级进行评估。8 分以下不关注，得分大于 8 分小于 9 分评估为"合理"；得分大于 9 分小于 10.5 分评估为"低估"；得分大于 10.5 分到 12 分评估为"严重低估"。

总结：

_____

_____

_____

_____

_____

写本章的目的在于让读者就第二章的内容，学会如何更加全面地分析企业，以尽可能避免投资中遇到的陷阱，引导读者构建自己的投资体系。

也许你正在因为股票投资失败困惑迷茫，请你记住"天将降大任于是人也，必先苦其心志，劳其筋骨，饿其体肤，空乏其身，行拂乱其所为，所以动心忍性，曾益其所不能"，这是对你的考验，只要你的自信心在，只要你能找到正确的投资方向，未来的路仍会宽广。

我不藐视弱智，但我更敬仰强者，胜出比有所长。如果你不想再变得平庸，想成为证券投资及其人生的强者，那么请你克服盲目投资，摒弃听消息、看技术图表、人云亦云、道听途说等坏习惯，从企业基本面分析入手，用实业投资的眼光分析企业，构建完善的投资体系。像飞行员每次起飞前，按检查清单检查飞机的各个操作系统一样。每次投资前，你都要坚持自己的投资清单，逐一对照自己的投资规则。像《世界上最伟大的推销员》一书上提到的那样，克服自己的缺点，不再盲目投资，坚持按照价值投资的投资规则"先看市盈率，一票定乾坤；再看市净率，资产辨分明；资产收益率，持续很重要；无债一身轻，盈利是王道；长寿皆国宝，消费与垄断；看看能力圈，综合来评估；人弃时我取，人取时我予"筛选投资标的，牢记六大投资警示"无形资产水中月，商誉如同镜中花，应收货款有猫腻，固定资产难变现，库存骤增须警惕，外债高筑易窒息"，日复一日，年复一年地坚持并不断完善提高，三到五年你就会成为投资的赢家，五到十年你就会慢慢变富，成为投资与生活的强者。

第五章

我国价值投资赢家

我之所以成功，是因为站在巨人的肩膀上。

——牛顿

复旦大学管理学院教授、博士生导师,著名金融证券专家谢百三说:"你不炒股确实没有亏钱的风险,但却有一生贫困的风险。"股票投资并不一定是一个高风险的事情,股票投资并不比投资开饭店的风险高,关键是看你有没有找到真正适合你自己的投资方法,是不是找到好的投资标的,投资标的是不是具有长长的坡、厚厚的雪,拥有了这些你就拥有了价值投资的利器,就会慢慢成为价值投资的赢家。

我国证券市场历经三十年的风雨历程,许多价值投资者成为证券市场投资的赢家,成了证券市场上持续盈利的恒星。

林园(林园投资管理有限公司董事长)

坚持价值投资,1989 年开始投资深圳发展银行,贵州茅台上市后又投资贵州茅台等优质公司,从 8000 元本金起家炒股,到 2008 年已达 20 个亿的"民间股神"。现任林园投资管理有限公司董事长,管理客户资产数十亿元,详情请参阅王宏著《林园炒股秘籍》。

董宝珍

2010 年组建否极泰合伙基金,担任基金执行合伙人,著有《熊市——价值投资的春天》(一)(二)两部书。2010 年组建的否极泰合伙基金,坚持价值投资,投资贵州茅台,到 2017 年,获利 10 倍左右。现在又在市场都不看好银行股的时候,投资市盈率只有几倍的银行股,耐心等待着秋天的收获。

董宝珍也是中国凌通价值投资网的创立者和主要负责人。

凌通价值网目前是中国访问量最大、最有影响力的价值投资专业网站,凌通价值网目前聚集着 10 万价值投资高端投资人。网站是中国理性高端价值投资者的聚集地,主要读者以企业家、职业投资人、资产管理者和学术人员为主。凌通价值网目前已经成为百度搜索、google 搜索二大价值投资关键词的排名第一网站。

马喆(新浪博客著名博主,博客名称为马喆 Ma_zhe,新浪微博名称为马喆 Ma_zhe。)

马喆微博的简介是这样写的:"1+1=2。鄙视指鹿为马。"这足以说明他的正直与高尚的人格修养。

在央企服务12年,其间,他曾担任管理层4年,独立经营实体公司7年,外资企业工作2年。

2009年,马喆开始用做实业的思路买入低估值的优质公司,希望与上市公司共同成长,心想这些最优秀的公司回报率应该远远高于他的手机公司吧,谁知优质公司连续5年熊市。他说:"万科是我们打下的第一个孔,茅台是第二个孔,我们现在在打第三个孔。"他在2018年年度报告中这样写道:"现在,我已经拥有了一份9年的成绩单。截至2018年末,我们9年的复利净收益达到18.62%,但如果把这几年从股市取出的现金考虑进去,我们9年真实的复利收益21.68%。长达9年的成绩单说明我们具备在这个市场生存的资格,我们经得起考验,我们是查理·芒格的信徒,我们相信逻辑和常识,是真正的强者。我也清楚地知道,以往过高的收益是无法持续的。所以未来10年的目标依然是'总复利收益达到15%,净复利收益在13%以上'。我认为,如果能够实现既定目标,自己已经会很满足了。让我们看看这份9年的成绩单吧!"

养股(新浪博客著名博主,博客名称:养股)

坚持价值投资,长期投资我国银行股,如:兴业银行、民生银行、平安银行等。养股的投资观念和目的非常明确,就是养股收息,财务自由,然后周游世界过潇洒的生活。

养股说:"在投资上我有两个学习偶像,学到了两种投资方法:在格雷厄姆身上学到了一定要买便宜,在巴菲特身上学到了长期持股的股权思维。"

他的置顶博客:"20年前我开始养股票,20年后的股票分红开始养我。"现在,他靠银行股的分红实现了财富自由,每年与妻子周游世界,畅享快乐人生。

但斌(深圳东方港湾投资管理股份有限公司董事长)

但斌,1967年生于浙江东阳,三岁随父母到河南开封化肥厂支援内地建设,1986—1990年就读于河南大学体育专业。

1992年,但斌到深圳,开始接触股票、学习投资,后担任证券分析师,逐渐走上证券期货研究与投资之路。

1993 年后,但斌投资股票和国债期货,遭遇 4 次重大挫折。投资方法逐渐由技术分析转变为价值投资。

2001 年,在全球股灾背景下,但斌投资香港股市,盈利近 5 倍。在香港的投资经历坚定了其投资理念——要选最好的企业投资。

2003 年,但斌 5 元买入万科、23 元买入贵州茅台、12 元买入烟台万华、9 元买入招商银行等杰出企业的股票,之后持续买入,至今获益丰厚。

2004 年 3 月,但斌成立东方港湾投资管理有限责任公司。管理资金达 20 亿,实现 1800% 的投资收益率。平安·东方港湾马拉松信托自 2007 年 2 月 28 日成立到 8 月 24 日,累计净值增长率达 86.7%,在众多同期发售的信托产品中名列前茅。

2007 年,但斌出版个人专著《时间的玫瑰——但斌投资札记》,阐述中国股市黄金时代的投资哲学。该书被评为 2007 年年度最畅销经济类图书之一。但斌分别在 2007 年、2012 年入选 Value 杂志和《投资之道》(中信出版社)的全球杰出华人投资者。

刘元生(上海仁达信息工程公司董事长)

刘元生,1942 年 11 月 30 日生于上海市,祖籍山东省掖县朱桥镇(现莱州市金城镇)埠西村,幼年随父母移居香港,后移民加拿大,现任仁达国际(香港)有限公司、仁达科技集团有限公司及北京、上海仁达信息工程公司董事长。

据《提问万科》一书获知,刘元生比王石年长。早在王石创建万科前,他们就已经是商业合作伙伴。王石做录像机生意时,就是由刘元生的香港仁达国际有限公司供应日本货源。刘元生回忆:"那几年,王石经常来香港,但和其他内地人不一样,他从来不要求去观光,而是要我带他去逛书店,买了很多企业管理和财务方面的书,我感觉他是个有抱负的人。"自此,两人结下了深厚友谊。

万科董事会秘书肖莉在接受记者采访时说,最初万科股票发行不畅,刘元生当年得到了深圳证券交易所的特许,用外资身份开设的 A 股账户购买了万科原始股,投资 360 万元。他坚持持有万科股票,可以说是他对王石董事长和万科这个团队投出的信任票。

如今,刘元生 28 年前 360 万元买的万科,现在已经赚了 40 多亿元。

钟兆民(东方马拉松投资管理有限公司董事长)

钟兆民毕业于南京大学,2004 年创立东方港湾管理团队,为东方马拉松投资管理有限公司董事长,是中国第一个参加巴菲特股东会的人,他带领团队 6 次参加巴菲特股东会。数据显示,钟兆民管理的基金业绩表现非常优异,5 年来的累计收益高达 265%。

价值投资的核心是企业的未来成长和当下的估值,价值投资的根基是公司好不好,以及当时买的价格合不合理。真正优秀的企业必须经得住时间的考验,在寻得价格合理的卓越企业时,公司会选择买入并长期持有,以期获得复利增长。钟兆民认为,做价值投资还是应该回到对行业和公司的关注,少谈宏观,并认为目前是 A 股低位,用 5 年甚至 10 年的眼光来看,现在是非常好的投资机会,甚至是难得的投资机会。

刘明达(深圳明达资产管理公司董事长)

刘明达,安徽人,毕业于合肥师范学院中文系,1997 年转行进入证券业,深圳从事阳光化私募的先行者之一。

2005 年,刘明达成立了以自己名字命名的深圳明达资产管理公司,并第一批在国内发行阳光化信托产品,至今管理着 A 股和港股多只私募产品,管理资金规模数十亿元,为投资者带来了丰厚的回报。

坚持用积极的价值投资理念,即"用产业资本的眼光探寻资本市场的价值,相对长期持有卓越的、最有潜力的领袖型企业,分享企业持续成长带来的高收益"。所谓"产业资本的眼光",就是我们在选择股票时,就像一个业主在对自己的公司、店铺或者工厂作决策一样。我们对自己的定位是:不仅仅是股票的持有者,而且是公司的所有者。

在刘明达看来,价值投资的本质就是一个投资者愿意花多少钱去买下这家公司,不能评价现在的价格是否便宜,问题是未来持有多久能够得到合理的回报。

如何确定一个股票价值的安全边际,刘明达反复强调"护城河"理论,即不让对手进入的壁垒有多高,能够带来护城河的包括规模经济、网络效应、知识产权等资源。

乐趣(自由投资人,新浪博客著名博主。博客名称:乐趣;新浪微博名称:乐趣的微博)

乐趣在个人简介中这样写道:"一个喝茅台酒,跑马拉松,拿茅台股票的自由投资人。一个热爱西藏,喜欢《红楼梦》,崇拜巴菲特的老男人。"

2006年9月15日,过了不惑之年的他,刚刚经受了挫折,处于人生低潮,心中环绕着困惑迷茫,独自背起行囊,开始了无同伴、无目的、无规划的藏区漫游,这一走就是40天。

2009年皈依巴菲特价值投资,目前家庭可投资资产的占比如下:境外证券投资(持有以下4个品种:苹果股票,BRK股票,腾讯股票和VTI指数基金)17.7%、贵州茅台股票78.2,简简单单、清清楚楚,均获利颇丰。

段永平(我国第一个与巴菲特共进午餐的人)

2006年,步步高创始人段永平以62.01万美元的价格拍得与巴菲特共进午餐的资格,段永平也因此成为和巴菲特共进午餐的第一个中国人,与他一同前往的,还有拼多多创始人黄铮。

段永平在外界始终保持神秘低调的形象,但是在20世纪80到90年代期间,由他一手打造的"步步高"和"小霸王"两个品牌,在当时可以说是风靡全国。

早在和巴菲特见面以前,段永平就是巴菲特价值投资的忠实迷弟,靠着学习巴菲特的投资理念,段永平在美国投资股票,所积累的财富号称占到了自己总财富的90%。

他对外宣称:"我从巴菲特身上学到了很多有用的东西。如果不是看了巴菲特的书籍,我大概不一定敢去美国做股票投资。"拍下和巴菲特的午餐,也是一个能向巴菲特道谢的机会。

2001年,网易股票下跌,段永平立刻以1美元的价格买进。两年后,网易股票飙升至70美元,他的股票涨了50倍。在2006年与巴菲特共进午餐之后,段永平的投资手段更加高明。他不仅在2011年大量抄底买进了苹果股份(之后苹果股价创下新高),而且还投资了今天在中国大火的拼多多平台。用他的话说就是:"我投资赚的钱,远超实业赚的钱。"

对于两人在饭局上的谈话,段永平回忆称,巴菲特曾在餐桌上告诫他"不要做不懂的东西、不要做空、不要借钱"。对于偶像的劝诫,段永平也是铭记于心。在他的投资哲学中,"快即是慢",他从不投资自己陌生、不懂的领域。

目前,段永平已不在步步高上市公司内担任高管,但是,他却做了多笔成功的投资,成为包括 OPPO、VIVO、拼多多、网易、腾讯、苹果等多家知名企业的股东。深受巴菲特投资理念影响的段永平,这几年的投资之路也越走越顺,如今已经身家上千亿元。

杨天南(北京金石致远投资管理有限公司 CEO、金融投资家)

杨天南 1993 年进入投资行业,1995 年,他受《巴菲特之道》一书的影响,自此逐渐踏上了专业投资之路,而后远赴美国留学,学习专业投资知识。2007 年发起成立北京金石致远资产管理有限公司。

从 2007 年 4 月开始,杨天南应《中国金融家》杂志之邀,每月撰写一期专栏,内容包括投资理念的文字与一个 100 万元起步的模拟实盘投资组合。至2017 年 4 月底,经历了 120 个月,天南专栏迎来了 10 周年。专栏投资组合从2007 年的 100 万元增长到 726 万元,增长 626%,取得年复利 21.93% 的回报。杨天南在其著作《一个投资家的二十年》序言中写道:"人世间所有的追求,莫过于两个健康——财务健康和身体健康。有了这两样,基本上可以说幸福在握了。"

"为了拓展生命的宽度,哪怕牺牲一点生命的长度也在所不惜。"工作之外,杨天南除了撰写专栏,还挤出时间进行翻译工作。2015 年,在读到《巴菲特之道》整整 20 年之后,他竟然有机会翻译了这本投资经典的第三版,风靡全国。2018 年又翻译了《巴菲特致股东的信》和《戴维斯王朝》,三本书都是价值投资的经典,成为从事金融投资者的必读佳作。

闲大(职业投资人。新浪博客:闲来一坐 S 话投资,人称"闲大")

闲大 2000 年 5 月 31 日入市,坚持价值投资,著有《给业余投资者的十条军规》《慢慢变富》。

闲大在其博客和公众号中公开展示了女儿的投资账户,持有贵州茅台、东阿阿胶、通策医疗、格力电器四只股票,由 2015 年年初始投资 50 万元,到 2019 年 5 月 17 日收盘市值 152.26 万元。此账户经历过 2015 年股灾、2016 年次股灾、2018 的漫漫熊市,遭受了康美药业股价"爆雷"事件、造假事件,但是在这种"多灾多难""很少有好时候"的情况下,仍然取得超预期的收益。

闲大投资策略:"与其预测风雨,不如打造诺亚方舟;与其猜测牛熊,不如见便宜便买入,并长期持有。"将投资的出发点和落脚点,一定要放在优秀、低估或合理的企业身上,切不可寄托于牛市大潮的全部上涨之上。

闲大这样看待投资风险:"波动并不是风险,哪怕巨大的波动,如调整 30%、50% 也不是风险,真正风险来源于本金的永久损失,回报不足,跑不赢指数和长期通胀。"他的投资座右铭就是巴菲特常常提到的:"不想持有十年,就不要持有一分钟。"

关善祥(U 兄,U 兄万亿孤独之路,著有《传世书》)

最开始是因关善祥所起的网名才关注他的,在资本市场上竟然要做到万亿财富还要传承下去? 才 30 多岁,小小的年纪竟有如此雄心,吸引我进入他的"底盘"去了解他的投资之道。

关善祥在少年时就明白了复利的威力,他说:"只不过我运气好,幸运地发现价值投资是一个相对简单轻松的手段。"

关善祥说:"投资就是时间的轮回,季节的交替——春播、夏长、秋收、冬藏一个过程,做投资很简单,不外乎好行业好公司,然后等待一个好时机。简单的策略运用到出神入化。"

关善祥从 2006 年开始先后投资了万科 A、民生银行、保利地产、兴业银行,2017 年投资中国平安、兴业银行、招商银行等,均获得了不菲的收益,股票市值过亿元。现在他组建的家庭财富传承基金在奔向万亿目标的途中。有兴趣的朋友可以买一本他的著作《传世书》,全面了解和感悟他的价值投资体系。

关善祥说:"今天我最骄傲的,不是我赚了多少钱,翻了多少倍,而是我建立了一个投资的体系,完全领悟了投资之道。这个投资之道可以被任何人复制,可以一代代传承,可以让投资变得更简单明了,让大家明白投资的本质,让大家从主动收入的劳累中解放出来,享受投资收益,追求财富自由,过更有意义的人生。不被时空左右的伟大,才是真正的伟大;可以跨越时空的投资,才是真正的投资。无论是投资之道,还是为人之道,抑或修心之道,处处都道出了人生的哲学之道。"

杨宝忠(职业投资人,一张报纸改变他一生的命运)

杨宝忠 1993 年 1 月盲目进入股票市场,前 3 年痴迷技术分析,损失惨重,将 5 年辛苦经营小烟酒店赚来的 7 万元钱亏损得只剩下 2 万元。在其感到彻底绝望的时候,1996 年 1 月 24 日《上海证券报》发表了一篇题目为《证券投资巨擘——华伦·布费》的文章,华伦·布费就是沃伦·巴菲特。读了这篇文章后,杨宝忠开始痴迷于巴菲特思想的研究与实践,通过与朋友家人的合作,在股票市场、房地产市场辗转腾挪,十几年间,个人资产获得了几百倍的增长。

杨宝忠常说:"是巴菲特的伟大思想和智慧挽救了我,我希望通过宣讲巴菲特的伟大思想和智慧从而改变更多人的命运,使更多人成为股票市场长久的赢家。"

任俊杰(雪球大 V,著有《奥马哈之雾》《穿过迷雾》)

曾在央行任职,参与过 B 股市场的筹建,后做过券商、基金、投行,有着几十年的金融从业经历。他是坚定不移的价值投资信奉者,十几年投资生涯里持股数量并不多,大都持有超过 10 年,网友评价他的投资方式是较为纯粹的价值投资。

任俊杰觉得,做价值投资归根结底还是两点,选准、拿住,真要做到知行合一。他最具有代表性的持股是贵州茅台,2005 年就开始买,一路加仓,有钱就加仓贵州茅台,到现在获利颇丰。除此之外,还有招商银行、格力电器也有不菲的收益。2012 年,任俊杰在网上发起了一个"荒岛挑战"倡议,"荒岛挑战"实际上是巴菲特曾提出过的一个选股思路。假设一个人被迫滞留在一个荒岛上 10 年,他应该投资什么股票? 这个倡议在圈子里引起一片哗然,说什么的都有,基于大量数据和分析维度,最终分析招商银行未来 10 年的回报率可能会高于 20%,目前时间过半招商银行复权价计算,过去 5 年多的年复合回报率约为 23%,而同期上证指数回报率大约为 7%。

黄凡(资深投资管理人)

黄凡,2017—2020 金融雏鹰培育主题活动专家评审与职业导师头条文章作者,作为中国证券市场第一代的投资经理,他有丰富的海内外投资理财实践经验和专业的金融学科理论基础,坚持价值投资,著有《淡定才能富足:带你捍卫幸福的理财正道》《寻找穿越牛熊的股市投资策略》。他在书中提到我国具有长期投资价值的优质白马股:贵州茅台、五粮液、中国平安、招商银行等均创出了近几年的新高,有心的投资者可以参考他著的两部书,详细了解他的价值投资逻辑。

北京高溪资产管理有限公司高级合伙人、执行董事陈继豪,高毅资产的裘国鹭,荔慎投资的梁军儒,上海砥俊资产梁瑞安,刘建位,融冰之旅,梁孝永康,吴小朋,股海观潮起等,他们都是我国坚持价值投资的赢家,虽然持股不尽相同,但他们的投资思路异曲同工,均是坚持用合理或者低估的价格买入具有长期投资价值的优质企业,耐心等待,长期持有,获得企业业绩增长带来的财富。投资者可以关注他们的博客与微博。

看到这里,你也许不再怀疑中国是否适合价值投资,不会再怀疑中国是否适合价值投资的环境,不会再怀疑中国是否有国宝型适合长期价值投资的定期企业,不会再怀疑中国有没有成功的价值投资者。尽管投资者持有的股票略有不同,但他们的投资思路异曲同工,坚定价值投资。那么,我们为什么不与价值投资的赢家为伍,站在价值投资赢家这些巨人的肩膀上,用合理或者低估的价格买入国宝型的优秀股票股权,来慢慢变富呢?

第六章

指数基金投资

选择你能想象到的最简单的投资，把近乎一切都投入成本极低的标普500指数基金。

——沃伦·巴菲特

享有"股神"声誉的巴菲特在致股东的信中多次提到指数基金投资,在写给妻子苏珊的信中也提出了在他去世之后如何进行投资的建议,其中包括:选择你能想象到的最简单的投资,把近乎一切都投入"成本极低的标普500指数基金"。

众所周知,巴菲特在公共场合从不推荐股票,但他一直建议普通投资者购买被动型指数基金。早在1996年巴菲特就指出"大部分投资者,包括机构投资者和个人投资者,迟早会发现持有股票最佳的方式是购买成本低廉的指数基金"。在巴菲特致股东的信中,巴菲特指出,"从整体来看,有专业人员管理的主动型基金,长期表现会落后于被动型投资的业余人员"。

2007年12月19日,巴菲特在LongBets网站上发布"十年赌约",以50万美金为赌注,指定GirlsInc. of Omaha这个慈善组织为受益人,若巴菲特赌赢则该组织可获得其赢得的全部赌金。他主张,在2008年1月1日—2017年12月31日的10年间,如果对业绩的衡量不包含手续费、成本和费用,则标准普尔500指数的表现将超过对冲基金的基金组合表现。

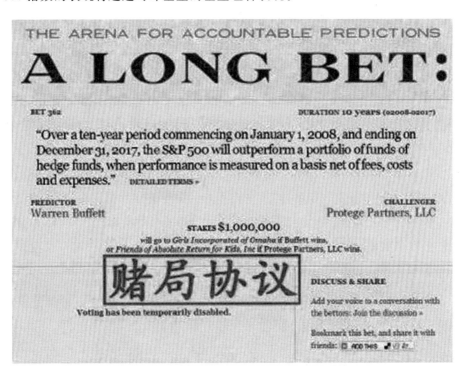

在巴菲特提出赌约之后,数千名职业投资经理人中,只有 Protégé Partners 的联合经理人泰德·西德斯(Ted Seides)站出来回应挑战。他选择了 5 只"基金中的基金",期望能超过标准普尔 500 指数的业绩,这 5 只基金拥有过超过 200 只对冲基金的权益。2017 年,巴菲特选择的领航标普 500 指数基金大涨 21.8%,而对冲基金组合中,表现最好的为 18%,D 基金在 2017 年被清算。而从赌约开始至今,10 年间,标普 500 指数基金产生了高达 125.8% 的收益,表现最好的对冲基金组合累计收益则为 87.7%。

2018 年,巴菲特在致股东信中写道:"打赌"已结束,并且给我们上了一堂很有价值的投资课程。巴菲特指出:设立 10 年赌约是为了宣传自己的信念,选择几乎没有手续费的标准普尔 500 指数基金进行投资,随着时间的推移,将会取得比大多数投资专业人士更好的回报。

这个问题是非常重要的。美国投资者每年向投资经理支付数目惊人的金钱,还往往会招致很多后续费用。总的来说,这些投资者是否能使他们的资金获得价值?投资者是否真正能从支出中获得任何回报?

我们此次赌博的最后一个教训是:坚持做出重大而"容易"的决定,并避免过度交易。

在一次伯克希尔股东大会上,有记者问巴菲特:"如果你只有 30 来岁,没有其他经济来源,只能靠一份全日制的工资来谋生,根本无法每天进行投资,但你手上有 100 万,将会如何投资?"巴菲特哈哈一笑答道:"我会把所有的钱都投资到一只成本费率低的跟踪标普 500 指数的指数基金上,然后继续努力工作。"

巴菲特在 2017 年的股东大会上说:"1942 年向标普 500 指数基金投资 1 万美元,到现在这笔投资市值将达 5100 万美元。而投资 1 万美元购买黄金,现在市值大约只有 40 万美元。显然,购买股票比投资黄金更明智。"

巴菲特如此看好与青睐指数基金,那么指数基金究竟是什么呢?在我国进行指数基金投资又能否获利呢?

现在人们进行指数基金投资已经成为常态。但是在 1976 年前,指数基金是根本不存在的。在你拥有一只指数基金之前,你需要先有一个指数。

1884 年,一位名叫查尔斯·道(Charles Dow)的金融记者想出了一个为一些有名气的公司股票定价并得出算术平均值的聪明想法,然后开始发布有涨跌起伏的平均值。这位记者后来不仅创建了道琼斯公司,还创建了《华尔街日报》。

最初的道琼斯股票价格平均指数是根据 11 种具有代表性的铁路公司的股票,采用算术平均法进行计算编制而成,发表在查理斯·道自己编辑出版的《每日通讯》上。该指数目的在于反映美国股票市场的总体走势,涵盖金融、科技、娱乐、零售等多个行业。

自 1897 年起,道琼斯股票价格平均指数开始分成工业与运输业两大类,其中工业股票价格平均指数包括 12 种股票,运输业平均指数则包括 20 种股票,并且开始在道琼斯公司出版的《华尔街日报》上公布。在 1929 年,道琼斯股票价格平均指数又增加了公用事业类股票,使其所包含的股票达到 65 种,并一直延续至今。

最初道琼斯指数,除了跟踪股票走势之外,道琼斯工业指数几乎不干别的。但是,多亏了查尔斯·道,权威人士们能够大谈特谈股市今天上涨了多少点,或者预测明天将下跌多少点。

后来,更为复杂的指数开始出现,如:日经指数、恒生指数、纳斯达克指数、富时指数、标准普尔 500 指数,以及我国的上证指数、深证指数、沪深 300 指数、中证 500 指数。这些指数迅速成为全球商业报道中不可或缺的重要元素。

1976 年 8 月份,约翰·博格尔创建了第一只指数信托。约翰·博格尔被称为"基金之神"与"指数基金之父"。

指数基金(Index Fund),顾名思义就是以特定指数(如沪深 300 指数、标普 500 指数、纳斯达克 100 指数、日经 225 指数等)为标的指数,并以该指数的成分股为投资对象,通过购买该指数的全部或部分成份股构建投资组合,以追踪标的指数表现的基金产品。目前市面上比较主流的标的指数有沪深 300 指数、标普 500 指数、纳斯达克 100 指数等。

投资服务机构 Portfolio Solutions 和 Betterment 曾经发布研究报告,分析持有 10 种资产的投资组合在 1997 年至 2012 年间的表现。结果发现,指数基金投资在 82% 到 90% 的情况下,表现好于主动管理投资。

ETF 指数基金是一揽子股票的组合,像股票一样可以在证券市场交易,它是一种被动型投资基金,它跟踪的标的物是对应的指数。投资者买卖一支 ETF

指数基金,就等同于买卖它所跟踪的指数,可以取得与该指数基本一致的收益。

ETF 最早产生于加拿大,而其发展和成熟则主要在美国。在 1987 年 10 月 19 日美国股市的黑色星期一,5000 亿美元的资产顷刻间蒸发,创造了美国股票市场单日最大的价值损失。为阻止股市崩盘所带来的恶性循环,美国市场监管者采取了交易管制措施,但这并没有解决危机中市值流动性不足的问题,市场上迫切需要一种简单可靠对冲股票组合风险的交易机制。上述需求激发了"股票篮子"的创意,即在一次交易中买卖一篮子股票,以满足交易者进行风险对冲的需要。1990 年,美国证券监督委员会发布了《投资公司法》,修改了证券交易规则,为后来 ETF 的诞生铺平了道路。

1989 年,ETF 的前身——指数参与份额(IPS)在美国证交所和费城证交所(PHLX)上市交易,该产品完全是一个合成产品,代表 S&P500 指数,相对比较简单。

美国股票交易所于 1993 年推出了第一只真正意义上的跟踪 S&P500 指数的 ETF——SPDR。至今 SPDR 仍是世界上规模最大、最受欢迎的 ETF 产品。

SPDR 的大获成功为后来 ETF 的快速发展奠定了良好基础,2000 年之后全球 ETF 的发展开始进入快速发展期,各类投资标的和投资策略的 ETF 产品开始推出:

2000 年,第一只债券 ETF 产品——iShares DEX 在加拿大成立;

2005 年 8 月,第一只主动管理的 ETF 产品 iShares CAN Fincl Monthly Inc Adv 在加拿大成立。

截至 2016 年 6 月底,全球 ETF 的个数已经超过 5800 只,市值规模超过人民币21.1万亿元。近十年其市值规模复合增长率超过 30%,是全球金融市场上增长最快的产品。同时,ETF 的品种的创新也呈现出多元化态势:在跟踪的指数上,从最初的宽基指数,拓展到中小盘、行业、风格、主题、跨境等。

中国 ETF 基金与西方发达国家相比起步和发展都比较晚,2004 年 1 月 2 日上海证券交易所推出的上证 50ETF,是上海证券交易所推出的第一只 ETF。此后,上海证券交易所陆续推出沪深 300、上证 180ETF、红利股票指数 ETF、大盘股指数 ETF、行业 ETF 等。目前在我国证券市场交易比较活跃的有大盘指数基金,具有成分带标的有跟踪沪深 300 指数的 300ETF(510300)、跟踪上证

50 指数的 50ETF(510050)、跟踪中证 500 指数的 500ETF(510500)、跟踪创业板指数的创业板 ETF(159952)等。

购买指数基金进行投资还具有如下优点:(1)交易费用低。由于指数基金采取的是跟踪指数的投资策略,基金管理人不需要花大量的时间和精力来选择投资工具的种类和买入与卖出的时机,不需要每天到公司调研打探消息。(2)不需要主动管理,业绩透明度较高,管理费用低,且 ETF 指数基金买卖交易不收取印花税,长期投资回报潜力大,不要担心基金经理的老鼠仓与利益输送。(3)指数基金持续期长,具有长寿的特点,买入后可以长期持有。不用担心像个股一样的黑天鹅,没有退市风险,不用疲惫的追涨杀跌,不会出现挣了指数不挣钱的尴尬局面,可以获得与指数基金同步的收益。(4)受人为因素影响小,基金价格上涨与下跌幅度与指数同步。

投资指数基金的缺点是:与个股一样会价格上下波动,但没有个股波动幅度大,短信操作频繁交易同样会出现亏损。我国投资指数基金市值不算新股申购配售额度,无法参与打新带来的资本收益。

现在网络上充斥着"中国的证券市场制度不完善不成熟,2008 年到现在 11 年指数涨幅为零,如 2008 年开始进行指数基金投资 11 年无任何收益"。

那么,在我国进行指数基金投资究竟能不能盈利呢?细心的投资者可以发现,"2008 年到现在 11 年指数涨幅为零"的说法是不严谨的。这是因为 2007 年大盘的加速上涨到 10 月 16 日沪市最高点达到 6124.04 点,当时的平均市盈率达到 47 倍,如果按 2008 年 1 月上证指数最高点 5522.78 点计算,上证指数与现在 2019 年 4 月 19 日的收盘 3270.80 点相比较,跌幅达 40.77%。如果按 2007 年 10 月 28 日最低点 1664.93 点计算,涨幅达 96.45%,1664.93 点时的平均市盈率是 14 倍。

以上证指数为例:上证指数以 1990 年 12 月 19 日基期,指数值 100 点,到 2019 年 3 月底收盘 3090.76 点,这期间经历了亚洲金融危机,1998 年的洪灾与 1999 年 3 月的美军轰炸中国驻南斯拉夫联盟大使馆,2000 年的科技股泡沫,2001 年 9 月 11 日美国纽约世界贸易中心遭受的一系列恐怖袭击,2008 年的四川汶川大地震与全球经济危机,2015 年的杠杆牛市与熔断机制后的市场暴跌,2018 年的中美贸易战等都没有挡住中国证券市场的向前发展步伐。上证指数自 1990 年 12 月 19 日的基期指数 100 点,中间虽历经风雨,2019 年 3 月上证指数 3090.76 点,29 年上涨 30.9 倍,年均涨幅 12.56％,超过了同期银行定期存款利息与国债利息。

深圳成分股指数基期为 1994 年 7 月 20 日。成份股指数的基日指数定为 1000 点,到 2019 年 3 月底收盘 9906.36 点,25 年深圳成分指数上涨 9.9 倍,年均涨幅 9.6％,同样超过了同期银行定期存款利息与国债利息。

表 6-1　1990—2015 年定期存款利率调整表

序号	调整时间	活期存款	三个月	六个月	一年	二年	三年	五年
1	1990.04.15	2.88	6.3	7.74	10.08	10.98	11.88	13.68
2	1990.08.21	2.16	4.32	6.48	8.64	9.36	10.08	11.52
3	1991.04.21	1.8	3.24	5.4	7.56	7.92	8.28	9
4	1993.05.15	2.16	4.86	7.2	9.18	9.9	10.8	12.06
5	1993.07.11	3.15	6.66	9	10.98	11.7	12.24	13.86
6	1996.05.01	2.97	4.86	7.2	9.18	9.9	10.8	12.06
7	1996.08.23	1.98	3.33	5.4	7.47	7.92	8.28	9
8	1997.10.23	1.71	2.88	4.14	5.67	5.94	6.21	6.66
9	1998.03.25	1.71	2.88	4.14	5.22	5.58	6.21	6.66
10	1998.07.01	1.44	2.79	3.96	4.77	4.86	4.95	5.22
11	1998.12.07	1.44	2.79	3.33	3.78	3.96	4.14	4.5
12	1999.06.10	0.99	1.98	2.16	2.25	2.43	2.7	2.88
13	2002.02.21	0.72	1.71	1.89	1.98	2.25	2.52	2.79
14	2004.10.29	0.72	1.71	2.07	2.25	2.7	3.24	3.6
15	2006.08.19	0.72	1.8	2.25	2.52	3.06	3.69	4.14
16	2007.03.18	0.72	1.98	2.43	2.79	3.33	3.96	4.41

续表

序号	调整时间	活期存款	三个月	六个月	一年	二年	三年	五年
17	2007.05.19	0.72	2.07	2.61	3.06	3.69	4.41	4.95
18	2007.07.21	0.81	2.34	2.88	3.33	3.96	4.68	5.22
19	2007.08.22	0.81	2.61	3.15	3.6	4.23	4.95	5.49
20	2007.09.15	0.81	2.88	3.42	3.87	4.5	5.22	5.76
21	2007.12.21	0.72	3.33	3.78	4.14	4.68	5.4	5.85
22	2008.10.09	0.72	3.15	3.51	3.87	4.41	5.13	5.58
23	2008.10.30	0.72	2.88	3.24	3.6	4.14	4.77	5.13
24	2008.11.27	0.36	1.98	2.25	2.52	3.06	3.6	3.87
25	2008.12.23	0.36	1.71	1.98	2.25	2.79	3.33	3.6
26	2010.10.19	0.36	1.91	2.2	2.5	3.25	3.85	4.2
27	2010.12.26	0.36	2.25	2.5	2.75	3.55	4.15	4.55
28	2011.02.09	0.4	2.6	2.8	3	3.9	4.5	5
29	2011.04.06	0.5	2.85	3.05	3.25	4.15	4.75	5.25
30	2011.07.06	0.5	2.85	3.05	3.25	4.15	4.75	5.25
31	2012.06.08	0.4	2.85	3.05	3.25	4.1	4.65	5.15
32	2012.07.06	0.5	2.6	2.85	3.05	3.75	4.25	4.75
33	2014.11.22	0.35	2.35	2.55	2.75	3.35	4	4.75
34	2015.03.01	0.35	2.1	2.3	2.5	3.1	3.75	
35	2015.05.10	0.35	1.85	2.05	2.25	2.85	3.5	
36	2015.06.28	0.35	1.6	1.8	2	2.6	3.25	
37	2015.08.26	0.35	1.35	1.55	1.75	2.35	3	
38	2015.10.24	0.35	1.1	1.3	1.5	2.1	2.75	

2005 年 2 月 23 日上市交易的中国第一只上证 50ETF 基金,代码为 510050。初始每份基金净值 1 元,到 2019 年 3 月 29 日复权后收盘价 3.866 元,上市交易 14 年,年均涨幅 10.15％。如果投资者在上证 50ETF 上市首日买入长期持有到 2019 年 3 月 29 日,获得的收益远远大于银行同期定期存款利息与国债利息。

2006 年 5 月 31 日上市交易的 180ETF 基金,代码为 510180,初始每份基金净值 1 元,到 2019 年 3 月 29 日复权后收盘价 3.592 元,上市交易 13 年,年均涨幅 10.34％,如果投资者在上证 180ETF 上市首日买入,长期持有到 2019 年 3 月 29 日,获得的收益远远大于银行同期定期存款利息与国债利息。

2012 年 5 月 31 日上市交易的沪深 300ETF 指数基金,代码为 510300,初始每份基金净值 1 元,到 2019 年 3 月 29 日复权后收盘价 1.557 元,上市交易不到 7 年时间,我们按 7 年计算,年均涨幅 6.6％,如果投资者在沪深 300ETF 上市首日买入持有到 2019 年 3 月 29 日,获得的收益同样大于同期银行存款利息与国债利息。

2013 年 3 月 29 日上市交易的中证 500ETF 指数基金,代码为 510500,初始每份基金净值 1 元,到 2019 年 3 月 29 日复权后收盘价 1.666 元,上市交易 6 年时间,年均涨幅 8.8％,如果投资者在中证 500ETF 上市首日买入持有到 2019 年 3 月 29 日,获得的收益同样大于同期银行存款利息与国债利息。

对于上班族来说,指数基金的定投,同样获得稳健的投资收益。我的女儿从 2010 年进行指数基金定投,每月留下工资的一部分进行指数基金投资,到现在获得的收益远远超过同期的银行定期存款与国债利息收益。指数基金定投适合精力和时间有限,又不太愿花太多时间去关注研究市场的投资者。

从以上投资 ETF 指数基金的盈利情况与指数基金的定投可以看出,长期投资指数基金是一个较为稳健,而且可以获得超越定期存款与国债利息收益的投资产品。

我们研究发现,无论是具有百年历史的华尔街的历史数据,还是欧洲、日本、新加坡和中国台湾、香港等新兴国家和地区的历史数据统计,以及中国 A 股的历史数据,10～15 倍市盈率,是市场的低谷区间,40～50 倍市盈率,是市场的高估区间。如果结合我国证券市场的实际,在市盈率低于 15 倍时买入指数基金,高于 40 倍时卖出指数基金,快则一二年,慢则三四年就可以获得 1～3 倍的超额投资收益。

无数事实也证明,在我国长期持有或者定投巴菲特推崇的指数基金,如上证 50、沪深 300、中证 500,同样可以取得非常好的回报,从过往的历史回测数据来看,同样证明指数基金的回报率和存续期限都要优于主动型基金,是大多数股市参与者通过投资指数基金取得合理回报最靠谱的投资方法。

本章的结尾,我想引用指数基金之父,被誉为"基金之神"约翰·博格尔的话来结束:"所有尝试捕捉短线交易的投机者,都在玩一场输家的游戏,没有一个人知道明天会发生什么。""投资可以很简单,定期买入指数基金就可以了,这能减少错误,令你们的财富享受乘数效应,并成为赢家。"我们何乐而不为呢?

附录

靠自己去成功

　　我出生在一个并不算大的县城——河北省邯郸市曲周县,是地地道道的农民。谈起股票投资,还得从去太原做生意说起。1992 年,曲周县城修北环路,我与哥哥刚刚投资建设的毛巾厂必须拆迁,经过近一年的周折,最终仍未得到赔偿,给我造成 30 多万的外债。当时债主接连不断地到家要债,有的债主还把我起诉到法院。当时基本生活都成了问题,哪里还有钱还债? 沮丧、失落到了极点,死的念头不断在我脑海萦绕。1993 年农历八月十五前,我在没有告诉任何家人的情况下,只身一人到黑龙江省绥芬河,看那里有没有生意可做,半个月都没有与家里联系。家人找遍了我在外地的所有亲戚,也没有得到我半点音信,都认为我失踪了。记得我是在八月十四的傍晚回到家里的,父亲看出了我的绝望,不久后的一天,他买了点花生米,准备了点小酒,把我和哥哥叫到身边,一边喝酒一边对我说:"孩子,我已经老了,帮不了你什么。高高山上一株麻,自己跌倒自己爬吧。"父亲眼中含着泪花,言谈中对我寄予了殷切希望。刹那间,我泪如泉涌,心中暗想,我一定要坚强,一定要活下去,不能让父母伤心失望。父母还需要我。孩子还需要我。从此,我变得不再沉默,内心变得坚强起来。

　　为了生存,1993 年 12 月初,我再次从亲戚朋友那里借了 1.7 万元钱,带着妻子和小儿子到山西太原做生意(因为姑姑家在太原,感觉到那里会有个依靠)。初到太原,租下了一个不到 10 平方米的破土坯旧房屋作为住房,有时晚上老鼠会从头上爬过,又在一个服装城内租了一个只有不到 9 平方米的商铺。开业前几天,邻近的商铺都用不锈钢管架做挂衣服的骨架。我没有钱,也不舍得买,让在弹簧厂上班的外甥给做了几个大钢钉,钉在墙上,买了几根不太贵的竹竿绑在钢钉上,作为挂服装的骨架。开业的前一天,服装城的管理人员做开业验收,看到我的房间如此简陋,找到我问:"你是不是做生意的,会不会做? 如果不行就不要开业,为什么房间闹得如此简陋?"我说明了自己的情况后,人家才勉强同意我开业。

在千里之外的省城做生意,初来乍到,受到无数次的欺负与刁难,但别无选择,必须把生意做下去,无论多苦多累都得吞下咽下。在那样的环境下,我仿毛泽东的《咏蛙》写下了"独在晋府如藏龙,双塔寺下蓄精锐。一朝君在王位座,社稷那个不称臣"的词句。接着又写下了《夹缝中生存》"巍巍太行,茫茫吕梁,为求生计,晋府度日,受尽欺凌。卧薪尝胆,终会有时。走出太行,杀进吕梁,踏平晋阳。横刀立马,斩尽妖孽,除尽奸党。显我本性,还我阳刚"来激励自己。

我是一个好奇心很强的人,早在河北曲周开毛巾厂时就知道了股票投资,由于所在的县城没有证券公司,不能开户,只知道股票,但股票究竟是什么、如何买卖一无所知,对股票总有一种神秘感。到太原后,在做生意的空闲时间,我找到了一家证券公司——君安证券,开了证券投资账户。

初入股市与众多股民一样,买的同样是低价股,更不知道什么是除权,印象最深的买入一只股票当时叫耀华玻璃,现改名为凤凰股份(600716),除权前的价格是12元多,10转增8除权后是6元多,觉得除权后的价格低,就买了。由于当时的行情火爆,拿了几天后挣了点就卖出了。自此就觉得股票挣钱容易、简单,只要有空余时间就往证券公司跑,每天看报纸听消息,不停地买卖,有时亏有时赢,不知道为什么亏,为什么赢,做了几个月后觉得这样不行,挣不了钱,必须学习才行。由于下午正是生意不忙的时候,所以我每天下午都跑到证券公司听讲座。只要听说哪个证券公司有讲座,无论多远都骑着自行车去参加,并且每天手工绘制自上海证券所成立以来的上证指数日 K 线图,到现在已经画了近 30 米左右。

为了积累更多的文化底蕴,自 1996 年 7 月 1 日开始,我就每天把遇到的想到的看到的有意义的事情记录下来,其中也包括股票投资的知识与技巧,经过20 年多年的投资岁月,感悟与思考已经记录了 27 本。

从走进股市到现在,我已经看了有关股票投资方面的几百部书,刚开始时,看书完全与大多数股民一样,是看图说话式的研究技术方面知识。当时国内股票投资的书并不多,第一部看的是台湾张龄松著的《股票操作学》,后来大陆才陆续出版了股票投资类的书籍。

2004年，根据自己多年的操作经验和感悟，我编写了《实战保护：股票投资感悟》一书，并由中国科学技术出版社出版发行。书中用"彩虹铺路涨无边，蛛丝缠头跌不尽"来形容均线的多头和空头排列。2008年根据"蛛丝缠头跌不尽"理论，我成功躲过了熊市大跌。与此同时，从2000年开始我将在投资中挣到的钱不间断地购置了四五处县城繁华商业街的门面房，同样享受到了这几年房产涨价带来的数倍上涨，实现了利润的复合增长。

2003年，我申请加入了中国共产党。

为了更加完善系统的研究证券投资知识，2004年，我通过自学先后获得了证券从业资格、证券分析从业资格、期货从业资格。

2009年，我先后自学获得了中国广播电视大学法学专科毕业证书与会计学本科毕业证书。

2010年，我开始探索私募基金如何获利，多次到深圳学习考察，并与基金高管多次接触，买入三只私募基金后的股票投资基金，为自己将来成立阳光私募基金做准备，到2014年买入的基金有一只获利两只亏损。对私募基金的管理者也有了由浅到深的了解。心中暗想，将来我也要成立阳光私募基金公司。

2014年对我来说是凤凰涅槃浴火重生。在北京一个价值投资沙龙上偶遇一个海归，几个月的接触后与海归成立有限合伙公司，由于海归做期货不控制风险，到2015年上半年已经将合伙人的投入和我的投入亏了60%还多。海归可能觉得无法面对合伙人，以重病为由，断绝了与我的联系，直到现在也联系不上。面对自己与合伙人的巨大亏损，合伙人的指责，又一次把我逼到了生死的边沿，压抑、气愤、恐惧、绝望到了极点，我一个人哭过无数次。有一次去上海寻找海归，在一个大楼上徘徊好久好久，想结束自己的生命……想到将近90岁的父亲与不能自理的80多岁的母亲，自己有责任为二老尽孝让二老安享晚年。想到面对困难，作为男人，要敢于担当，不能退却，必须给合伙人一个交代。

屋漏偏逢连夜雨，2015年8月12日天津塘沽大爆炸，灾难又一次降临，距爆炸中心几百米居住的儿媳妇被炸成重伤（当时儿媳妇还有身孕，也做了流产），颅骨大面积炸碎，儿子从15楼将儿媳背到一楼，在一个同事的帮助下将儿媳送到医院。从外地火速赶到天津的我，看到病床上重病的儿媳妇与还在惊慌中的儿子（当时中央电视台对我儿媳妇与儿子也有报道），我不由得放声大哭……

痛定思痛后，我的第一个信念是必须活下去，勇敢地面对现实，勇于担当。我是这个家的主心骨，不能倒下，强烈的责任感比以往更加坚定。

2015 年 9 月，我自愿将儿子儿媳妇在天津塘沽大爆炸后，政府收回受损房产，还完购房贷款后剩余的 60 多万元，交给了合伙人，最后得到了合伙人的同情与谅解。达成谅解的那一刻，我只想给合伙人跪下，因为太对不起他们了。我永远感谢合伙人的理解。

通过这次教训，使我深深地认识到，股票投资必须研究企业投资价值，买入股票就是买入企业的一部分，自己就是企业的股东，只有坚持价值投资，以当企业股东的心态，才能在股市上长久生存并获得企业增长带来的利润。根据价值投资理论，2016 年，我让家属买入国宝型的优秀明星企业，贵州茅台、中国平安、招商银行、五粮液等，虽获利不算太多，但心里踏实，可以夜夜安枕。

2017 年春节，写下了《春望》"白驹过隙，时光荏苒。一如既往，勿忘初心。基金伟业，近在咫尺。只争朝夕，再铸辉煌"以自励。

20 多年的投资经验与教训，使我深深地感悟到，世上没有救世主，成功必须靠自己，特别是在投资上不要轻信他人，"财不入急门""放长线才能钓大鱼"，坚持价值投资，与优秀的明星企业共成长，获得企业稳定增长带来的收益，才能在股市上长久生存并获得利润。

投资先要做好人。

做一个留心、用心、尽心的有心人。

留心是观察，是发现。

用心是努力，是奋斗。

尽心是成功后的责任、付出与奉献。

最后，我想用陶行知的名言来激励、告诫自己与大家：

"滴自己的汗，吃自己的饭，自己的事情自己干，靠人、靠天、靠祖上，不算是英雄好汉。"

部分低市盈率股票(除亏损股外)

股票代码	股票简称	动态市盈率 2019.8.19	股票代码	股票简称	动态市盈率 2019.8.19
000850.SZ	华茂股份	2.28	000811.SZ	冰轮环境	6.90
000046.SZ	泛海控股	2.87	600325.SH	华发股份	6.91
600587.SH	新华医疗	2.96	000672.SZ	上峰水泥	6.94
600626.SH	申达股份	2.99	000059.SZ	华锦股份	6.94
600269.SH	赣粤高速	3.31	600859.SH	王府井	6.96
600064.SH	南京高科	3.34	603188.SH	ST 亚邦	7.01
600287.SH	江苏舜天	3.42	600395.SH	盘江股份	7.07
600512.SH	腾达建设	3.44	000926.SZ	福星股份	7.07
600368.SH	五洲交通	3.59	600221.SH	海航控股	7.08
000517.SZ	荣安地产	3.63	601006.SH	大秦铁路	7.11
601588.SH	北辰实业	3.67	000966.SZ	长源电力	7.12
000537.SZ	广宇发展	3.84	000656.SZ	金科股份	7.18
600533.SH	栖霞建设	3.92	002016.SZ	世荣兆业	7.20
000732.SZ	泰禾集团	3.95	601666.SH	平煤股份	7.26
000932.SZ	华菱钢铁	3.97	000623.SZ	吉林敖东	7.27
600282.SH	南钢股份	4.03	300152.SZ	科融环境	7.31
600016.SH	民生银行	4.04	300118.SZ	东方日升	7.33
000720.SZ	新能泰山	4.27	601828.SH	美凯龙	7.34
000415.SZ	渤海租赁	4.35	002763.SZ	汇洁股份	7.36

股票代码	股票简称	动态市盈率 2019.8.19	股票代码	股票简称	动态市盈率 2019.8.19
601169.SH	北京银行	4.42	000983.SZ	西山煤电	7.42
603508.SH	思维列控	4.42	002234.SZ	民和股份	7.43
600755.SH	厦门国贸	4.43	601088.SH	中国神华	7.46
002128.SZ	露天煤业	4.50	601699.SH	潞安环能	7.47
000919.SZ	金陵药业	4.53	601001.SH	大同煤业	7.62
000936.SZ	华西股份	4.55	000885.SZ	城发环境	7.62
600781.SH	辅仁药业	4.57	601101.SH	昊华能源	7.64
600606.SH	绿地控股	4.69	000528.SZ	柳工	7.65
002893.SZ	华通热力	4.69	000036.SZ	华联控股	7.65
601166.SH	兴业银行	4.77	600864.SH	哈投股份	7.66
600782.SH	新钢股份	4.82	002244.SZ	滨江集团	7.66
601328.SH	交通银行	4.85	600724.SH	宁波富达	7.67
601009.SH	南京银行	4.86	600076.SH	康欣新材	7.67
601288.SH	农业银行	4.90	600567.SH	山鹰纸业	7.76
600919.SH	江苏银行	4.91	601225.SH	陕西煤业	7.78
600340.SH	华夏幸福	4.93	600035.SH	楚天高速	7.78
600995.SH	文山电力	4.95	600390.SH	五矿资本	7.83
600188.SH	兖州煤业	5.03	600208.SH	新湖中宝	7.85
601997.SH	贵阳银行	5.05	600398.SH	海澜之家	7.86
601003.SH	柳钢股份	5.05	002454.SZ	松芝股份	7.86
601818.SH	光大银行	5.06	000828.SZ	东莞控股	7.88
600000.SH	浦发银行	5.07	000631.SZ	顺发恒业	7.92

续表

股票代码	股票简称	动态市盈率 2019.8.19	股票代码	股票简称	动态市盈率 2019.8.19
601918.SH	新集能源	5.14	601628.SH	中国人寿	7.93
600665.SH	天地源	5.16	600681.SH	百川能源	7.96
601988.SH	中国银行	5.17	600012.SH	皖通高速	7.96
002110.SZ	三钢闽光	5.17	600029.SH	南方航空	7.97
601998.SH	中信银行	5.18	000155.SZ	川能动力	7.97
600694.SH	大商股份	5.24	002333.SZ	＊ST 罗普	7.97
000906.SZ	浙商中拓	5.26	600803.SH	新奥股份	8.00
600020.SH	中原高速	5.27	601186.SH	中国铁建	8.03
600015.SH	华夏银行	5.36	000951.SZ	中国重汽	8.03
600611.SH	大众交通	5.50	600469.SH	风神股份	8.06
000031.SZ	大悦城	5.52	601618.SH	中国中冶	8.12
601577.SH	长沙银行	5.56	600120.SH	浙江东方	8.13
600070.SH	浙江富润	5.59	000789.SZ	万年青	8.15
600322.SH	天房发展	5.61	600908.SH	无锡银行	8.16
000900.SZ	现代投资	5.67	000425.SZ	徐工机械	8.22
600675.SH	中华企业	5.69	600662.SH	强生控股	8.22
002936.SZ	郑州银行	5.73	601318.SH	中国平安	8.28
601939.SH	建设银行	5.75	600328.SH	兰太实业	8.28
600926.SH	杭州银行	5.75	000001.SZ	平安银行	8.32
000717.SZ	韶钢松山	5.77	002458.SZ	益生股份	8.32
600708.SH	光明地产	5.77	002712.SZ	思美传媒	8.39
600266.SH	北京城建	5.78	000600.SZ	建投能源	8.41

续表

股票代码	股票简称	动态市盈率 2019.8.19	股票代码	股票简称	动态市盈率 2019.8.19
600507.SH	方大特钢	5.80	600757.SH	长江传媒	8.42
600348.SH	阳泉煤业	5.84	002208.SZ	合肥城建	8.44
600828.SH	茂业商业	5.84	600373.SH	中文传媒	8.51
601838.SH	成都银行	5.85	600048.SH	保利地产	8.53
600729.SH	重庆百货	5.85	601233.SH	桐昆股份	8.55
002094.SZ	青岛金王	5.87	000530.SZ	大冷股份	8.55
603167.SH	渤海轮渡	5.88	600795.SH	国电电力	8.56
600327.SH	大东方	5.93	000338.SZ	潍柴动力	8.59
601398.SH	工商银行	5.94	002233.SZ	塔牌集团	8.61
600985.SH	淮北矿业	6.02	600668.SH	尖峰集团	8.62
601229.SH	上海银行	6.06	600585.SH	海螺水泥	8.63
600997.SH	开滦股份	6.10	000776.SZ	广发证券	8.65
600170.SH	上海建工	6.12	600350.SH	山东高速	8.66
600173.SH	卧龙地产	6.15	601000.SH	唐山港	8.66
000573.SZ	粤宏远 A	6.17	600104.SH	上汽集团	8.67
600810.SH	神马股份	6.22	600039.SH	四川路桥	8.70
000999.SZ	华润三九	6.24	000887.SZ	中鼎股份	8.71
600704.SH	物产中大	6.24	600057.SH	厦门象屿	8.71
300511.SZ	雪榕生物	6.28	002251.SZ	步步高	8.72
601566.SH	九牧王	6.30	601216.SH	君正集团	8.75
000501.SZ	鄂武商 A	6.33	000863.SZ	三湘印象	8.77
000581.SZ	威孚高科	6.34	600180.SH	瑞茂通	8.79

续表

股票代码	股票简称	动态市盈率 2019.8.19	股票代码	股票简称	动态市盈率 2019.8.19
600740.SH	山西焦化	6.35	600036.SH	招商银行	8.80
002146.SZ	荣盛发展	6.37	601567.SH	三星医疗	8.80
600971.SH	恒源煤电	6.42	600031.SH	三一重工	8.81
601717.SH	郑煤机	6.46	600461.SH	洪城水业	8.83
000540.SZ	中天金融	6.49	600466.SH	蓝光发展	8.84
002608.SZ	江苏国信	6.55	600056.SH	中国医药	8.87
601107.SH	四川成渝	6.56	300459.SZ	金科文化	8.87
601668.SH	中国建筑	6.62	600739.SH	辽宁成大	8.89
002267.SZ	陕天然气	6.67	603878.SH	武进不锈	8.93
600508.SH	上海能源	6.73	002142.SZ	宁波银行	8.94
600802.SH	福建水泥	6.77	600648.SH	外高桥	8.94
002277.SZ	友阿股份	6.79	000065.SZ	北方国际	8.94
002489.SZ	浙江永强	6.82	000959.SZ	首钢股份	8.95
600720.SH	祁连山	6.85	600123.SH	兰花科创	8.95
000811.SZ	冰轮环境	6.90	600475.SH	华光股份	8.95
600325.SH	华发股份	6.91	601390.SH	中国中铁	8.97
000672.SZ	上峰水泥	6.94	000686.SZ	东北证券	8.98
000059.SZ	华锦股份	6.94	000671.SZ	阳光城	9.01
600859.SH	王府井	6.96	000921.SZ	海信家电	9.04

低市净率排行(除亏损股与ST股外)

股票代码	股票简称	市净率(pb) 2019.8.19	所属同花顺行业
000980.SZ	众泰汽车	0.43	交运设备－汽车整车－乘用车
000040.SZ	东旭蓝天	0.53	公用事业－电力－新能源发电
600657.SH	信达地产	0.54	房地产－房地产开发－房地产开发Ⅲ
600515.SH	海航基础	0.55	房地产－房地产开发－房地产开发Ⅲ
000926.SZ	福星股份	0.55	房地产－房地产开发－房地产开发Ⅲ
000709.SZ	河钢股份	0.57	黑色金属－钢铁－普钢
600015.SH	华夏银行	0.57	金融服务－银行－银行Ⅲ
000898.SZ	鞍钢股份	0.58	黑色金属－钢铁－普钢
600978.SH	宜华生活	0.59	轻工制造－家用轻工－家具
600823.SH	世茂股份	0.60	房地产－房地产开发－房地产开发Ⅲ
600016.SH	民生银行	0.60	金融服务－银行－银行Ⅲ
000415.SZ	渤海租赁	0.61	金融服务－保险及其他－多元金融
000937.SZ	冀中能源	0.61	采掘－煤炭开采加工－煤炭开采Ⅲ
600308.SH	华泰股份	0.61	轻工制造－造纸－造纸Ⅲ
601898.SH	中煤能源	0.62	采掘－煤炭开采加工－煤炭开采Ⅲ
601328.SH	交通银行	0.62	金融服务－银行－银行Ⅲ
600811.SH	东方集团	0.62	综合－综合－综合Ⅲ
601169.SH	北京银行	0.62	金融服务－银行－银行Ⅲ
600269.SH	赣粤高速	0.62	交通运输－公路铁路运输－高速公路Ⅲ

续表

股票代码	股票简称	市净率(pb) 2019.8.19	所属同花顺行业
600518.SH	ST 康美	0.63	医药生物－中药－中药Ⅲ
600751.SH	海航科技	0.63	电子－其他电子－其他电子Ⅲ
300064.SZ	豫金刚石	0.63	机械设备－通用设备－磨具磨料
600716.SH	凤凰股份	0.65	房地产－房地产开发－房地产开发Ⅲ
600221.SH	海航控股	0.65	交通运输－机场航运－航空运输Ⅲ
601998.SH	中信银行	0.65	金融服务－银行－银行Ⅲ
600219.SH	南山铝业	0.66	有色金属－有色冶炼加工－铝
002277.SZ	友阿股份	0.66	商业贸易－零售－百货零售
601818.SH	光大银行	0.66	金融服务－银行－银行Ⅲ
600960.SH	渤海汽车	0.67	交运设备－汽车零部件－汽车零部件Ⅲ
002433.SZ	太安堂	0.67	医药生物－中药－中药Ⅲ
600508.SH	上海能源	0.67	采掘－煤炭开采加工－煤炭开采Ⅲ
000959.SZ	首钢股份	0.67	黑色金属－钢铁－普钢
001896.SZ	豫能控股	0.67	公用事业－电力－火电
601988.SH	中国银行	0.67	金融服务－银行－银行Ⅲ
000900.SZ	现代投资	0.68	交通运输－公路铁路运输－高速公路Ⅲ
600266.SH	北京城建	0.68	房地产－房地产开发－房地产开发Ⅲ
600743.SH	华远地产	0.69	房地产－房地产开发－房地产开发Ⅲ
000521.SZ	长虹美菱	0.69	家用电器－白色家电－冰箱
002377.SZ	国创高新	0.70	房地产－房地产开发－房地产开发Ⅲ
600781.SH	辅仁药业	0.70	医药生物－化学制药－化学制剂
601666.SH	平煤股份	0.70	采掘－煤炭开采加工－煤炭开采Ⅲ

续表

股票代码	股票简称	市净率(pb) 2019.8.19	所属同花顺行业
600569.SH	安阳钢铁	0.70	黑色金属－钢铁－普钢
600969.SH	郴电国际	0.71	公用事业－电力－水电
000059.SZ	华锦股份	0.71	化工－基础化学－石油加工
002585.SZ	双星新材	0.71	轻工制造－包装印刷－包装印刷Ⅲ
000825.SZ	太钢不锈	0.71	黑色金属－钢铁－特钢
300089.SZ	文化长城	0.71	信息服务－传媒－其他传媒
600060.SH	海信电器	0.71	家用电器－视听器材－彩电
600805.SH	悦达投资	0.71	交通运输－公路铁路运输－高速公路Ⅲ
600126.SH	杭钢股份	0.72	黑色金属－钢铁－普钢
600123.SH	兰花科创	0.72	采掘－煤炭开采加工－煤炭开采Ⅲ
000732.SZ	泰禾集团	0.72	房地产－房地产开发－房地产开发Ⅲ
600418.SH	江淮汽车	0.72	交运设备－汽车整车－乘用车
000698.SZ	沈阳化工	0.72	化工－基础化学－石油加工
600708.SH	光明地产	0.72	房地产－房地产开发－房地产开发Ⅲ
600919.SH	江苏银行	0.72	金融服务－银行－银行Ⅲ
000591.SZ	太阳能	0.72	公用事业－电力－新能源发电
600658.SH	电子城	0.72	房地产－园区开发－园区开发Ⅲ
000402.SZ	金融街	0.73	房地产－房地产开发－房地产开发Ⅲ
601288.SH	农业银行	0.73	金融服务－银行－银行Ⅲ
600000.SH	浦发银行	0.73	金融服务－银行－银行Ⅲ
600348.SH	阳泉煤业	0.73	采掘－煤炭开采加工－煤炭开采Ⅲ
002048.SZ	宁波华翔	0.73	交运设备－汽车零部件－汽车零部件Ⅲ

续表

股票代码	股票简称	市净率（pb）2019.8.19	所属同花顺行业
600782.SH	新钢股份	0.73	黑色金属－钢铁－普钢
002344.SZ	海宁皮城	0.74	商业贸易－零售－商业物业经营
600019.SH	宝钢股份	0.74	黑色金属－钢铁－普钢
600208.SH	新湖中宝	0.74	房地产－房地产开发－房地产开发Ⅲ
002087.SZ	新野纺织	0.74	纺织服装－纺织制造－棉纺
600510.SH	黑牡丹	0.74	房地产－房地产开发－房地产开发Ⅲ
000778.SZ	新兴铸管	0.74	黑色金属－钢铁－普钢
600808.SH	马钢股份	0.74	黑色金属－钢铁－普钢
600780.SH	通宝能源	0.74	公用事业－电力－火电
601339.SH	百隆东方	0.75	纺织服装－纺织制造－棉纺
600157.SH	永泰能源	0.75	采掘－煤炭开采加工－煤炭开采Ⅲ
601107.SH	四川成渝	0.75	交通运输－公路铁路运输－高速公路Ⅲ
600350.SH	山东高速	0.76	交通运输－公路铁路运输－高速公路Ⅲ
000882.SZ	华联股份	0.76	商业贸易－零售－商业物业经营
600649.SH	城投控股	0.76	房地产－房地产开发－房地产开发Ⅲ
600382.SH	广东明珠	0.76	综合－综合－综合Ⅲ
600717.SH	天津港	0.76	交通运输－港口航运－港口Ⅲ
000662.SZ	天夏智慧	0.77	信息服务－计算机应用－软件开发及服务
002244.SZ	滨江集团	0.77	房地产－房地产开发－房地产开发Ⅲ
601333.SH	广深铁路	0.77	交通运输－公路铁路运输－铁路运输Ⅲ
600051.SH	宁波联合	0.77	房地产－房地产开发－房地产开发Ⅲ
000552.SZ	靖远煤电	0.77	采掘－煤炭开采加工－煤炭开采Ⅲ

股票代码	股票简称	市净率(pb) 2019.8.19	所属同花顺行业
600322.SH	天房发展	0.77	房地产－房地产开发－房地产开发Ⅲ
002029.SZ	七匹狼	0.78	纺织服装－服装家纺－男装
000419.SZ	通程控股	0.78	商业贸易－零售－百货零售
600067.SH	冠城大通	0.78	房地产－房地产开发－房地产开发Ⅲ
600676.SH	交运股份	0.78	交运设备－汽车零部件－汽车零部件Ⅲ
000761.SZ	本钢板材	0.79	黑色金属－钢铁－普钢
002101.SZ	广东鸿图	0.79	交运设备－汽车零部件－汽车零部件Ⅲ
600017.SH	日照港	0.79	交通运输－港口航运－港口Ⅲ
600858.SH	银座股份	0.79	商业贸易－零售－百货零售
601222.SH	林洋能源	0.79	机械设备－电气设备－电气自控设备
600502.SH	安徽水利	0.79	建筑材料－建筑装饰－基础建设
600971.SH	恒源煤电	0.80	采掘－煤炭开采加工－煤炭开采Ⅲ
002173.SZ	创新医疗	0.80	医药生物－医疗器械服务－医疗服务Ⅲ
600291.SH	西水股份	0.80	金融服务－保险及其他－保险Ⅲ
601101.SH	昊华能源	0.80	采掘－煤炭开采加工－煤炭开采Ⅲ
600279.SH	重庆港九	0.81	交通运输－港口航运－港口Ⅲ
600986.SH	科达股份	0.81	信息服务－传媒－营销服务
002521.SZ	齐峰新材	0.81	轻工制造－造纸－造纸Ⅲ
601186.SH	中国铁建	0.81	建筑材料－建筑装饰－基础建设
002067.SZ	景兴纸业	0.81	轻工制造－造纸－造纸Ⅲ
600277.SH	亿利洁能	0.81	化工－基础化学－氯碱
600335.SH	国机汽车	0.81	交运设备－交运设备服务－汽车服务

续表

股票代码	股票简称	市净率(pb) 2019.8.19	所属同花顺行业
600428.SH	中远海特	0.81	交通运输－港口航运－航运Ⅲ
000488.SZ	晨鸣纸业	0.82	轻工制造－造纸－造纸Ⅲ
601992.SH	金隅集团	0.82	建筑材料－建筑材料－水泥制造
600022.SH	山东钢铁	0.82	黑色金属－钢铁－普钢
601166.SH	兴业银行	0.82	金融服务－银行－银行Ⅲ
000875.SZ	吉电股份	0.82	公用事业－电力－新能源发电
002092.SZ	中泰化学	0.82	化工－基础化学－氯碱
002619.SZ	艾格拉斯	0.82	信息服务－传媒－其他传媒
600509.SH	天富能源	0.82	公用事业－电力－热电
601618.SH	中国中冶	0.82	建筑材料－建筑装饰－专业工程
600997.SH	开滦股份	0.82	采掘－煤炭开采加工－煤炭开采Ⅲ
600028.SH	中国石化	0.83	化工－基础化学－石油加工
600282.SH	南钢股份	0.83	黑色金属－钢铁－普钢
000413.SZ	东旭光电	0.83	电子－光学光电子－显示器件Ⅲ
000056.SZ	皇庭国际	0.83	商业贸易－零售－商业物业经营
603157.SH	拉夏贝尔	0.83	纺织服装－服装家纺－女装
600376.SH	首开股份	0.83	房地产－房地产开发－房地产开发Ⅲ
601717.SH	郑煤机	0.83	交运设备－汽车零部件－汽车零部件Ⅲ
601588.SH	北辰实业	0.84	房地产－房地产开发－房地产开发Ⅲ
000539.SZ	粤电力Ａ	0.84	公用事业－电力－火电
000917.SZ	电广传媒	0.84	信息服务－通信服务－有线电视网络
600926.SH	杭州银行	0.84	金融服务－银行－银行Ⅲ

续表

股票代码	股票简称	市净率(pb) 2019.8.19	所属同花顺行业
601398.SH	工商银行	0.84	金融服务－银行－银行Ⅲ
000665.SZ	湖北广电	0.84	信息服务－通信服务－有线电视网络
000042.SZ	中洲控股	0.84	房地产－房地产开发－房地产开发Ⅲ
000701.SZ	厦门信达	0.84	商业贸易－贸易－贸易Ⅲ
600582.SH	天地科技	0.84	机械设备－专用设备－冶金矿采化工设备
600039.SH	四川路桥	0.84	建筑材料－建筑装饰－基础建设
601390.SH	中国中铁	0.84	建筑材料－建筑装饰－基础建设
002251.SZ	步步高	0.84	商业贸易－零售－百货零售
600623.SH	华谊集团	0.85	化工－化学制品－其他化学制品
600153.SH	建发股份	0.85	交通运输－物流－物流Ⅲ
603323.SH	苏农银行	0.85	金融服务－银行－银行Ⅲ
000850.SZ	华茂股份	0.85	纺织服装－纺织制造－棉纺
600089.SH	特变电工	0.85	机械设备－电气设备－输变电设备
000404.SZ	长虹华意	0.85	家用电器－白色家电－其他白色家电
000543.SZ	皖能电力	0.85	公用事业－电力－火电
600533.SH	栖霞建设	0.86	房地产－房地产开发－房地产开发Ⅲ
002682.SZ	龙洲股份	0.86	交通运输－物流－物流Ⅲ
600121.SH	郑州煤电	0.86	采掘－煤炭开采加工－煤炭开采Ⅲ
600297.SH	广汇汽车	0.86	交运设备－交运设备服务－汽车服务
603518.SH	锦泓集团	0.86	纺织服装－服装家纺－女装
601997.SH	贵阳银行	0.86	金融服务－银行－银行Ⅲ
002305.SZ	南国置业	0.87	房地产－房地产开发－房地产开发Ⅲ

股票代码	股票简称	市净率(pb) 2019.8.19	所属同花顺行业
600188.SH	兖州煤业	0.87	采掘－煤炭开采加工－煤炭开采Ⅲ
000501.SZ	鄂武商 A	0.87	商业贸易－零售－百货零售
002454.SZ	松芝股份	0.87	交运设备－汽车零部件－汽车零部件Ⅲ
000635.SZ	英力特	0.88	化工－基础化学－氯碱
002541.SZ	鸿路钢构	0.88	建筑材料－建筑装饰－专业工程
600480.SH	凌云股份	0.88	交运设备－汽车零部件－汽车零部件Ⅲ
002193.SZ	如意集团	0.88	纺织服装－纺织制造－毛纺
000623.SZ	吉林敖东	0.88	医药生物－化学制药－化学制剂
002026.SZ	山东威达	0.88	机械设备－通用设备－机械基础件
601229.SH	上海银行	0.88	金融服务－银行－银行Ⅲ
600023.SH	浙能电力	0.88	公用事业－电力－火电
600339.SH	中油工程	0.88	采掘－采掘服务－油气钻采服务
600820.SH	隧道股份	0.88	建筑材料－建筑装饰－基础建设
601699.SH	潞安环能	0.89	采掘－煤炭开采加工－煤炭开采Ⅲ
300182.SZ	捷成股份	0.89	信息服务－传媒－影视动漫
601005.SH	重庆钢铁	0.89	黑色金属－钢铁－普钢
601939.SH	建设银行	0.89	金融服务－银行－银行Ⅲ
000716.SZ	黑芝麻	0.89	食品饮料－食品加工制造－食品综合
600012.SH	皖通高速	0.89	交通运输－公路铁路运输－高速公路Ⅲ
601669.SH	中国电建	0.89	建筑材料－建筑装饰－基础建设
601828.SH	美凯龙	0.89	商业贸易－零售－商业物业经营
600827.SH	百联股份	0.89	商业贸易－零售－百货零售

续表

股票代码	股票简称	市净率(pb) 2019.8.19	所属同花顺行业
600361.SH	华联综超	0.89	商业贸易－零售－百货零售
002255.SZ	海陆重工	0.89	机械设备－电气设备－电源设备
600026.SH	中远海能	0.90	交通运输－港口航运－航运Ⅲ
600292.SH	远达环保	0.90	公用事业－环保工程－环保工程及服务
601117.SH	中国化学	0.90	建筑材料－建筑装饰－专业工程
000932.SZ	华菱钢铁	0.90	黑色金属－钢铁－普钢
600295.SH	鄂尔多斯	0.90	采掘－石油矿业开采－其他采掘Ⅲ
000417.SZ	合肥百货	0.90	商业贸易－零售－百货零售
601838.SH	成都银行	0.90	金融服务－银行－银行Ⅲ
600665.SH	天地源	0.91	房地产－房地产开发－房地产开发Ⅲ
601179.SH	中国西电	0.91	机械设备－电气设备－输变电设备
600033.SH	福建高速	0.91	交通运输－公路铁路运输－高速公路Ⅲ
600375.SH	华菱星马	0.91	交运设备－汽车整车－商用载货车
002807.SZ	江阴银行	0.91	金融服务－银行－银行Ⅲ
600035.SH	楚天高速	0.91	交通运输－公路铁路运输－高速公路Ⅲ
600168.SH	武汉控股	0.91	公用事业－燃气水务－水务Ⅲ
600090.SH	同济堂	0.91	医药生物－医药商业－医药商业Ⅲ
600166.SH	福田汽车	0.91	交运设备－汽车整车－商用载货车
600551.SH	时代出版	0.91	信息服务－传媒－平面媒体
600512.SH	腾达建设	0.91	建筑材料－建筑装饰－基础建设
600159.SH	大龙地产	0.92	房地产－房地产开发－房地产开发Ⅲ
600189.SH	吉林森工	0.92	食品饮料－饮料制造－软饮料

股票代码	股票简称	市净率(pb) 2019.8.19	所属同花顺行业
600982.SH	宁波热电	0.92	公用事业－电力－热电
601800.SH	中国交建	0.92	建筑材料－建筑装饰－基础建设
000983.SZ	西山煤电	0.92	采掘－煤炭开采加工－煤炭开采Ⅲ
002386.SZ	天原集团	0.92	化工－基础化学－氯碱
601000.SH	唐山港	0.92	交通运输－港口航运－港口Ⅲ
601718.SH	际华集团	0.92	纺织服装－服装家纺－其他服装
000719.SZ	中原传媒	0.92	信息服务－传媒－平面媒体
000903.SZ	云内动力	0.92	交运设备－汽车零部件－汽车零部件Ⅲ
601857.SH	中国石油	0.92	采掘－石油矿业开采－石油开采Ⅲ
601577.SH	长沙银行	0.92	金融服务－银行－银行Ⅲ
603123.SH	翠微股份	0.92	商业贸易－零售－百货零售
600894.SH	广日股份	0.93	机械设备－专用设备－楼宇设备
002663.SZ	普邦股份	0.93	建筑材料－建筑装饰－装饰园林
600027.SH	华电国际	0.93	公用事业－电力－火电
600057.SH	厦门象屿	0.93	交通运输－物流－物流Ⅲ
603035.SH	常熟汽饰	0.93	交运设备－汽车零部件－汽车零部件Ⅲ
600068.SH	葛洲坝	0.93	建筑材料－建筑装饰－基础建设
300195.SZ	长荣股份	0.93	机械设备－专用设备－印刷包装机械
601009.SH	南京银行	0.93	金融服务－银行－银行Ⅲ
000589.SZ	贵州轮胎	0.93	化工－化工合成材料－轮胎
002936.SZ	郑州银行	0.93	金融服务－银行－银行Ⅲ
600101.SH	明星电力	0.93	公用事业－电力－水电

股票代码	股票简称	市净率(pb) 2019.8.19	所属同花顺行业
000685.SZ	中山公用	0.93	公用事业－燃气水务－水务Ⅲ
000069.SZ	华侨城A	0.93	房地产－房地产开发－房地产开发Ⅲ
002086.SZ	ST东海洋	0.93	农林牧渔－养殖业－水产养殖
002435.SZ	长江润发	0.93	医药生物－化学制药－化学制剂
000600.SZ	建投能源	0.94	公用事业－电力－火电
002620.SZ	瑞和股份	0.94	建筑材料－建筑装饰－装饰园林
000599.SZ	青岛双星	0.94	化工－化工合成材料－轮胎
300055.SZ	万邦达	0.94	公用事业－环保工程－环保工程及服务
600075.SH	新疆天业	0.94	化工－基础化学－氯碱
002743.SZ	富煌钢构	0.94	建筑材料－建筑装饰－专业工程
002363.SZ	隆基机械	0.95	交运设备－汽车零部件－汽车零部件Ⅲ
600795.SH	国电电力	0.95	公用事业－电力－火电
002470.SZ	金正大	0.95	化工－化学制品－复合肥
601015.SH	陕西黑猫	0.95	采掘－煤炭开采加工－焦炭加工
601677.SH	明泰铝业	0.95	有色金属－有色冶炼加工－铝
002375.SZ	亚厦股份	0.95	建筑材料－建筑装饰－装饰园林
601188.SH	龙江交通	0.95	交通运输－公路铁路运输－高速公路Ⅲ
000528.SZ	柳工	0.95	机械设备－专用设备－工程机械
002400.SZ	省广集团	0.95	信息服务－传媒－营销服务
600578.SH	京能电力	0.95	公用事业－电力－火电
601599.SH	鹿港文化	0.95	纺织服装－纺织制造－毛纺
600908.SH	无锡银行	0.96	金融服务－银行－银行Ⅲ

股票代码	股票简称	市净率(pb) 2019.8.19	所属同花顺行业
600715.SH	文投控股	0.96	信息服务－传媒－影视动漫
002283.SZ	天润曲轴	0.96	交运设备－汽车零部件－汽车零部件Ⅲ
600839.SH	四川长虹	0.96	家用电器－视听器材－彩电
600694.SH	大商股份	0.96	商业贸易－零售－百货零售
600390.SH	五矿资本	0.96	金融服务－保险及其他－多元金融
002574.SZ	明牌珠宝	0.96	轻工制造－家用轻工－珠宝首饰
600403.SH	大有能源	0.96	采掘－煤炭开采加工－煤炭开采Ⅲ
600496.SH	精工钢构	0.96	建筑材料－建筑装饰－专业工程
600691.SH	阳煤化工	0.96	化工－化学制品－氮肥
600589.SH	广东榕泰	0.97	化工－化学制品－其他化学制品
000683.SZ	远兴能源	0.97	化工－基础化学－纯碱
600642.SH	申能股份	0.97	公用事业－电力－火电
600409.SH	三友化工	0.97	化工－基础化学－纯碱
000557.SZ	西部创业	0.97	交通运输－公路铁路运输－铁路运输Ⅲ
002394.SZ	联发股份	0.97	纺织服装－纺织制造－棉纺
600790.SH	轻纺城	0.97	商业贸易－零售－商业物业经营
002630.SZ	华西能源	0.97	机械设备－电气设备－电源设备
002545.SZ	东方铁塔	0.98	化工－化学制品－钾肥
002839.SZ	张家港行	0.98	金融服务－银行－银行Ⅲ
600190.SH	锦州港	0.98	交通运输－港口航运－港口Ⅲ
600586.SH	金晶科技	0.98	建筑材料－建筑材料－玻璃制造
603001.SH	奥康国际	0.98	纺织服装－服装家纺－鞋帽

续表

股票代码	股票简称	市净率(pb) 2019.8.19	所属同花顺行业
600020.SH	中原高速	0.98	交通运输－公路铁路运输－高速公路Ⅲ
300038.SZ	数知科技	0.99	信息服务－传媒－营销服务
600622.SH	光大嘉宝	0.99	房地产－房地产开发－房地产开发Ⅲ
002128.SZ	露天煤业	0.99	采掘－煤炭开采加工－煤炭开采Ⅲ
600684.SH	珠江实业	0.99	房地产－房地产开发－房地产开发Ⅲ
600133.SH	东湖高新	0.99	建筑材料－建筑装饰－基础建设
000421.SZ	南京公用	0.99	公用事业－燃气水务－燃气Ⅲ
000537.SZ	广宇发展	0.99	房地产－房地产开发－房地产开发Ⅲ
300157.SZ	恒泰艾普	0.99	采掘－采掘服务－油气钻采服务
600112.SH	ST天成	0.99	机械设备－电气设备－输变电设备
002204.SZ	大连重工	1.00	机械设备－专用设备－重型机械
002483.SZ	润邦股份	1.00	机械设备－专用设备－重型机械
002187.SZ	广百股份	1.00	商业贸易－零售－百货零售
002239.SZ	奥特佳	1.00	交运设备－汽车零部件－汽车零部件Ⅲ

连续五年净资产收益率大于15%的股票

股票代码	股票简称	2018年 ROE(%)	2017年 ROE(%)	2016年 ROE(%)	2015年 ROE(%)	2014年 ROE(%)
603379.SH	三美股份	54.76	73.99	50.91	20.48	15.84
300571.SZ	平治信息	45.98	33.36	35.17	25.62	26.22
600338.SH	西藏珠峰	42.86	71.24	66.21	22.62	26.31
601155.SH	新城控股	41.91	34.18	22.44	22.53	17.55
300752.SZ	隆利科技	40.76	41.76	55.18	23.03	58.97
300771.SZ	智莱科技	40.27	31.97	37.88	54.69	29.33
300761.SZ	立华股份	37.15	32.11	27.80	33.36	44.21
002942.SZ	新农股份	36.75	27.47	15.52	16.33	87.01
603983.SH	丸美股份	35.57	34.19	31.29	40.87	50.37
600340.SH	华夏幸福	35.19	31.40	29.54	42.07	42.83
600566.SH	济川药业	34.74	31.78	29.95	28.57	26.20
600519.SH	贵州茅台	34.46	32.95	24.44	26.23	31.96
603868.SH	飞科电器	34.46	38.42	34.30	55.23	53.35
002841.SZ	视源股份	34.10	31.46	74.94	54.65	52.11
000895.SZ	双汇发展	34.06	31.40	28.33	27.24	28.60
002415.SZ	海康威视	33.99	34.96	34.56	35.28	36.27
002952.SZ	亚世光电	33.66	29.92	37.21	32.64	20.66
000651.SZ	格力电器	33.36	37.44	30.41	27.31	35.23
603068.SH	博通集成	33.28	32.83	30.44	40.10	45.72

续表

股票代码	股票简称	2018 年 ROE(%)	2017 年 ROE(%)	2016 年 ROE(%)	2015 年 ROE(%)	2014 年 ROE(%)
603288.SH	海天味业	32.66	31.12	32.00	32.00	33.00
603236.SH	移远通信	32.21	22.97	21.28	37.99	25.64
603658.SH	安图生物	32.20	27.68	32.22	46.36	49.97
300577.SZ	开润股份	30.68	19.98	37.04	37.47	31.67
002956.SZ	西麦食品	30.13	25.31	25.79	21.94	23.08
603700.SH	宁波水表	30.03	31.87	40.52	40.45	45.49
603583.SH	捷昌驱动	29.97	34.74	35.57	56.60	40.35
002372.SZ	伟星新材	29.45	28.19	26.15	21.46	19.12
300567.SZ	精测电子	28.91	21.08	33.71	37.57	34.74
002032.SZ	苏泊尔	28.84	26.87	22.79	21.90	19.63
603568.SH	伟明环保	28.74	24.24	18.23	21.48	25.53
600398.SH	海澜之家	28.70	32.51	34.64	40.02	40.63
600763.SH	通策医疗	28.66	23.39	18.17	26.52	19.17
603666.SH	亿嘉和	28.25	51.41	38.23	23.14	65.62
002901.SZ	大博医疗	28.10	37.76	41.87	54.42	47.80
603444.SH	吉比特	28.05	29.58	78.90	43.74	67.72
603589.SH	口子窖	27.42	24.00	19.81	20.55	20.07
603156.SH	养元饮品	27.00	38.77	46.73	57.77	62.51
300628.SZ	亿联网络	26.90	26.67	71.36	74.51	59.41
600452.SH	涪陵电力	26.79	22.32	22.23	30.85	15.38
002749.SZ	国光股份	26.74	22.10	16.24	19.02	34.38
300357.SZ	我武生物	26.63	25.55	21.02	21.98	21.63

续表

股票代码	股票简称	2018年 ROE(%)	2017年 ROE(%)	2016年 ROE(%)	2015年 ROE(%)	2014年 ROE(%)
002508.SZ	老板电器	26.40	31.66	33.38	29.10	25.55
300529.SZ	健帆生物	26.30	22.21	24.08	39.58	41.35
688003.SH	天准科技	26.30	21.10	16.63	22.57	61.36
300788.SZ	中信出版	26.18	27.50	26.80	37.11	33.37
603899.SH	晨光文具	26.16	24.45	21.81	21.44	31.83
002304.SZ	洋河股份	25.95	24.08	24.01	25.37	24.53
002947.SZ	恒铭达	25.93	29.85	30.09	32.67	49.58
603317.SH	天味食品	25.89	18.60	23.81	20.10	24.58
000333.SZ	美的集团	25.66	25.88	26.88	29.06	29.49
000049.SZ	德赛电池	25.54	23.63	24.60	27.75	37.05
300765.SZ	新诺威	25.47	29.11	31.02	19.43	21.24
002833.SZ	弘亚数控	25.42	28.67	42.52	30.03	51.23
603587.SH	地素时尚	25.23	43.98	55.27	63.70	62.98
600436.SH	片仔癀	24.98	21.16	16.20	15.43	16.79
002146.SZ	荣盛发展	24.89	22.44	18.74	16.49	26.08
000963.SZ	华东医药	24.87	23.02	22.19	42.98	30.34
002925.SZ	盈趣科技	24.72	80.97	72.25	50.88	64.07
600887.SH	伊利股份	24.33	25.22	26.58	23.87	23.66
000596.SZ	古井贡酒	24.03	19.09	15.88	15.91	15.05
300450.SZ	先导智能	23.95	34.16	35.56	27.34	25.03
300781.SZ	因赛集团	23.92	20.89	26.77	47.10	61.55
603967.SH	中创物流	23.81	25.79	30.22	32.46	19.84

续表

股票代码	股票简称	2018年ROE(%)	2017年ROE(%)	2016年ROE(%)	2015年ROE(%)	2014年ROE(%)
603650.SH	彤程新材	23.64	27.99	35.40	43.44	30.80
002174.SZ	游族网络	23.62	21.12	24.12	42.19	67.07
600276.SH	恒瑞医药	23.60	23.28	23.24	24.37	21.28
300595.SZ	欧普康视	23.59	21.40	38.56	40.04	38.63
002949.SZ	华阳国际	23.50	23.89	30.37	22.82	58.40
002294.SZ	信立泰	23.43	25.94	28.68	30.82	30.75
002951.SZ	金时科技	23.34	27.09	49.78	40.63	34.92
000002.SZ	万科A	23.24	22.80	19.68	19.14	19.17
603517.SH	绝味食品	23.07	22.85	28.91	28.43	27.04
603305.SH	旭升股份	23.05	28.05	48.92	31.98	18.60
300725.SZ	药石科技	22.97	22.84	21.18	17.85	28.22
603816.SH	顾家家居	22.96	22.26	37.25	49.88	49.43
300767.SZ	震安科技	22.75	15.83	19.86	18.68	26.48
603833.SH	欧派家居	22.72	25.75	39.45	28.44	28.12
300630.SZ	普利制药	22.71	16.59	25.21	21.25	17.46
603515.SH	欧普照明	22.67	20.22	21.64	26.36	19.35
603180.SH	金牌厨柜	22.65	27.78	39.53	26.33	27.90
603697.SH	有友食品	22.52	30.85	24.52	26.09	38.07
603659.SH	璞泰来	22.39	32.45	43.11	29.82	21.83
002007.SZ	华兰生物	22.36	18.48	19.85	16.72	16.66
603357.SH	设计总院	22.33	23.59	28.26	24.10	32.13
603986.SH	兆易创新	22.25	26.27	21.18	31.92	25.78

续表

股票代码	股票简称	2018年ROE(%)	2017年ROE(%)	2016年ROE(%)	2015年ROE(%)	2014年ROE(%)
002867.SZ	周大生	22.18	21.60	28.09	26.49	27.54
002940.SZ	昂利康	22.18	29.98	29.44	29.96	26.07
002236.SZ	大华股份	22.16	25.47	24.80	23.59	24.44
603267.SH	鸿远电子	22.13	15.45	20.55	15.89	27.56
601869.SH	长飞光纤	22.06	26.99	18.64	18.63	28.53
000848.SZ	承德露露	21.99	21.52	24.83	31.16	38.13
603228.SH	景旺电子	21.97	21.50	34.39	36.46	36.78
300769.SZ	德方纳米	21.89	26.28	28.37	54.21	18.23
300506.SZ	名家汇	21.63	26.06	20.53	19.89	23.68
300668.SZ	杰恩设计	21.51	24.19	37.18	47.27	38.45
603848.SH	好太太	21.39	27.95	28.42	34.01	41.47
300633.SZ	开立医疗	21.38	20.26	20.52	21.24	31.52
002008.SZ	大族激光	21.33	27.60	15.05	16.99	18.47
603043.SH	广州酒家	21.16	26.35	30.66	30.46	35.65
600690.SH	海尔智家	21.00	23.59	20.41	16.22	27.58
002815.SZ	崇达技术	20.99	20.26	27.48	32.12	37.50
601318.SH	中国平安	20.91	20.72	17.36	17.12	18.30
000661.SZ	长春高新	20.85	15.99	15.62	23.90	23.55
600660.SH	福耀玻璃	20.81	17.16	18.62	18.88	27.07
002242.SZ	九阳股份	20.70	18.40	21.36	19.72	17.79
300756.SZ	中山金马	20.67	27.45	32.00	55.21	63.46
002572.SZ	索菲亚	20.64	21.98	22.55	21.85	18.20

续表

股票代码	股票简称	2018 年ROE(%)	2017 年ROE(%)	2016 年ROE(%)	2015 年ROE(%)	2014 年ROE(%)
603639.SH	海利尔	20.64	20.10	23.87	26.19	34.43
300607.SZ	拓斯达	20.56	21.21	24.15	22.93	30.51
002624.SZ	完美世界	20.43	19.57	26.73	32.05	27.62
002271.SZ	东方雨虹	20.36	21.91	23.17	19.61	25.32
603369.SH	今世缘	20.36	18.11	17.60	18.16	22.54
603187.SH	海容冷链	20.31	23.08	29.44	39.93	40.04
600612.SH	老凤祥	20.26	21.13	21.83	26.09	25.56
603871.SH	嘉友国际	20.26	43.82	41.55	39.36	24.35
002690.SZ	美亚光电	20.14	17.38	15.78	17.56	15.63
603387.SH	基蛋生物	20.14	28.70	43.15	49.90	63.25
603338.SH	浙江鼎力	20.05	22.14	17.48	16.78	28.62
603429.SH	集友股份	20.04	21.41	29.94	29.97	34.59
300124.SZ	汇川技术	19.99	20.98	21.49	21.91	20.55
300408.SZ	三环集团	19.95	19.58	22.41	22.11	30.57
603337.SH	杰克股份	19.81	16.84	24.14	22.49	32.20
000921.SZ	海信家电	19.79	35.12	24.23	15.49	21.65
603886.SH	元祖股份	19.78	18.19	26.80	28.48	22.31
603351.SH	威尔药业	19.75	22.21	23.46	22.72	20.52
000423.SZ	东阿阿胶	19.72	22.46	24.10	24.78	24.81
603160.SH	汇顶科技	19.72	28.79	47.13	35.52	51.23
603203.SH	快克股份	19.72	19.62	37.36	33.04	35.34
603866.SH	桃李面包	19.71	22.36	22.42	30.33	28.19

续表

股票代码	股票简称	2018 年 ROE(%)	2017 年 ROE(%)	2016 年 ROE(%)	2015 年 ROE(%)	2014 年 ROE(%)
603810.SH	ST 丰山	19.59	21.64	17.38	21.44	41.01
002262.SZ	恩华药业	19.48	17.38	15.88	18.13	23.77
600563.SH	法拉电子	19.48	19.56	19.51	17.87	18.28
300482.SZ	万孚生物	19.29	22.57	18.79	24.40	33.84
603629.SH	利通电子	19.19	22.48	28.59	69.66	102.58
603596.SH	伯特利	19.06	29.02	39.59	42.80	21.60
603585.SH	苏利股份	19.01	15.71	27.11	24.95	18.37
000069.SZ	华侨城 A	18.98	18.05	16.84	15.35	18.40
002859.SZ	洁美科技	18.98	17.38	28.42	22.80	20.34
002950.SZ	奥美医疗	18.95	20.79	22.19	19.25	33.79
300497.SZ	富祥股份	18.88	21.13	25.94	29.65	20.84
601997.SH	贵阳银行	18.88	19.76	21.67	26.37	26.44
603056.SH	德邦股份	18.81	19.53	16.27	17.06	29.98
300547.SZ	川环科技	18.80	17.53	21.29	24.56	23.73
002142.SZ	宁波银行	18.72	19.02	17.74	17.68	19.45
300015.SZ	爱尔眼科	18.55	21.74	21.84	19.66	16.91
600741.SH	华域汽车	18.52	16.51	16.84	18.89	20.76
603233.SH	大参林	18.47	24.28	37.96	51.71	54.33
002773.SZ	康弘药业	18.42	20.34	18.41	19.34	18.51
603198.SH	迎驾贡酒	18.42	16.90	17.84	16.42	20.70
601515.SH	东风股份	18.34	17.50	16.07	22.44	26.77
300406.SZ	九强生物	18.33	19.06	21.42	22.89	33.35

股票代码	股票简称	2018 年 ROE(%)	2017 年 ROE(%)	2016 年 ROE(%)	2015 年 ROE(%)	2014 年 ROE(%)
603737.SH	三棵树	18.31	16.72	16.70	23.20	24.30
300722.SZ	新余国科	18.28	19.46	17.52	21.47	23.42
603605.SH	珀莱雅	18.28	27.93	31.76	43.08	37.43
603165.SH	荣晟环保	18.24	43.74	36.08	24.49	21.80
603863.SH	松炀资源	18.08	16.80	33.09	48.66	17.97
002595.SZ	豪迈科技	18.06	18.44	22.20	23.57	20.89
603657.SH	春光科技	18.04	29.25	26.26	32.47	31.61
603127.SH	昭衍新药	17.99	20.57	22.10	26.82	34.91
002907.SZ	华森制药	17.79	20.67	23.14	22.44	22.37
603757.SH	大元泵业	17.79	31.65	43.49	30.88	27.91
603283.SH	赛腾股份	17.72	27.40	16.35	60.09	140.81
002831.SZ	裕同科技	17.71	20.15	35.48	35.27	40.39
603790.SH	雅运股份	17.70	20.66	20.02	16.92	19.01
603579.SH	荣泰健康	17.60	18.85	55.46	59.36	38.93
603569.SH	长久物流	17.57	19.79	28.49	35.65	36.06
300446.SZ	乐凯新材	17.54	19.77	23.54	28.49	36.32
600167.SH	联美控股	17.48	17.84	32.74	16.39	17.14
300662.SZ	科锐国际	17.43	16.20	21.83	30.01	30.09
603039.SH	泛微网络	17.42	16.44	24.86	24.64	27.29
000538.SZ	云南白药	17.37	18.55	20.03	22.43	24.86
002884.SZ	凌霄泵业	17.36	22.79	25.66	21.18	22.93
300723.SZ	一品红	17.33	33.84	51.92	41.85	20.42

续表

股票代码	股票简称	2018年 ROE(%)	2017年 ROE(%)	2016年 ROE(%)	2015年 ROE(%)	2014年 ROE(%)
603730.SH	岱美股份	17.29	26.81	33.02	29.34	25.54
000828.SZ	东莞控股	17.27	16.46	17.12	18.99	15.47
002081.SZ	金螳螂	17.23	17.88	18.11	20.29	29.52
601877.SH	正泰电器	17.16	15.35	20.62	26.37	32.17
300653.SZ	正海生物	17.09	16.63	22.49	33.80	74.55
300616.SZ	尚品宅配	17.08	18.00	35.20	25.79	32.03
600987.SH	航民股份	17.03	17.28	18.55	18.90	19.86
601009.SH	南京银行	16.96	16.94	16.25	17.59	19.00
002912.SZ	中新赛克	16.95	20.09	18.41	20.33	26.44
603458.SH	勘设股份	16.92	26.52	21.43	16.56	27.83
601577.SH	长沙银行	16.91	18.25	17.00	18.73	22.81
603997.SH	继峰股份	16.91	18.11	17.51	15.11	28.23
600406.SH	国电南瑞	16.90	16.38	17.23	17.09	19.40
600885.SH	宏发股份	16.82	17.91	18.13	16.64	18.02
002818.SZ	富森美	16.76	16.25	20.42	21.80	19.39
002878.SZ	元隆雅图	16.74	18.22	23.28	22.42	22.58
603709.SH	中源家居	16.69	51.63	69.28	83.73	70.04
600388.SH	龙净环保	16.66	16.92	17.40	16.75	15.67
600273.SH	嘉化能源	16.64	19.28	20.00	21.35	33.65
600048.SH	保利地产	16.63	16.32	15.53	18.63	21.65
600036.SH	招商银行	16.57	16.54	16.27	17.09	19.28
600236.SH	桂冠电力	16.57	17.98	20.07	29.99	16.14

股票代码	股票简称	2018年 ROE(%)	2017年 ROE(%)	2016年 ROE(%)	2015年 ROE(%)	2014年 ROE(%)
603220.SH	贝通信	16.57	16.87	18.00	17.73	21.47
002287.SZ	奇正藏药	16.44	16.78	17.47	17.01	16.31
603040.SH	新坐标	16.42	21.04	21.82	20.97	26.18
603214.SH	爱婴室	16.42	27.29	25.78	25.44	21.88
600511.SH	国药股份	16.23	16.06	16.70	18.91	24.44
002327.SZ	富安娜	16.19	17.05	15.73	16.33	19.06
603912.SH	佳力图	16.18	23.36	24.20	23.59	18.23
601019.SH	山东出版	16.17	23.51	22.14	23.14	27.77
300296.SZ	利亚德	16.11	24.06	22.06	21.23	17.42
300715.SZ	凯伦股份	16.07	22.24	30.32	31.12	34.45
300735.SZ	光弘科技	15.99	24.86	31.52	23.39	16.97
601668.SH	中国建筑	15.97	15.82	15.87	16.00	17.70
603506.SH	南都物业	15.86	29.58	38.93	20.53	34.35
603037.SH	凯众股份	15.84	16.05	22.28	18.15	19.20
603466.SH	风语筑	15.78	22.20	21.76	19.42	25.82
300620.SZ	光库科技	15.71	15.30	28.79	25.05	51.77
600104.SH	上汽集团	15.67	16.87	17.53	17.91	18.97
600201.SH	生物股份	15.56	21.35	24.92	26.07	28.00
002932.SZ	明德生物	15.55	31.51	41.10	44.50	71.37
300701.SZ	森霸传感	15.55	25.30	30.46	26.08	25.91
603103.SH	横店影视	15.47	26.18	43.78	70.90	54.43
600271.SH	航天信息	15.44	16.16	17.97	22.04	18.04

股票代码	股票简称	2018 年 ROE(%)	2017 年 ROE(%)	2016 年 ROE(%)	2015 年 ROE(%)	2014 年 ROE(%)
603801.SH	志邦家居	15.42	20.01	30.49	28.25	47.47
600535.SH	天士力	15.33	15.24	15.24	22.82	31.94
603711.SH	香飘飘	15.26	19.58	23.53	22.77	26.42
300726.SZ	宏达电子	15.25	21.73	28.11	18.50	32.19
002918.SZ	蒙娜丽莎	15.20	32.00	34.51	27.64	23.35
002275.SZ	桂林三金	15.19	18.43	16.33	16.36	20.09
603989.SH	艾华集团	15.17	16.32	15.22	16.52	26.00
600674.SH	川投能源	15.16	15.34	18.16	22.66	27.64
300418.SZ	昆仑万维	15.08	16.39	18.31	16.67	35.80

MSCI 样本股

股票代码	股票简称	所属同花顺行业
002797.SZ	第一创业	金融服务－证券－证券Ⅲ
000027.SZ	深圳能源	公用事业－电力－火电
300033.SZ	同花顺	信息服务－计算机应用－软件开发及服务
002736.SZ	国信证券	金融服务－证券－证券Ⅲ
300059.SZ	东方财富	金融服务－证券－证券Ⅲ
600030.SH	中信证券	金融服务－证券－证券Ⅲ
600999.SH	招商证券	金融服务－证券－证券Ⅲ
600837.SH	海通证券	金融服务－证券－证券Ⅲ
600570.SH	恒生电子	信息服务－计算机应用－软件开发及服务
300433.SZ	蓝思科技	电子－电子制造－电子零部件制造
600816.SH	安信信托	金融服务－保险及其他－多元金融
000050.SZ	深天马A	电子－光学光电子－显示器件Ⅲ
600875.SH	东方电气	机械设备－电气设备－电源设备
002384.SZ	东山精密	电子－半导体及元件－印制电路板
601688.SH	华泰证券	金融服务－证券－证券Ⅲ
601788.SH	光大证券	金融服务－证券－证券Ⅲ
600340.SH	华夏幸福	房地产－房地产开发－房地产开发Ⅲ
002241.SZ	歌尔股份	电子－电子制造－电子系统组装
601211.SH	国泰君安	金融服务－证券－证券Ⅲ

股票代码	股票简称	所属同花顺行业
601198.SH	东兴证券	金融服务－证券－证券Ⅲ
000063.SZ	中兴通讯	信息设备－通信设备－通信传输设备
601108.SH	财通证券	金融服务－证券－证券Ⅲ
600061.SH	国投资本	金融服务－证券－证券Ⅲ
000039.SZ	中集集团	机械设备－通用设备－金属制品
300017.SZ	网宿科技	信息设备－通信设备－通信配套服务
001979.SZ	招商蛇口	房地产－房地产开发－房地产开发Ⅲ
600271.SH	航天信息	信息服务－计算机应用－软件开发及服务
600369.SH	西南证券	金融服务－证券－证券Ⅲ
601555.SH	东吴证券	金融服务－证券－证券Ⅲ
002465.SZ	海格通信	国防军工－国防军工－地面兵装
600958.SH	东方证券	金融服务－证券－证券Ⅲ
300408.SZ	三环集团	电子－半导体及元件－被动元件
603833.SH	欧派家居	轻工制造－家用轻工－家具
000776.SZ	广发证券	金融服务－证券－证券Ⅲ
600109.SH	国金证券	金融服务－证券－证券Ⅲ
002202.SZ	金风科技	机械设备－电气设备－电源设备
002926.SZ	华西证券	金融服务－证券－证券Ⅲ
002456.SZ	欧菲光	电子－光学光电子－光学元件
601377.SH	兴业证券	金融服务－证券－证券Ⅲ
601360.SH	三六零	信息服务－计算机应用－软件开发及服务
002673.SZ	西部证券	金融服务－证券－证券Ⅲ
000728.SZ	国元证券	金融服务－证券－证券Ⅲ

股票代码	股票简称	所属同花顺行业
600703.SH	三安光电	电子—光学光电子—LED
002500.SZ	山西证券	金融服务—证券—证券Ⅲ
600909.SH	华安证券	金融服务—证券—证券Ⅲ
601138.SH	工业富联	电子—电子制造—电子系统组装
300124.SZ	汇川技术	机械设备—电气设备—电气自控设备
000166.SZ	申万宏源	金融服务—证券—证券Ⅲ
000783.SZ	长江证券	金融服务—证券—证券Ⅲ
002153.SZ	石基信息	信息服务—计算机应用—软件开发及服务
002508.SZ	老板电器	家用电器—白色家电—小家电
002555.SZ	三七互娱	信息服务—传媒—其他传媒
601901.SH	方正证券	金融服务—证券—证券Ⅲ
600705.SH	中航资本	金融服务—保险及其他—多元金融
600739.SH	辽宁成大	医药生物—生物制品—生物制品Ⅲ
600373.SH	中文传媒	信息服务—传媒—其他传媒
601018.SH	宁波港	交通运输—港口航运—港口Ⅲ
000046.SZ	泛海控股	房地产—房地产开发—房地产开发Ⅲ
600977.SH	中国电影	信息服务—传媒—影视动漫
601098.SH	中南传媒	信息服务—传媒—平面媒体
000069.SZ	华侨城A	房地产—房地产开发—房地产开发Ⅲ
600760.SH	中航沈飞	国防军工—国防军工—航空装备
601966.SH	玲珑轮胎	化工—化工合成材料—轮胎
002010.SZ	传化智联	交通运输—物流—物流Ⅲ
002415.SZ	海康威视	电子—电子制造—电子系统组装

股票代码	股票简称	所属同花顺行业
000656.SZ	金科股份	房地产－房地产开发－房地产开发Ⅲ
600276.SH	恒瑞医药	医药生物－化学制药－化学制剂
300750.SZ	宁德时代	机械设备－电气设备－电源设备
600674.SH	川投能源	公用事业－电力－水电
600886.SH	国投电力	公用事业－电力－水电
002065.SZ	东华软件	信息服务－计算机应用－软件开发及服务
601601.SH	中国太保	金融服务－保险及其他－保险Ⅲ
601111.SH	中国国航	交通运输－机场航运－航空运输Ⅲ
600297.SH	广汇汽车	交运设备－交运设备服务－汽车服务
000938.SZ	紫光股份	信息服务－计算机应用－软件开发及服务
000839.SZ	中信国安	综合－综合－综合Ⅲ
002195.SZ	二三四五	信息服务－计算机应用－软件开发及服务
600637.SH	东方明珠	信息服务－通信服务－有线电视网络
000413.SZ	东旭光电	电子－光学光电子－显示器件Ⅲ
300413.SZ	芒果超媒	信息服务－通信服务－互联网信息服务
600487.SH	亨通光电	信息设备－通信设备－通信传输设备
601333.SH	广深铁路	交通运输－公路铁路运输－铁路运输Ⅲ
601336.SH	新华保险	金融服务－保险及其他－保险Ⅲ
000060.SZ	中金岭南	有色金属－有色冶炼加工－铅锌
601628.SH	中国人寿	金融服务－保险及其他－保险Ⅲ
600895.SH	张江高科	房地产－园区开发－园区开发Ⅲ
000999.SZ	华润三九	医药生物－中药－中药Ⅲ
600690.SH	海尔智家	家用电器－白色家电－冰箱

股票代码	股票简称	所属同花顺行业
300142.SZ	沃森生物	医药生物－生物制品－生物制品Ⅲ
000883.SZ	湖北能源	公用事业－电力－水电
002352.SZ	顺丰控股	交通运输－物流－物流Ⅲ
600118.SH	中国卫星	国防军工－国防军工－航天装备
002475.SZ	立讯精密	电子－电子制造－电子零部件制造
600048.SH	保利地产	房地产－房地产开发－房地产开发Ⅲ
600153.SH	建发股份	交通运输－物流－物流Ⅲ
600516.SH	方大炭素	有色金属－新材料－非金属新材料
000425.SZ	徐工机械	机械设备－专用设备－工程机械
601238.SH	广汽集团	交运设备－汽车整车－乘用车
000768.SZ	中航飞机	国防军工－国防军工－航空装备
600029.SH	南方航空	交通运输－机场航运－航空运输Ⅲ
002230.SZ	科大讯飞	信息服务－计算机应用－软件开发及服务
300450.SZ	先导智能	机械设备－通用设备－其他通用机械
603259.SH	药明康德	医药生物－医疗器械服务－医疗服务Ⅲ
601933.SH	永辉超市	商业贸易－零售－百货零售
002460.SZ	赣锋锂业	有色金属－有色冶炼加工－小金属
000725.SZ	京东方A	电子－光学光电子－显示器件Ⅲ
600606.SH	绿地控股	房地产－房地产开发－房地产开发Ⅲ
002027.SZ	分众传媒	信息服务－传媒－营销服务
000898.SZ	鞍钢股份	黑色金属－钢铁－普钢
000559.SZ	万向钱潮	交运设备－汽车零部件－汽车零部件Ⅲ
002081.SZ	金螳螂	建筑材料－建筑装饰－装饰园林

续表

股票代码	股票简称	所属同花顺行业
000826.SZ	启迪环境	公用事业－环保工程－环保工程及服务
601216.SH	君正集团	化工－基础化学－氯碱
601699.SH	潞安环能	采掘－煤炭开采加工－煤炭开采Ⅲ
000157.SZ	中联重科	机械设备－专用设备－工程机械
000581.SZ	威孚高科	交运设备－汽车零部件－汽车零部件Ⅲ
600188.SH	兖州煤业	采掘－煤炭开采加工－煤炭开采Ⅲ
601669.SH	中国电建	建筑材料－建筑装饰－基础建设
601117.SH	中国化学	建筑材料－建筑装饰－专业工程
601668.SH	中国建筑	建筑材料－建筑装饰－房屋建设
600998.SH	九州通	医药生物－医药商业－医药商业Ⅲ
601600.SH	中国铝业	有色金属－有色冶炼加工－铝
002120.SZ	韵达股份	交通运输－物流－物流Ⅲ
000333.SZ	美的集团	家用电器－白色家电－空调
601992.SH	金隅集团	建筑材料－建筑材料－水泥制造
600196.SH	复星医药	医药生物－生物制品－生物制品Ⅲ
600900.SH	长江电力	公用事业－电力－水电
000338.SZ	潍柴动力	交运设备－汽车零部件－汽车零部件Ⅲ
300122.SZ	智飞生物	医药生物－生物制品－生物制品Ⅲ
601727.SH	上海电气	机械设备－电气设备－电源设备
002294.SZ	信立泰	医药生物－化学制药－化学制剂
600415.SH	小商品城	商业贸易－零售－商业物业经营
600893.SH	航发动力	国防军工－国防军工－航空装备
601866.SH	中远海发	交通运输－港口航运－航运Ⅲ

股票代码	股票简称	所属同花顺行业
600372.SH	中航电子	国防军工－国防军工－航空装备
000100.SZ	TCL 集团	电子－光学光电子－显示器件Ⅲ
601186.SH	中国铁建	建筑材料－建筑装饰－基础建设
300003.SZ	乐普医疗	医药生物－医疗器械服务－医疗器械Ⅲ
600050.SH	中国联通	信息服务－通信服务－通信运营Ⅲ
000002.SZ	万科 A	房地产－房地产开发－房地产开发Ⅲ
000651.SZ	格力电器	家用电器－白色家电－空调
600089.SH	特变电工	机械设备－电气设备－输变电设备
600018.SH	上港集团	交通运输－港口航运－港口Ⅲ
600031.SH	三一重工	机械设备－专用设备－工程机械
600406.SH	国电南瑞	机械设备－电气设备－电气自控设备
002304.SZ	洋河股份	食品饮料－饮料制造－白酒
600820.SH	隧道股份	建筑材料－建筑装饰－基础建设
002558.SZ	巨人网络	信息服务－传媒－其他传媒
601919.SH	中远海控	交通运输－港口航运－航运Ⅲ
600741.SH	华域汽车	交运设备－汽车零部件－汽车零部件Ⅲ
601618.SH	中国中冶	建筑材料－建筑装饰－专业工程
600362.SH	江西铜业	有色金属－有色冶炼加工－铜
600115.SH	东方航空	交通运输－机场航运－航空运输Ⅲ
600309.SH	万华化学	化工－化工新材料－聚氨酯
000402.SZ	金融街	房地产－房地产开发－房地产开发Ⅲ
600208.SH	新湖中宝	房地产－房地产开发－房地产开发Ⅲ
601766.SH	中国中车	交运设备－非汽车交运－铁路设备

股票代码	股票简称	所属同花顺行业
002466.SZ	天齐锂业	有色金属－有色冶炼加工－小金属
600660.SH	福耀玻璃	交运设备－汽车零部件－汽车零部件Ⅲ
600585.SH	海螺水泥	建筑材料－建筑材料－水泥制造
600068.SH	葛洲坝	建筑材料－建筑装饰－基础建设
002594.SZ	比亚迪	交运设备－汽车整车－乘用车
300347.SZ	泰格医药	医药生物－医疗器械服务－医疗服务Ⅲ
600010.SH	包钢股份	黑色金属－钢铁－普钢
601958.SH	金钼股份	有色金属－有色冶炼加工－小金属
601800.SH	中国交建	建筑材料－建筑装饰－基础建设
601006.SH	大秦铁路	交通运输－公路铁路运输－铁路运输Ⅲ
600600.SH	青岛啤酒	食品饮料－饮料制造－啤酒
601225.SH	陕西煤业	采掘－煤炭开采加工－煤炭开采Ⅲ
601088.SH	中国神华	采掘－煤炭开采加工－煤炭开采Ⅲ
000983.SZ	西山煤电	采掘－煤炭开采加工－煤炭开采Ⅲ
600808.SH	马钢股份	黑色金属－钢铁－普钢
002624.SZ	完美世界	信息服务－传媒－其他传媒
601985.SH	中国核电	公用事业－电力－新能源发电
601607.SH	上海医药	医药生物－医药商业－医药商业Ⅲ
601390.SH	中国中铁	建筑材料－建筑装饰－基础建设
000538.SZ	云南白药	医药生物－中药－中药Ⅲ
000963.SZ	华东医药	医药生物－化学制药－化学制剂
000630.SZ	铜陵有色	有色金属－有色冶炼加工－铜
600887.SH	伊利股份	食品饮料－食品加工制造－乳品

股票代码	股票简称	所属同花顺行业
002563.SZ	森马服饰	纺织服装－服装家纺－休闲服装
600170.SH	上海建工	建筑材料－建筑装饰－房屋建设
300760.SZ	迈瑞医疗	医药生物－医疗器械服务－医疗器械Ⅲ
002146.SZ	荣盛发展	房地产－房地产开发－房地产开发Ⅲ
600795.SH	国电电力	公用事业－电力－火电
600438.SH	通威股份	机械设备－电气设备－电源设备
600482.SH	中国动力	国防军工－国防军工－船舶制造
600688.SH	上海石化	化工－基础化学－石油加工
600867.SH	通化东宝	医药生物－生物制品－生物制品Ⅲ
600383.SH	金地集团	房地产－房地产开发－房地产开发Ⅲ
000709.SZ	河钢股份	黑色金属－钢铁－普钢
601021.SH	春秋航空	交通运输－机场航运－航空运输Ⅲ
002180.SZ	纳思达	信息设备－计算机设备－计算机设备Ⅲ
600019.SH	宝钢股份	黑色金属－钢铁－普钢
600256.SH	广汇能源	化工－基础化学－石油加工
600085.SH	同仁堂	医药生物－中药－中药Ⅲ
601012.SH	隆基股份	机械设备－电气设备－电源设备
600000.SH	浦发银行	金融服务－银行－银行Ⅲ
600028.SH	中国石化	化工－基础化学－石油加工
600436.SH	片仔癀	医药生物－中药－中药Ⅲ
600015.SH	华夏银行	金融服务－银行－银行Ⅲ
601838.SH	成都银行	金融服务－银行－银行Ⅲ
601997.SH	贵阳银行	金融服务－银行－银行Ⅲ

股票代码	股票简称	所属同花顺行业
002024.SZ	苏宁易购	商业贸易－零售－专业连锁
600583.SH	海油工程	采掘－采掘服务－油气钻采服务
601857.SH	中国石油	采掘－石油矿业开采－石油开采Ⅲ
601155.SH	新城控股	房地产－房地产开发－房地产开发Ⅲ
600398.SH	海澜之家	纺织服装－服装家纺－男装
601998.SH	中信银行	金融服务－银行－银行Ⅲ
000858.SZ	五粮液	食品饮料－饮料制造－白酒
002236.SZ	大华股份	电子－电子制造－电子系统组装
600926.SH	杭州银行	金融服务－银行－银行Ⅲ
000423.SZ	东阿阿胶	医药生物－中药－中药Ⅲ
600588.SH	用友网络	信息服务－计算机应用－软件开发及服务
601989.SH	中国重工	国防军工－国防军工－船舶制造
601169.SH	北京银行	金融服务－银行－银行Ⅲ
600111.SH	北方稀土	有色金属－有色冶炼加工－小金属
600535.SH	天士力	医药生物－中药－中药Ⅲ
601318.SH	中国平安	金融服务－保险及其他－保险Ⅲ
000703.SZ	恒逸石化	化工－化工合成材料－涤纶
002493.SZ	荣盛石化	化工－化工合成材料－涤纶
600642.SH	申能股份	公用事业－电力－火电
600016.SH	民生银行	金融服务－银行－银行Ⅲ
600332.SH	白云山	医药生物－中药－中药Ⅲ
002044.SZ	美年健康	医药生物－医疗器械服务－医疗服务Ⅲ
601328.SH	交通银行	金融服务－银行－银行Ⅲ

股票代码	股票简称	所属同花顺行业
603799.SH	华友钴业	有色金属－有色冶炼加工－小金属
603993.SH	洛阳钼业	有色金属－有色冶炼加工－小金属
601877.SH	正泰电器	机械设备－电气设备－输变电设备
601229.SH	上海银行	金融服务－银行－银行Ⅲ
300015.SZ	爱尔眼科	医药生物－医疗器械服务－医疗服务Ⅲ
002385.SZ	大北农	农林牧渔－农产品加工－饲料Ⅲ
601166.SH	兴业银行	金融服务－银行－银行Ⅲ
300601.SZ	康泰生物	医药生物－生物制品－生物制品Ⅲ
300144.SZ	宋城演艺	餐饮旅游－景点及旅游－人工景点
600066.SH	宇通客车	交运设备－汽车整车－商用载客车
600027.SH	华电国际	公用事业－电力－火电
600036.SH	招商银行	金融服务－银行－银行Ⅲ
600346.SH	恒力石化	化工－化工合成材料－涤纶
600809.SH	山西汾酒	食品饮料－饮料制造－白酒
000625.SZ	长安汽车	交运设备－汽车整车－乘用车
601288.SH	农业银行	金融服务－银行－银行Ⅲ
601988.SH	中国银行	金融服务－银行－银行Ⅲ
000568.SZ	泸州老窖	食品饮料－饮料制造－白酒
601888.SH	中国国旅	餐饮旅游－景点及旅游－旅游综合Ⅲ
000001.SZ	平安银行	金融服务－银行－银行Ⅲ
600519.SH	贵州茅台	食品饮料－饮料制造－白酒
600009.SH	上海机场	交通运输－机场航运－机场Ⅲ
600011.SH	华能国际	公用事业－电力－火电

股票代码	股票简称	所属同花顺行业
603858.SH	步长制药	医药生物－中药－中药Ⅲ
600919.SH	江苏银行	金融服务－银行－银行Ⅲ
600104.SH	上汽集团	交运设备－汽车整车－乘用车
601939.SH	建设银行	金融服务－银行－银行Ⅲ
603288.SH	海天味业	食品饮料－食品加工制造－调味发酵品
601818.SH	光大银行	金融服务－银行－银行Ⅲ
601398.SH	工商银行	金融服务－银行－银行Ⅲ
002142.SZ	宁波银行	金融服务－银行－银行Ⅲ
601899.SH	紫金矿业	有色金属－有色冶炼加工－黄金
601009.SH	南京银行	金融服务－银行－银行Ⅲ
002422.SZ	科伦药业	医药生物－化学制药－化学制剂
600547.SH	山东黄金	有色金属－有色冶炼加工－黄金
600352.SH	浙江龙盛	化工－化学制品－纺织化学用品
600489.SH	中金黄金	有色金属－有色冶炼加工－黄金
000876.SZ	新希望	农林牧渔－农产品加工－饲料Ⅲ
300498.SZ	温氏股份	农林牧渔－养殖业－畜禽养殖
002714.SZ	牧原股份	农林牧渔－养殖业－畜禽养殖
000627.SZ	天茂集团	金融服务－保险及其他－保险Ⅲ
000895.SZ	双汇发展	食品饮料－食品加工制造－肉制品

参考文献

[1]本杰明·格雷厄姆,戴维·多德. 证券分析[M].邱巍,译.海口:海南出版社,1999.

[2]彼得·考夫曼.穷查理宝典:查理·芒格的智慧箴言录[M].李继宏,译.上海:上海人民出版社,2012.

[3]沃伦 E.巴菲特,劳伦斯 A. 坎宁安. 巴菲特致股东的信:投资者和公司高管教程[M].杨天南,译.北京:机械工业出版社,2018.

[4]杰里米 J.西格尔. 投资者的未来(典藏版)[M].李月平,译.北京:机械工业出版社,2018.

[5]小罗伯特 G.海格士多姆. 沃伦·巴菲特之路[M].朱继武,等译.北京:清华大学出版社,2017.

[6]刘建位.学习巴菲特(珍藏版)[M].北京:中信出版社,2008.

[7]帕特·多尔西.巴菲特的护城河[M].刘寅龙,译.广州:广东经济出版社,2009.

[8]陆晔飞.巴菲特的估值逻辑[M].李必龙,林安霁,李羿,译.北京:机械工业出版社,2017.

[9]任俊杰,朱晓芸.奥马哈之雾:我们是否误读了巴菲特[M].北京:机械工业出版社,2010.

[10]那一水的鱼.读懂银行股[M].北京:中国经济出版社,2016.

[11]唐朝.手把手教你读财报[M].北京:中国经济出版社,2017.

[12]何岩.中华股宝:中国具潜力牛股藏宝图[M].北京:机械工业出版社,2011.

[13]朱江洪.朱江洪自传:我掌格力的 24 年[M].北京:企业管理出版社,

2017.

[14]董宝珍.熊市价值投资的春天[M].北京:经济日报出版社,2019.

[15]胡腾.茅台为什么这么牛 [M].贵阳:贵州人民出版社 ,2011.

[16]任俊杰.穿过迷雾:巴菲特投资与经营思想之我见 [M].北京:中国经济出版社,2016.

[17]但斌.时间的玫瑰 [M].北京:中信出版社,2018.

[18]王洪.中国股神林园炒股秘籍 [M].北京:经济日报出版社,2007.

[19]招微君.青年招行说:听他们讲是什么成就了招行[M].武汉:长江文艺出版,2018.

[20]本杰明·格雷厄姆.聪明的投资者[M].4 版.王中华,黄一义,译.北京:人民邮电出版社,2016.

[21]张承良,陈宜飚.买入中国:称雄全球的中国对冲基金经理投资之道[M].北京:中国人民大学出版社,2011.

[22]刘顺仁.财报就像一本故事书[M].太原:山西人民出版社,2007.

[23]三江.三江讲基金[M].北京 :中国商业出版社,2007.

[24]张居营(闲来一坐 s 话投资).慢慢变富[M].北京:中信出版社,2019.

[25]唐朝.价值投资实战手册 [M].北京:中国经济出版社,2019.

[26]多尔西.股市真规则 [M].司福连,刘静,译.北京:中信出版社,2010.

[27]大卫·F.史文森.机构投资的创新之路[M].张磊,译.北京:中国人民大学出版社,2015.

[28]克里斯托弗·布朗.价值投资者的头号法则[M].刘寅龙,译.成都:四川人民出版社,2019.

[29]邱国鹭.投资中最简单的事[M].北京:中国人民大学出版社,2014.

[30]姜开舰.格雷厄姆之道[M].北京:中国人民大学出版社,2014.

[31]李勇坚.即将来临的大逆转 [M].北京:中国经济出版社,2009.

[32]杨天南.一个投资家的 20 年[M].2 版.北京:机械工业出版社,2018.

[33]孙旭东.价值投资,从看懂财报开始[M].北京:机械工业出版社,2012.

[34]姚斌.在苍茫中传灯[M].太原:山西人民出版社,2017.

[35]黄凡.淡定才能富足[M].北京:中国人民大学出版社,2013.

[36]邱国鹭.投资中不简单的事[M].成都:四川人民出版社,2018.

[37]有智思有财.择善固执[M].上海:上海财经大学出版社,2018.

[38]奥格·曼狄诺.世界上最伟大的推销员(完整版)[M].安辽,译.北京:世界知识出版社,2014.

[39]王建军.实战保护:股票投资感悟[M].北京:中国科学技术出版社,2014.

后 记

　　我们的《价值投资　赢家之道》完稿了,此书的写作历时三年之久,写作本书的最初想法,源于 2016 年 4 月 25 日参加东阿阿胶股东大会后,我和高俊明从山东聊城东阿回河北邯郸曲周的路上。小高开着车,我坐在后排他的身后,看着车窗外一望无际郁郁葱葱的田野,路两旁的杨树柳树在微风中摇曳,多么美丽的田园风光啊! 刹那间,我突然有个想法,我国有那么多具有投资价值的优秀企业,能不能站在价值投资者思维的角度,对这些优质稀缺的国宝型企业进行系统分析?

　　回到家后,我在想应该如何写,写什么。由于我国的证券市场与西方发达国家相比还不太成熟与完善,价值投资还得不到广大投资者的认可,他们说中国不适合价值投资,不具备价值投资的条件,没有价值投资的环境,没有价值投资的标的,没有可以可持续盈利的优质企业来进行价值投资。

　　这使我想起了 2015 年 8 月的欧洲之行,在德国、法国、意大利、比利时、奥地利、瑞士等欧洲国家,看到中国基础设施建设与城市环境并不比它们差,感觉到中国的经济增长活力与后劲并不比它们弱,中国人对幸福的追求与努力进取的拼搏精神超越了它们,中国人的精气神不逊色任何国家,中国在崛起!

　　经过三个多月的思考,我终于把书的整体框架设定下来:必须站在价值投资思维上,分析我国是否具备价值投资的环境。中国证券市场成立 20 多年来,长期持有持续盈利的优质企业,盈利情况又是如何? 于是就有了第一章,中国在崛起,具体阐述了中国所具备的价值投资环境。第二章,如何找到具有持续盈利能力的优质企业,以帮助投资者选到具有持续盈利能力的优质企业,为使更多的投资者坚信价值投资。第三章,写了身边的国宝名牌,如果巴菲特在中国，他会投资什么样的优质企业。第四章，我国部分优质企业，本章没有像第三章那样按照投资规则，进行具体详尽的分析，而是让投资者按照第三章投资原则与逻辑自己独立分析，起到复习巩固提高的效果。第四章这样设定，是源于我刚走向社会后，看到的一本书《世界上最伟大的推销员》，这本书在前面几章阐述了如何成为最伟大的推销员后，后边的好多章节，留给了读者，以磨炼读者的耐心与意志，告诉读者只要长期努力不懈地坚持，就一定能成为世界上最伟大的推销员。我也是自 1996 年开始进行每日一记，写了 30 多本，无意中形成了与伟大的推销员的一种思维碰触，也正是这每日一记，磨炼了我的意志，增强了我的才能，使我从一个一无所有没有上过大学的农民，经过 20 多年的努力，在投资上获得了财富。第四章的目的就是锻炼投资者独立的逻辑分析能力，完善自己的投资体系，提高对证券投资的认知能力，使读者能够"青出于蓝而胜于蓝"。第五章，写了我国价值投资的赢家。从前面五章就可以完整地得出结论，中国完全具备价值投资的环境，中国有许多适合长期持有的价值投资的企业，中国涌现出许多的价值投资赢家，他们将成为证券投资的恒星。第六章，指数基金投资，源于"股神"巴菲特几十年致股东的信，他在致股东的信中多次提到指数基金投资对投资者是一个很好的选择。指数基金投资就是相信国运，相信我国一定会向前发展，对于不会选股的投资者，长期投资指数基金或者对指数基金定投，同样可以获得超越定期存款和国债利息的收益，就是老子所说的"无为而治"。

写完第一章与第二章，在按照投资规则进行个股分析时发现，按照投资规则选出的股票还不能完全规避投资风险，商誉、无形、应收款、固定资产质量、库存暴增、债务过重都会影响企业的正常经营，并且孕育着风险，经过无数个不眠之夜的思考与推敲，又总结出价值投资六大警示："商誉如同镜中花，无形资产水中月。应收货款有猫腻，固定资产难变现。库存骤增需警惕，外债高筑易窒息。"有了这价值投资六大警示，心里才觉得踏实。

综合评估模型是为了使读者通过阅读，能根据公司财报数据与行业地位，市场竞争力，品牌影响力，逐项筛选进行评估，以确定选择的企业根据研究时的市场价格做出高估还是低估的综合评判，最后决定能不能投资。在投资前对投资标的的全面综合系统性的分析就是孙子兵法说的"胜兵先胜而后战，败兵先战而后求胜"。就不会出现"无可奈何花落去"式的失败投资。

人们常说人民教师如同蜡烛，燃烧自己，照亮别人。写作此书，我心里也常常有一种责任感与使命感，但愿我的书能给价值投资者带来更多的启发与警示，同样会燃烧自己照亮别人，这样我三年来的心血就没有白白浪费，才会觉得生活更充实。

生活中我们了解一个人，必须与一个人近距离接触，要听他说话的音量、语速，还要看他的表情与肢体语言。春秋战国时的神医扁鹊对病人"望""闻""问""切"后再对症下药。

明代思想家、文学家、军事家、陆王心学集大成者王阳明说："圣贤教人，如医用药，皆因病立方，酌其虚实温凉、阴阳内外而时时加减之。要在去病，初无定说。若拘执一方，鲜不杀人矣。"

投资中必须对公司所处的社会环境、行业地位、市场竞争力、企业护城河是否宽深、企业财务状况与盈利状况等具体问题具体分析后，独立思考，静心研究企业，才能决定企业是不是具有投资价值，而不能简单地按照本书，生搬硬套。本书重在对投资者的启发意义，重在引导投资理念、投资体系的构建，而个股上我也一定有错的时候，投资从来没有100%确定的事情。

佛度有缘人，就像查理·芒格说的那样："我的剑，传给能挥舞它的人。"愿读者通过阅读此书能感悟出属于自己的赢家之道。

"古之学者必有师，师者，传道、授业、解惑也。"为我传道、授业、解惑的老师是格雷厄姆、费学、巴菲特、查理·芒格、邓普顿、施洛斯等，他们关于价值投资的论述使我臣服，使我深信价值投资。2015年北京公司做期货的失败与合伙人为躲避责任的失踪，使我认识到投资必须靠自己去成功，做自己能力圈内的事，"财不入急门"。

董宝珍关于价值的论述与投资贵州茅台的成功经验，才使我真正悟出价值投资的真谛，从此我才真正做到"知行合一"。他是我走向价值投资的恩师，是我生命中的贵人，他送我的亲笔签名书《熊市价值投资的春天》第二部，我将之视为"传家宝"，传给我的子子孙孙，我永远感谢他、感激他，我的子子孙孙也将永远感谢他、感激他！

　　马喆的博客、微博和喜马拉雅上的马喆朋友圈，我每天必看，每讲必听，他对企业内在价值投资分析的详尽分析与精彩论述对我写作此书起了非常重要的作用，对我的企业分析能力与逻辑思维分析能力的提升起到了无可替代的作用，我同样会永远感谢他、感激他！

　　豪哥、钟兆民、高立群老师、田建君、赵保逯、许文鸿，以及北京周家屯英雄联盟群里的朋友，他们的思想和关于价值投资的论述同样在深深地影响着我，我同样感谢他们！

　　养股、但斌、黄凡、乐趣、股道热肠也、闲来一坐话投资，这些老师虽未见过面，但他们的博客与微博我每天必看，其真知灼见对我价值投资思维的形成、完善与提高起到重要作用，我同样感谢他们！

　　感谢情同手足的弟兄王振涛、李卫国、项建新、韩景学对此书提出了很多中肯的建议，感谢在危难时刻给我信任鼓励与支持的卜双印老兄、董庆利经理、关老兄。没有他们的支持就没有如此坚定的信念和生活的勇气，他们是我生命中的贵人。感谢霍咏梅、黄冬梅、任利云对此书校正做出的贡献。

　　感谢王磊、杨文平、柴丹、石荣艳、槐阳、赵勇、王恒、王斌给予我信任与支持。感谢路志泉、何秀琪、陈永平、牛昕艳、牛振峰、田朝阳、颜爱涛、石保坤、李艳强、郭振芳、高永革、赵建飞、高辉、陈振国、王艮亮、郭志亮、张海涛、何建刚、李庆森、冯玉俊、李保生、王有方、郭力全、刘永杰、石贵婷、齐姐、李新春等患难与共的股友给我提供了翔实的实战投资案例。

　　感谢财达证券总公司领导翟建强、张明、张元、马跃卫、王振东，感谢财达证券石家庄工农路营业部翟炯诗、陈杰、范玉净、崔哲，感谢他们的关心、鼓励与支持。感谢财达证券经纪人赵洪富、尹哲、邓平舒、安玉红、张全水、范美书、柳杰、郭彦勇、李宏亮、王辉、孟五四、平卫勇、丁会霞、马进军、封志强、丁力、李朋、王文静、时二增、张琦的信任与支持。

　　经历即财富，不经历风雨如何见彩虹？做期货的失败对我来说如凤凰涅槃，浴火重生，没有做期货的失败就不会感悟出价值投资的真谛。感谢理解、信任、支持我的所有合伙人，感谢郭老兄在北京公司失败后的一句话"王经理，无论亏多少都要坚强，不能跳楼"，这句话激励着我坚强、勇敢、向前。

感谢父母的养育之恩，感谢在我恐惧与危机时妻子的理解与支持，感谢大儿子王涛、儿媳席仁欠西卖房帮我还债，感谢女儿王蓓、女婿翟旭东的担当，感谢小儿子王源、小儿媳胡晓亚的安慰。感谢所有关心支持我的亲人与朋友，没有他们的支持，此书不会如此顺利完稿。

感谢证券市场《红周刊》，感谢出版社的领导，没有他们的精心编校与精心印刷，此书不会如此快地与广大读者见面。

价值投资就是赌国运，没有祖国的强盛就没有价值投资的春天，感谢这个伟大的时代，感谢我们强盛的伟大祖国，祝愿我们伟大的祖国更加繁荣昌盛！

最后需要提醒读者的是，由于本书写作历时三年，对股票进行分析时参照的时间不同，请读者谅解。由于本人学识浅薄，许多问题需要更进一步的完善提高，本书所提到的个股，不代表对股票的推荐，据此操作给你造成的经济与精神损失由投资者承担，本人不负任何责任。我们的微信公众号是@价投之旅、新浪微博是@价投的逻辑，殷切希望与价值投资者切磋与交流。

佛度有缘人，就像查理·芒格说的"我的剑，传给能挥舞它的人"，愿读者通过阅读此书能感悟出属于自己的赢家之道。

王建军

2019 年 9 月